Marcus Hein

Remote Leadership

Emotionale Bindung auf Distanz

Bibliografische Information der Deutschen Nationalbibliothek

Die Deutsche Nationalbibliothek verzeichnet diese Publikation in der Deutschen Nationalbibliografie; detaillierte bibliografische Daten sind im Internet über http://dnb.d-nb.de abrufbar.

ISBN 978-3-75268-4766

Illustration und Umschlagsgestaltung: Joana Koslowski
Lektorat: Lorena Gensch
MARCUS HEIN - Akademie für Neuro*logische* Führung
Herstellung und Verlag: BoD- Books on Demand, Norderstedt

Copyright © 2021 by MARCUS HEIN, Krefeld

Alle Recht vorbehalten. Vervielfältigung, auch auszugsweise, nur mit schriftlicher Genehmigung des Verlags.

www.marcus-hein.de

Die Königsdisziplin in der Führung.

INHALTSVERZEICHNIS

VORWORT		11
1.	**DER AUFTRAG VON FÜHRUNG**	**17**
1.1.	Was ist Führung?	18
1.2.	Management oder Führung?	19
1.3.	Wirksame Führung	22
1.4.	Die fünf Aufgaben von Führung	25
1.5.	Zukunftsszenario: Wandel in der Arbeitswelt	30
1.6.	Wandel der Führungsparadigmen	32
2.	**REMOTE LEADERSHIP**	**35**
2.1.	Bisherige Entwicklung	36
2.2.	Herausforderungen	37
2.3.	Emotionsmanagement	42
2.4.	Die Zukunft von mobilem Arbeiten und Home Office	44
3.	**GRUNDPRINZIPIEN NEUROLOGISCHER FÜHRUNG**	**47**
3.1.	Verstehbarkeit	48
3.2.	Fokussierung	51
3.3.	Partizipation	53
3.4.	Würdigung und Feedback	55
3.5.	Zugehörigkeit und Verbundenheit	57
3.6.	Sinnhaftigkeit	59
3.7.	Vertrauen und Zutrauen	60
3.8.	Stärken und Talente	62
3.9.	Positives Denken	64

4.	**KOMMUNIKATION**	**65**
4.1.	Kommunikation auf Augenhöhe	66
4.2.	Kommunikation auf Distanz	70

5.	**MOTIVATION**	**73**
5.1.	Definition	76
5.2.	Motivationsmodelle	78
5.3.	Genetische Motivationsfaktoren	84
5.4.	Big Three	86
5.5.	Think Limbic	90
5.6.	Neurologische Denk- und Motivationsstrategien	95
5.6.1.	Motivationsrichtung: Vermeidend - Anstrebend	98
5.6.2.	Motivationsniveau: Proaktiv - Reaktiv	101
5.6.3.	Quelle der Motivation: Internal - External	105
5.6.4.	Grund der Motivation: Optional - Prozedural	109
5.6.5.	Motivationale Entscheidungsfaktoren: Gleich - Verschieden	114
5.6.6.	Merkmale der Informationsverarbeitung: Detail - Global	118
5.6.7.	Konformität der Motivation: Gehorsam - Renitent	121
5.6.8.	Arbeitsorganisation: Menschen - Aufgaben	124

6.	**GESUNDHEIT**	**127**
6.1.	Begriffe und Definitionen	129
6.2.	Entwicklung des Krankenstandes	131
6.3.	Belastung und Beanspruchung	134
6.4.	Pathogenese und Salutogenese	136

7.	**FÜHRUNGSAUFGABEN AUF DISTANZ**	**145**
7.1.	Vision	150
7.2.	Mission	153
7.3.	Strategie	155

7.4.	Ziele setzen und kommunizieren	158
7.4.1.	Ziele positiv formulieren	159
7.4.2.	Ziele als Ergebnis formulieren	160
7.4.3.	Ziele herausfordernd formulieren	164
7.4.4.	Ziele terminierbar formulieren	166
7.4.5.	Ziele messbar formulieren	167
7.4.6.	Ziele für relevante Kommunikationskanäle formulieren	168
7.4.7.	Ziele und Motivationsfaktoren	171
7.4.8.	Ziele und Denkstrategien	173
7.4.9.	Wahrnehmung und Begeisterung	184
7.5.	Planen & Organisieren	188
7.5.1.	Kennzahlen - zukunfts- oder vergangenheitsorientiert	191
7.5.2.	Effektivität vs. Effizienz	192
7.5.3.	Gesunde Aufgabengestaltung	194
7.5.4.	Job Fit	196
7.5.5.	Delegieren	201
7.6.	Entscheiden	206
7.6.1.	Strategien für gute Entscheidungen	210
7.6.2.	Partizipation	212
7.7.	Kontrollieren	217
7.7.1.	Anleitung zur Selbstkontrolle	220
7.7.2.	Grenzen der Selbstkontrolle	220
7.7.3.	Feedback-, Beurteilungs-, Kritikgespräch	225
7.8.	Mitarbeiter auswählen & entwickeln	231
7.8.1.	Mitarbeiterauswahl	231
7.8.2.	Mitarbeiterentwicklung	237
8.	**NACHWORT**	**270**
MARCUS HEIN		**271**

VORWORT

März 2020. Ein Virus legt Deutschland und die ganze Welt lahm. Schulen schließen. Wir können nur sehr eingeschränkt einkaufen gehen. Wir tragen Masken und vermeiden Körperkontakt. Unternehmen schicken, wo möglich, von heute auf morgen ihre Mitarbeiter nach Hause. Sie arbeiten im Wohnzimmer oder am Küchentisch, auf dem Sofa oder im Schlafzimmer an der Kommode. Der eine entwickelt Angst, Depression, Ignoranz oder Aggression. Die andere entwickelt Abenteuerlust.

Das Arbeitsmodell Home Office wird neu geboren. Dabei existiert es schon lange. Die Formen sind verschieden: reine Teleheimarbeit sowie alternierende oder mobile Telearbeit. Ein wesentlicher Teil der Arbeitszeit verbringen die Mitarbeiter nicht mehr im Unternehmen.

Schon lange besteht der Wunsch nach Telearbeit. Arbeit und Privates ließen sich besser unter einen Hut bringen. Kinder wären besser zu versorgen, Eltern oder Großeltern zu pflegen, Sport oder Freizeitbeschäftigungen sowie andere Verpflichtungen ließen sich integrieren. Hier vermischen sich die Arbeitsformen. Zunächst geht es bei Home Office nur um den Arbeitsort. Schnell verknüpft man damit auch die Lage der Arbeitszeit. Mitarbeiter im Home Office leisten weniger - vermuten die Unternehmen. Ein Irrtum, wie sich später herausstellt.

Die Corona-Krise führt Vorurteile zu Home Office ad absurdum. Die Leistung steigt, die Arbeitsergebnisse nehmen zu. Woran das liegt, kann man nicht genau sagen. Ein Grund liegt sicherlich darin, dass Menschen in Not- oder außergewöhnlichen Situationen leistungsbereiter sind, als im Normalzustand. Außerdem wollen Mitarbeiter beweisen, dass Home Office eine vernünftige Alternative ist. In mehr oder weniger vielen Fällen mag auch Angst der Antreiber sein.

Im April und Mai 2020 führe ich mit fast 100 Führungskräften Interviews zu einem anderen Thema. Doch am Rande sagen die Führungskräfte, dass sie überrascht sind, wie gut Home Office funktioniert. Sie alle glauben, dass sich Home Office nach der Krise vermehrt durchsetzen wird.

Mir wird mehr und mehr klar, dass die (öffentliche) Diskussion einen wesentlichen Aspekt ausblendet. Die Industrialisierung und tayloristische Arbeitsteilung bestimmt den (Arbeits-)Prozess und Zeit-gegen-Geld-Maxime. Für mehr Effizenz verbessert und automatisiert man die Prozesse. Prämien steigern die Leistung des Einzelnen. Arbeitsschutz und Mitbestimmung verhindern die Ausbeutung der Mitarbeiter. Einkommen lässt sich steigern, in dem Mitarbeiter länger und/oder schneller arbeiten. Oder sie wechseln auf einen höherwertigen Prozess (Arbeitsplatz). Immer geht es aber um Zeit gegen Entgelt. Es geht primär um Anwesenheit und Arbeitszeit. Denken und Innovation behielten sich die *höheren Ebenen* und *größeren Köpfe* vor. Mitarbeiter erledigen stumpf ihre Arbeit und werden möglichst durch Maschinen ersetzt.

Die Industrie 4.0 drängt ausführende Tätigkeiten immer weiter zurück oder verlagert sie in Niedriglohn-Länder. Künstliche Intelligenz ersetzt zunehmend einfachere Denkarbeit. Arbeitszeit und Arbeitsort werden unbedeutend, es geht um Arbeitsergebnisse.

Arbeitsergebnisse sind nicht von Arbeitszeit und Arbeitsort abhängig. Intrinsische Motivation und das (unternehmens-)kulturelle Umfeld des Mitarbeiters entscheiden über Ergebnisse. Vertrauens- und Fehlerkultur werden elementar. Kollaboration und Wir-Kompetenz bestimmen die zukünftige Arbeitswelt. Zuständigkeiten und Organisationskästchen, Bürowände und Über-/Unterstellungen lösen sich auf. Wir arbeiten temporär zusammen und bringen uns mit unserer Einzigartigkeit in die Arbeitswelt ein. Das alles haben wir nicht gelernt und geübt. Alle sprechen über New Work und Arbeitswelt 4.0. Unternehmen leben aber zumeist noch in der Industrie 1.0 oder 2.0. Schauen wir ins Detail, wird klar, dass sich die Arbeitswelt in vielen Facetten radikal ändern muss. Dazu zählt auch die Gesetzgebung. Das aktuelle Arbeitszeitgesetz lehnt am Taylorismus. Es behindert flexibles Arbeiten.

Jetzt platzt Corona in diese Diskussion hinein, die ich für überflüssig halte. Arbeitszeit und Arbeitsort müssen dereguliert werden. Führungskräfte sollte nicht Arbeitsort und Arbeitszeit vorschreiben. Sie sollten Mitarbeiter inspirieren und mit ihnen Ergebnisse vereinbaren. Doch das tut keine Führungskraft. Es werden Prozesse vereinbart: Einführung von ..., Implementierung von ..., Steigerung von ..., Reduzierung von ... usw.

Die meisten Führungskräfte sagen, was sie in ihrem Verantwortungsbereich tun und wie sie es tun. Das ist Mission und Strategie. Da sind wir richtig gut. Aber das ist Taylorismus! Kaum eine Führungskraft kann auf den Punkt die Vision, das *Warum* nennen. Arbeitswelt 4.0 lebt aber - gerade auf Distanz - von genau dieser Sinnfrage. Junge Menschen fragen nach dem Sinn und finden keine Antworten. Und wir wundern uns über unmotivierte Mitarbeiter. Ich wundere mich nicht.

Home Office ist aus meiner Sicht *eine* Form, Ergebnisse zu bewirken. Es ist *eine* und nicht *die* Form. Die Diskussion um Home Office und ob sie sinnvoll ist, ist überflüssig. Wenn das Ergebnis es braucht, dass Mitarbeiter zusammenkommen, dann kommen sie zusammen. Im Unternehmen, im Restaurant oder Straßencafé, im Shared Office oder Coworking Space. Die einen treffen sich lieber um 9.00 Uhr, die anderen abends um 23.00 Uhr - völlig egal. Es geht um ein Ergebnis und nicht um die Einhaltung einer Arbeitszeit. Konzentrierte Arbeit für gute Ergebnisse ist im Home Office, im Einzelbüro oder im Wohnmobil optimal.

Das alles bedeutet, dass Führungskräfte Mitarbeiter zu führen haben, die nicht zwangsweise physisch in unmittelbarer Reichweite sitzen. Eine geschätzte Kollegin sagte mir, dass sie acht Mitarbeiter hat: Eine davon hat sie live noch nie gesehen, von Fünfen wüsste sie gerade nicht, wo sie sich aufhalten. Und alle sind in wenigen Augenblicken erreichbar.

Auf Distanz zu führen ist anders, nicht leichter oder schwieriger - anders! Elemente dieses neuen Führungsverständnisses sind alles andere als neu. Vertrauen wird jetzt elementar - war es aber schon immer. Es macht Kontrolle deutlich weniger notwendig - wie bisher auch. Es erfordert Ergebnisse statt Schritte - wäre bisher auch hilfreicher gewesen. Die Anforderungen an verteiltes Arbeiten sind nicht neu. Sie werden virulent und entscheidend. Mich befriedigt das sehr. Jetzt entsteht durch Corona erzwungen eine Arbeitswelt, die nur dann funktioniert, wenn sie sich im Inneren ändert. Wenn sich das Miteinander ändert. Führungskräfte dürfen jetzt ein gemeinsames Anliegen formulieren, für das Mitarbeiter alles tun - sogar zu Hause arbeiten. Wir müssen nicht über intrinsische Motivation reden, wir müssen sie praktizieren. Intrinsische Motivation führt zu glücklichen Menschen. Glückliche Menschen blühen auf und wachsen über sich hinaus. Jetzt entsteht eine Arbeitswelt voller Inspiration, in der Sie nicht mehr Arbeitsort und Arbeitszeit kontrollieren. In dieser Arbeitswelt inspirieren Sie und bewirken gemeinsam großartige Ergebnisse. Entscheiden Sie selbst, ob sie die Veränderungen der Arbeitswelt beobachten oder mitgestalten wollen? Ich lade Sie zu letzterem herzlich ein.

Am Schluss dieses Vorwortes danke ich allen, die direkt oder indirekt an der Entstehung dieses Buches mitgewirkt haben. Da ist es zunächst meine liebe Frau, die für unzählige Diskussionen herhalten musste und mir wieder einmal uneigennützig den Rücken frei hielt. Mein Dank gilt unzähligen Führungskräften, die mit unterstützenden und kritischen Gedanken den Entstehungsprozess begleitet und mich inspiriert haben. Mein Dank gilt vor allem auch Lorena, die meinen Buchentwurf sehr kritisch durchgesehen und zahlreiche Anregungen gegeben hat. Sicher habe ich den einen oder anderen nicht genannt, der ebenfalls an diesem Buch direkt oder indirekt beteiligt war, vielleicht sogar, ohne es zu wissen.

Danke!

Ein Hinweis zum Schluss: Fast durchgängig verwende ich die männliche Bezeichnung von Mitarbeitenden. Dies dient ausschließlich der Lesbarkeit und auf keinen Fall der Ausgrenzung von weiblichen oder anderen Identitäten.

Marcus Hein

Krefeld, März 2021

1. DER AUFTRAG VON FÜHRUNG

Jede Gruppe, jeder Verein und jedes Unternehmen hat eine Führung und Führungskräfte. In Gruppen, in denen es keine formelle Führung gibt, übernehmen binnen kürzester Zeit Mitglieder die Führung. Führung kann häufig wechseln. Aber es gibt immer Führung. Gruppen ohne Führung zerfallen.

Was ist Führung? Ich unterscheide zwischen Führung und Management. Ich unterscheide die beiden Begriffe nicht wissenschaftlich, sondern vom praktischen Verständnis her. Sie werden sehen, dass Sie mit beiden Tätigkeiten beschäftigt sind.

1.1. Was ist Führung?

Führung gab es zu allen Zeiten. Nicht immer ist sie offensichtlich. Führung beeinflusst das Verhalten eines Menschen.

Eigentlich reicht es, wenn alle Mitarbeiter wissen, was zu tun ist. Das ist in der Aufgabenbeschreibung definiert. Ein Kellner im Restaurant weiß, was er tun muss. Genauso ein Buchhalter oder ein Verkäufer. Wozu brauchen wir Chefs?

In einem Verantwortungsbereich müssen die vorhandenen Kräfte koordiniert werden. Könnten das die Mitarbeiter nicht untereinander? Oder könnte das eines der Teammitglieder übernehmen? Braucht man dazu einen Chef?

Wir brauchen mehrwertschaffende Chefs. Führung braucht eine Legitimation. Sie koordiniert die Kräfte und Ressourcen des Verantwortungsbereiches so, dass mehr Leistung möglich wird, als ohne diese Koordination. Genau genommen muss Führung etwas leisten, das wir bereits im Finanzmanagement unter dem Stichwort Economic Value Added (EVA) kennen. Diese Kennzahl beschreibt die Differenz zwischen der Rendite einer Investition und deren Kapitalkosten. Es reicht nicht aus, die Leistung der Mitarbeiter zu optimieren. Sie muss soweit optimiert werden, dass die durch die Führung und Führungskraft verursachten Kosten überkompensiert werden. Ansonsten verzichtet man besser darauf.

> Führung ist wertschöpfende Koordination der vorhandenen personalen Ressourcen zum Zwecke der Zielerreichung.

1.2. Management oder Führung?

Manager sind keine Führungskräfte. Management ist ausführende Arbeit. Im Zeitmanagement plane ich meine Ziele, meinen Tag, meine Ressourcen. Als Key Account Manager verkaufe ich an Schlüsselkunden. Aber es ist eine Verkaufstätigkeit. Auch ein CEO ist keine Führungskraft, sondern ein Manager mit ausführenden Aufgaben. Zugegeben, die Aufgaben eines CEO von thyssenkrupp, Siemens oder Bayer sind gewichtige Aufgaben mit zum Teil erheblicher Tragweite. Sie managen Unternehmen. Sie nehmen Einfluss auf Strukturen, Organisationen, Ziele oder Ressourcen. Das ist keine Führung, sondern Management.

Mitarbeiter sind in den Augen von Vorständen und Geschäftsführer FTE (Full Time Equivalents). Vorstände und Geschäftsführer führen keine Menschen (mit wenigen Ausnahmen). Das haben sie nicht gelernt. Sie managen Organisationen. Sie interessieren sich für Kennzahlen und wenn die nicht stimmen, werden FTEs abgebaut, Orga-nisationseinheiten ausgegliedert, nach Indien verschoben und über Best Owner für ihre Assets nachgedacht. Sie sprechen eine Sprache, die der gemeine Mitarbeiter kaum versteht. Zwangsläufig entsteht der Eindruck, dass Mitarbeiter nur eine (Personal)Nummer sind. In den Augen des Top-Managements stimmt das auch.

Vertrauen, Partizipation, Wertschätzung oder Verstehbarkeit (einige Grundprinzipien der Neuro*logischen* Führung) sind ihnen eher fremd. Es geht um Wettbewerbsfähigkeit und Performance. Es geht um Shareholder-Values, was ich für legitim halte. Machen wir uns nichts vor, Unternehmen werden betrieben, um Renditen zu erwirtschaften. Daran ändert auch Covid-19 nichts grundlegendes.

Halten wir fest:

> Vorstände und Geschäftsführer sind primär keine Führungskräfte, sondern Manager - sehr gut bezahlte Sachbearbeiter.

Ich sage das deshalb so deutlich, weil ich mit einem Missverständnis aufräumen möchte, dem ich selbst oft erlag.

> Führungskräfte sollten sich nicht im Top-Management abschauen, wie man Menschen führt.

Das lässt sich dort kaum beobachten. Es entstehen erhebliche Führungsprobleme, solange Führungskräfte das vermeintliche Führungsverhalten des Top-Managements kopieren. Führung hat mit Menschen zu tun.

Zu den Aufgaben einer Führungskraft gehört selbstverständlich auch ein gewisses Maß an Management - meist weniger, als wir denken. Mit einem kleinen Test können sie das für sich selbst herausfinden:

Addieren Sie ihre Arbeitszeiten in Meetings, eMails und persönlichen Gesprächen, differenziert nach:

- Sach- und Prozessthemen, Zahlen, Daten, Fakten sowie organisatorische Themen und ähnliches.
- Themen der Zusammenarbeit, der persönlichen und beruflichen Entwicklung, beruflicher Ziele sowie sinnvoller Aufgabengestaltung für Mitarbeiter und Team.

Bei den meisten Führungskräften liegen in der ersten Gruppe ca. 90 Prozent der Arbeitszeit. Und damit wären Sie keine Führungskraft, sondern ein Manager - hoffentlich gut bezahlt.

Gibt es auch Manager, die führen? Ja, die gibt es. Ich hatte das große Glück, mit vielen Vorständen und Geschäftsführern sehr unmittelbaren Kontakt zu haben. Da gab es auch einige, die die menschliche Klaviatur beherrschten. Das waren Ausnahmen. Die meisten Top-Manager betonen zwar, dass die Mitarbeiter das Wichtigste im Unternehmen sind. Ihr Verhalten spricht jedoch eine ganz andere Sprache. Und noch einmal: Es sind Manager, keine Führungskräfte. Ich erwarte von ihnen keine Menschenführung.

1.3. Wirksame Führung

In nahezu allen Unternehmen existieren hierarchische Strukturen, die unternehmerische Aktivitäten koordinieren. Selbst in kleinsten Organisationen gibt es in der Regel einen Geld- und/oder Ideengeber sowie Arbeitnehmer, die aus dem investierten Geld einen Mehrwert schaffen. Selbst in einem Unternehmen mit nur einem Mitarbeiter gibt es eine Hierarchie.

Beispiel: Herr Meier hat sich nach langer Tätigkeit als Betriebsleiter in der Industrie mit einer neuen Produktidee selbstständig gemacht. Er bietet industrielle Dienstleistungen an. Hierzu stellt er einen Mitarbeiter ein, der die Koordination der Sub-Unternehmer übernimmt. Herr Meier selbst ist im Vertrieb tätig, er pflegt die Bestandskunden und akquiriert neue Kunden. Beide arbeiten sehr partnerschaftlich miteinander. Herr Meier lässt nie den Chef raushängen. Dennoch ist dem Mitarbeiter klar, dass Herr Meier der Chef ist.

Es gibt immer Führende und Geführte. Dabei fällt Führung in der Praxis ganz unterschiedlich aus. In kleinen und Kleinstunternehmen ist die Nähe zwischen Chef und Mitarbeiter oft größer, als in großen Unternehmen und Konzernen. Im obigen Beispiel ist Herr Meier nicht nur Führungskraft, sondern auch Eigentümer, also Investor für das Unternehmen. In großen Unternehmen sind die Geldgeber in der Regel nicht die Manager oder Führungskräfte. Selbst Vorstände oder Geschäftsführer sind als Organmitglieder unter Vertrag, ohne dass ihnen ein Teil des Unternehmens gehören muss oder sie in dieses Unternehmen finanziell investiert haben.

Führung ist wertschöpfende Koordination der vorhandenen personalen Ressourcen zum Zwecke der Zielerreichung. Führung muss ökonomisch sinnvoll sein, Wert schöpfen. Sie muss wirksam sein.

Es geht um Wirksamkeit in zweierlei Hinsicht: Zum Einen soll sie ergebniswirksam sein, zum Anderen soll sie Mitarbeiter wirksam beeinflussen. Prof. Fredmund Malik, einer der führenden Experten und Berater für das Management, hat nicht umsonst den Begriff wirksamer Führung verwendet.[1]

Zu Beginn meiner Seminare frage ich Führungskräfte häufig, was aus ihrer Sicht die Aufgabe von Führung ist. Häufig wird *Motivation von Mitarbeitern* genannt. Malik nennt diesen Begriff nicht. Er zählt lediglich Ziele setzen, Planen, Entscheiden, Kontrollieren und Mitarbeiter auswählen dazu.[2] In seinen Ausführungen wird deutlich, dass die Aufgaben wirksamer Führung allesamt auch der Motivation dienen. Ich gehe noch einen Schritt weiter: Diese Aufgaben sind so auszugestalten, dass sie maximale Motivation der Mitarbeiter bewirken und Demotivation vermeiden.

Es geht also um Wirksamkeit, auch wenn Sie auf Distanz führen. Hierzu eine etwas humorvolle, ich finde tiefgründige Geschichte:

Chef und Mitarbeiter beugen sich über den Auftragseingang der letzten Monate. Der war auf konstant hohem Niveau. Über zwei Wochen hinweg war er jedoch 20 Prozent höher. Auf die Frage, woran das gelegen hat, antwortet der Mitarbeiter: "Chef, da waren Sie im Urlaub."

Die Produktivität der Mitarbeiter, die freiwillig im Home Office sind, steigt laut einiger Studien um ca. 20 bis 25 Prozent. - Weil der Chef nicht da ist?

---

[1] Malik, Fredmund (2006): Führen, Leisten, Leben. Wirksames Management für eine neue Zeit. Campus Verlag, Frankfurt/Main. Seite 36ff.
[2] Ebenda. Seite 171ff.

Natürlich ist die Geschichte konstruiert. Vielleicht steckt aber auch ein wenig Wahrheit darin?

1.4. Die fünf Aufgaben von Führung

Welche Aufgaben hat eine Führungskraft zu erledigen? Dieser Frage kann man sich wissenschaftlich oder durch Beobachtung im Führungsalltag nähern. Letzteres zeigt viele Tätigkeiten, die mit Führung wenig zu tun haben.

Nimmt eine Führungskraft im Unternehmensinteresse an einem gesellschaftlichen Ereignis teil, dann ist das keine Führungsaufgabe. Diese Aufgabe ist sporadisch oder positionsbezogen zu erfüllen. Bucht die Führungskraft eine Geschäftsreise selbst oder bringt den Firmenwagen in die Inspektion, so sind auch das keine Führungsaufgaben. Führung dient einem unternehmerischen Zweck:

> **Führung ist wertschöpfende Koordination personaler Ressourcen zum Zwecke der Zielerreichung.**

Die Aufgaben einer wirksamen Führungskraft dienen dieser Führungsabsicht, auch auf Distanz. Ich folge gerne mit leichter Modifizierung der Aufzählung von Fredmund Malik[3]:

- Vision & Ziele setzen
- Planen & Organisieren
- Entscheiden
- Kontrollieren
- Mitarbeiter auswählen & entwickeln

---

[3] Malik, Fredmund (2006): Führen, Leisten, Leben. Wirksames Management für eine neue Zeit. Campus Verlag, Frankfurt/Main. Seite 171ff.

Diese Aufzählung ist aus meiner Sicht vollständig.

Vision & Ziele setzen

Eine Führungskraft legt den Sinn und Zweck des eigenen Verantwortungsbereiches (oder des Unternehmens) fest. Ziele werden in der Praxis oft verhandelt und miteinander vereinbart. Dennoch ist dies eine hoheitliche Aufgabe jeder Führungskraft.

Grundlage und Kristallisationspunkt ist die Unternehmensvision. Es gibt keine? Nutzen Sie dies nicht als Entschuldigung. Ich lasse Sie hier nicht aus der Pflicht. Definieren Sie für Ihren Verantwortungsbereich eine Vision. Stimmen Sie diese - wenn möglich - mit übergeordneten Stellen ab.

Eine Führungskraft ohne Vision für den eigenen Verantwortungsbereich ist keine Führungskraft.

Planen & Organisieren

Diese Aufgabe ist keine hoheitliche Führungsaufgabe. Sie kann delegiert werden. Allerdings muss die Führungskraft deren Erledigung sicherstellen und verantworten. Auch ist die Führungskraft für die Definition von Ressourcen und Regeln verantwortlich.

Entscheiden

Die Führungskraft hat sicherzustellen, dass Entscheidungen getroffen werden. Sie muss diese nicht unbedingt selbst treffen. Entscheidungen werden dort getroffen, wo die höchste Kompetenz ist. Das ist nicht immer die Führungskraft selbst.

Kontrollieren

Sie sind für das Ergebnis verantwortlich. Dazu müssen Sie nicht jedes und alles selbst kontrollieren. Sie organisieren Kontrolle und halten den Kopf dafür hin. Sie sorgen für klare Ziele, damit Kontrolle möglichst diskussionsfrei und möglichst beim Mitarbeiter stattfinden kann.

Mitarbeiter auswählen & entwickeln

Diese Aufgabe ist ebenfalls eine hoheitliche Führungsaufgabe. Sie entscheiden, mit welchen Mitarbeitern sie das Leistungsergebnis erzeugen wollen. Recruiting- oder Versetzungsentscheidungen über Ihren Kopf hinweg, machen Führung schwierig bis unmöglich, zumindest aber absurd.

Auch die Entwicklung von Mitarbeitern ist hoheitliche Führungsaufgabe. Sie kann und darf nicht delegiert werden - vor allem nicht an eine zentrale Personalentwicklung oder den Bereich Human Resources.

Auf alle fünf Aufgaben gehe ich weiter unten ausführlich ein. Sie sind der Kern der Führungstätigkeit und wir diskutieren, wie sie in Remote

Leadership und unter Berücksichtigung der Neuro*logischen* Grundprinzipien auszugestalten sind.

Bleiben wir einen Moment noch bei diesen fünf Aufgaben einer wirksamen Führungskraft stehen. Eine Vision zu formulieren und Ziele zu definieren ist die Aufgabe mit der größten Bedeutung und Auswirkung. Das gilt ganz besonders, wenn Sie Mitarbeiter auf Distanz führen. Zunächst brauchen Sie eine echte Vision. Die erfolgreichen Führungskräfte schaffen genau das. Mit einer guten Vision liefern Sie die Antwort auf das *Warum* in Ihrem Verantwortungsbereich. Fehlt den Zielen der übergeordnete Sinn, entwickelt sich keine Motivation. Visionen und Ziele setzen gehören zusammen.

Alle weiteren Aufgaben setzen voraus, dass Sie eine klare Vision und klare Ziele gesetzt haben. Sie können ihren Verantwortungsbereich nicht organisieren, wenn das Ziel unklar ist. In der Praxis wird oft organisiert und umorganisiert, ohne dass Ziele klar sind. Organisationen sind oft historisch gewachsen oder sie wurden aus Lehrbüchern oder von Beratern unreflektiert übernommen. Nicht selten stehen sich Organisationen ihrer Wirksamkeit im Weg. Dann wird wieder umgebaut.

Entscheidungen lassen sich nur treffen, wenn das Ziel klar ist. Wie wollen Sie sonst über Prioritäten, finanzielle oder personale Ressourcen sinnvoll entscheiden?

Kontrolle erzeugt Konflikte und endlose Diskussionen, wenn die Ziele nicht klar sind. Sobald das Ziel klar ist, kann jeder eindeutig erkennen, ob es erreicht ist oder nicht.

Wie entwickeln Sie Ihre Mitarbeiter, wenn das Ziel unklar ist? Ich selbst verantwortete jahrelang die Personalentwicklung eines Unternehmens. Erhebliche finanzielle Mittel flossen durch meine Hände. Doch die Ziele waren nicht immer klar. Sicherlich vernichtete ich dadurch viel Geld. Dasselbe beobachte ich in vielen Unternehmen. Denn oft wird dort programmatisch und nicht zielfokussiert entwickelt.

Die oberste Priorität von Führung ist, eine inspirierende Vision als Antwort auf das *Warum* zu definieren, daraus systematisch Ziele abzuleiten und die Mitarbeiter auf diese Vision und Ziele zu fokussieren.

1.5. Zukunftsszenario: Wandel in der Arbeitswelt

Menschen werden immer freier und selbstbestimmter. Viele beklagen den Verlust von Authorität. Gleichzeitig werden Menschen aggressiver, was gerade unter den Corona-Restriktionen dramatisch zunimmt. Der psychische Druck wächst. Immer weniger Menschen sind in der Lage, diesen Stress angemessen zu verarbeiten.

Generationen drängen auf den Arbeitsmarkt, die eine sinnerfüllte Beschäftigung suchen. Sie reagieren schnell mit Resignation und Demotivation, sobald eine Aufgabe keinem intergalaktischen Sinn dient. Da, wo früher bloße Pflichterfüllung über die Lücke getragen hat, stürzen Mitarbeiter jetzt in ein Motivationsloch.

Wir suchen Fehler lieber beim Anderen. Gleichzeitig soll der mir dienen. Konsumhaltung macht sich breit.

Ich beobachte diese Entwicklung sehr stark im kirchlichen und sozialen Umfeld: Früher übernahmen wir ehrenamtliche Aufgaben, wegen der Aufgabe und einer gewissen Überzeugung. Heute muss alles nach meiner Pfeife tanzen. Bei Widerstand werfe ich alles hin.

Die psychische Belastbarkeit nimmt deutlich ab. Die Eltern regeln alles für die Kinder, auch in der Schule. Lehrer beklagen sich nicht über die Kinder, sondern über die Eltern. Jeder Konflikt wird auf die Eltern-Lehrer-Ebene eskaliert. Kinder lernen nicht, die Konflikte selbst zu klären. Es entwickeln sich konfliktunfähige Erwachsene, die sich schwer in Unternehmen integrieren und bei der ersten Bodendelle aus der Kurve fliegen.

Wir brauchen ein verändertes Führungsverständnis, dass den neuen Realitäten gerecht wird. Das, was mich zuversichtlich stimmt, ist, dass das Gehirn seit vielen zigtausend Jahren auf die gleiche Art und Weise funktioniert. Deswegen bin ich zutiefst überzeugt, dass Neuro*logische* Führung ein Führungsverständnis anbietet, mit dem Sie diese Anforderungen meistern.

Meine Vision ist eine Arbeitswelt voller Inspiration, in der Menschen aufblühen, über sich hinauswachsen und gemeinsam überdurchschnittliche Erfolge feiern. Mitarbeiter finden sich zusammen und engagieren sich für ein gemeinsames Anliegen. Das ist auch in einer sich stark verändernden Gesellschaft möglich. Dazu müssen wir es aufgaben, Umstände zu beklagen. Stattdessen suchen wir inspiriert nach Chancen und Möglichkeiten.

1.6. Wandel der Führungsparadigmen

Gesellschaft verändert sich. Dafür gibt es vielfältige Gründe. Ein Grund ist sicherlich der Wohlstand. Jüngeren Generationen geht es deutlich besser als der Nachkriegsgeneration.

Wir agieren wirtschaftlich nicht mehr rund um den Kirchturm. Wir machen Urlaub in entfernten Ländern und Kulturen. Wir kaufen auf Online-Plattformen ein und es ist uns (fast) gleichgültig, von wo die Ware geliefert wird. Wir verkaufen Produkte in alle Welt. Finanzmärkte sind eng verknüpft.

Die Globalisierung beschleunigt unser Handeln. Wollen wir wirtschaftlich konkurrenzfähig sein, müssen wir schnell sein. Wir leben in einer Sofort-Gesellschaft. Online-Händler arbeiten an Allgorithmen, die es möglich machen, dass es im Bestellzeitpunkt an der Tür klingelt und uns die soeben bestellte Ware übergeben wird. Und schon jetzt ist es bisweilen fast erschreckend, dass ich ein Buch abends um 23.00 Uhr bestelle und es mir am nächsten Morgen um 10.00 Uhr zugestellt wird.

Wissen ist überall und jederzeit verfügbar. Neulich stehe ich mit einem Bekannten gemeinsam am Grill und behaupte, dass die Promille-Grenze auch für Fahrradfahrer bei 0,5 Promille liegt. Der Bekannte behauptete, sie sei höher und keine Minute später wissen wir, dass sie bei 1,6 Promille liegt - Google macht's möglich. Wir tragen das Wissen dieser Welt mit uns herum und es ist sofort abrufbar.

Je schneller umso flexibler müssen wir sein. Mein Vater verabschiedete mich in die Berufswelt mit den Worten: „Geh' mal zu Thyssen. Da kannst Du auch in Rente gehen." Diese Zeiten haben sich gravierend verändert. Kontinuität ist der Flexibilität gewichen. Wir müssen uns ständig anpassen. Strukturen und Organisationen haben eine durchschnittliche Halbwertszeit von deutlich unter einem Jahr. Man sagt:

Das einzig Beständige ist der Wandel.

Viele Führungskräfte begreifen das noch nicht. Sie versprechen ihren Mitarbeitern, dass es nach der aktuellen Änderung, demnächst oder im nächsten Jahr wieder ruhiger wird. Das ist gelogen. Es wird schneller und unbeständiger. Es wird Zeit, das zu antizipieren sowie Strategien und Kompetenzen zu entwickeln, damit adäquat umgehen zu können. Die Corona-Krise zeigt, wie schnell und grundlegend sich Dinge ändern.

Mehr Druck ist weder zielführend, noch hilfreich. Wir brauchen intelligente Lösungen. Menschen sind aber nicht schlagartig intelligenter. Kluge Führungskräfte kombinieren die Intelligenzen der Mitarbeiter. Wir sprechen von Schwarmintelligenz. Und die braucht WIR-Kompetenz. Und die müssen Führungskräfte - als Moderatoren - sicherstellen. Bereichsegoismen, organisationale Zuständigkeiten und hoheitliches Agieren gehören der Vergangenheit an, wenn wir die Zukunft gestalten und gewinnen wollen.

Führungskräfte müssen nicht dafür sorgen, dass wir noch höher drehen.

> **Wir müssen dafür sorgen, dass sich Menschen in ihrer Verschiedenartigkeit und in ihrem Einmaligsein zu einem gemeinsamen Anliegen verbinden.**

Dazu braucht es neue Kompetenzen. Wir brauchen die Einsicht und Bereitschaft, dass es morgen schon wieder ganz anders sein kann. Wir müssen nicht die Drehzahl erhöhen, sondern den Hubraum erweitern und das Drehmoment steigern. So können wir auch morgen die Chancen nutzen, die sich bieten.

Die klassische Form von Führung, mit Budgetierung, Planung, Entscheidung und Kontrolle gehören der Vergangenheit an. Hier braucht es dringend einen Wandel. Wir müssen agil führen. Agilität ist aber keine Methode, sondern ein Mindset. Dieses Mindset entsteht, wenn es ein gemeinsames Anliegen gibt. Das zu definieren und zu moderieren ist die neue Aufgabe von Führung, auch und gerade auf Distanz. Dazu brauchen Sie keinen Titel und keine Formalmacht. Dazu brauchen Sie Mut, Inspiration und Engagement für die Sache.

Seit Jahren wollen Mitarbeiter mobil arbeiten. Das ist nur konsequent gedacht. Viele Unternehmen standen (und stehen) auf der Bremse. Corona zwingt die Unternehmen jetzt dazu. Und viele fordern schnell die Rückkehr an den regulären Arbeitsplatz. Das ist unverständlich, weil die Produktivität durch Home Office ansteigt. Einige Unternehmen wurden wach und bieten jetzt flächendeckend mobiles Arbeiten an. Damit werden sie auch auf dem Arbeitsmarkt deutlich attraktiver. Dennoch ist Home Office keine Allzweckwaffe.

2. REMOTE LEADERSHIP

Der Bundesminister für Arbeit und Soziales, Hubertus Heil, kündigt im April 2020 einen Gesetzesentwurf zum Home Office an. Jeder, bei dem das möglich ist, soll auch von zu Hause arbeiten können - ganz oder teilweise. Im Januar 2021 verstärkt sich diese Forderung noch einmal, inzwischen in einer entsprechenden Verordnung umgesetzt.

Als ehemaliger Personalleiter kämpfen sofort viele Argumente in mir gegeneinander. Müssen wir noch mehr arbeitsrechtlich regeln? Wollen wir Arbeitgeber noch stärker vorschreiben, wie die Arbeitswelt bei ihnen zu funktionieren hat? Müssen wir die Mitarbeiter wirklich schützen oder sollten wir sie selbstbestimmter handeln lassen? Wie können Mitarbeiter vor Überlastungen oder illegalen Kontrollmechanismen geschützt werden?

Meine erste Ablehnung des Gesetzes wich einem zunehmenden Verständnis, da ich auch erfuhr, wie stark insbesondere psychische, aber auch physische Belastungen zunehmen. Hier braucht es einen aktiven Schutz des Mitarbeiters. Aber wir brauchen kein Gesetz, dass den Unternehmen vorschreibt, ob und wieviel Home Office ermöglicht werden muss - außer vielleicht zum Zweck der Kontaktbeschränkung während der Corona-Pandemie. Und auch während dieser Pandemie hätte der Arbeitgeber seine Fürsorgepflicht dem Mitarbeiter zu erfüllen und ihn vor möglichst vielen Kontakten im Unternehmen zu schützen. Ganz nebenbei wäre das auch Wertschätzung und Respekt vor der Gesundheit des Mitarbeiters.

2.1. Bisherige Entwicklung

Laut einer Umfrage hatten vor Corona etwa 19 Prozent der Arbeitnehmer die Möglichkeit, von zu Hause aus zu arbeiten. Dies nutzten jedoch nur 5 Prozent[4]. Um dies zu steigern gab es bereits im Koalitionsvertrag die Absicht, mobiles Arbeiten zu fördern und zu regeln.

Mit dem Shutdown durch Covid-19 änderte sich alles. Bevor die Mitarbeiter der Reihe nach krankheitsbedingt ausfielen, schickten die meisten Unternehmen ihre Mitarbeiter - soweit möglich - nach Hause. Und nach anfänglichen Schwierigkeiten stellten beide Seiten fest, dass das einige Vorteile hat. Selbst das ursprüngliche Gegenargument entkräftete sich, nach dem die Mitarbeiter angeblich zu Hause nicht so produktiv wären, wie am regulären Arbeitsplatz.

Im Frühjahr 2020 führte ich fast 100 Interviews mit Führungskräften. Nahezu alle hatten Mitarbeiter im Home Office und sammelten, im Gegensatz zu den ursprünglichen Befürchtungen, deutlich positive Erfahrungen. Viele sagten aber auch, dass Führung schwieriger würde, weil die Kommunikation umfangreicher wird und der unmittelbare Kontakt fehlt.

Inzwischen gibt es zahlreiche, sehr unterschiedliche Stimmen und Studien zur Produktivität. Ein Grund mehr, warum es dieses Buch gibt.

---

[4] *https://www.welt.de/wirtschaft/karriere/article195107525/IAB-Studie-Viele-Arbeitnehmer-sehen-Nachteile-des-Homeoffice.html* (01.02.2021)

2.2. Herausforderungen

Eigentlich ändert sich ja nicht viel. Lediglich der Arbeitsort wechselt. Der Mitarbeiter arbeitet von zu Hause aus. Aber man kann ja telefonieren, sich eMails oder whatsapp-Nachrichten schreiben und in Video-Konferenzen ergänzt durch Kollaborations- und Kreativitätstools gemeinsam arbeiten und diskutieren. Doch wenn wir genauer hinschauen, ändert sich doch vieles. Nachstehend eine sicher nicht vollständige Aufzählung.

- **Entgrenzung von Arbeitsort und Arbeitszeit** und somit Entgrenzung von Beruf und Privatleben. Der Küchentisch dient jetzt nicht nur dem Frühstück, sondern auch als Schreibtisch. Bei der Video-Konferenz mit Kollegen schauen diese mir ins Wohnzimmer. Eigentlich hätte ich die niemals zu mir nach Hause eingeladen. Der Mann schaut die Nachrichten, seine Frau checkt noch einmal die eMails, weil sie etwas Dringendes erwartet.

- **Mikro-Begegnungen** entfallen. Wie oft sprachen Sie mit Ihren Mitarbeitern auf dem Flur, in der Teeküche oder Kantine oder einfach so zwischen Tür und Angel? „Ach, da ich Sie gerade treffen. Was halten Sie eigentlich von …". Das alles sind Wenige-Minuten-Gespräche oder Mikro-Begegnungen, die zwar ungeplant, aber gerade im richtigen Augenblick stattfinden. Ein wesentliches Bestandteil dieser Mikro-Begegnungen war ganz oft auch nur ein wohlwollender, freundlicher Blick oder ein „Mahlzeit". Das alles fehlt jetzt.

- Nichtsehen öffnet einen großen **Raum für Spekulationen,** in beide Richtungen. Wenn die Mitarbeiter und der Chef im regulären Büro sitzen bekommt man (scheinbar) viel besser mit, was der andere gerade tut. Sieht man sich nicht, fehlt diese scheinbare Sicherheit. „Arbeitet mein Mitarbeiter überhaupt oder hängt er gerade die Wäsche auf?". Oder auch andersherum: „Mein Chef hat heute noch nicht angerufen. Interessiert der sich überhaupt für meine Arbeit?"

- **Arbeitsleistung** ist nicht unmittelbar zu beobachten und damit deutlich schwieriger zu **bewerten**. Wir leben in einer Leistungsbewertungsgesellschaft. Danach werden wir auch bezahlt. Es gibt Leistungsbeurteilungen und Leistungsprämien. Wie aber will man bewerten, wenn man die Leistung gar nicht unmittelbar beobachten kann.

- Deutlich **zeitintensivere Kommunikation** wird notwendig. Einerseits kann man nicht „mal eben" etwas über den Schreibtisch hinweg klären. Dazu ist jetzt immer ein Telefonat, eine whatsapp-Nachricht oder gar ein Video-Call notwendig. Andererseits sollte gerade aufgrund der sozialen Distanz mehr bewusst miteinander kommuniziert werden, um den Kontakt aufrecht zu erhalten. Eine Führungskraft, mit der ich sprach und der das eigentlich sehr gut gelingt, beklagt sich, dass sein Tag jetzt aus 30-Minuten-Einheiten besteht.

- Häufige **Unerfahrenheit mit emotionalen Themen**, die unter Home Office elementar werden. Unsere emotionale Kompetenz ist im wesentlichen auf unbewusste Vorgänge reduziert. Dazu ist die persönliche Begegnung notwendig. Auf Distanz fällt uns das viel schwerer und wir müssten es bewusst artikulieren. Darin sind Mitarbeiter wie Führungskräfte nicht geübt.

- Der Wandel von der Prozess- zur **Ergebnisorientierung** fällt den meisten sehr schwer. Mit der Industrialisierung kam die Prozessorientierung auf. Seitdem optimieren wir Prozesse, wenn die Ergebnisse nicht stimmen. Dazu muss man Prozesse beobachten und bewerten, die man auf Distanz aber nicht mehr sieht. Jetzt erlebt der Chef nicht mehr live, wie ein Mitarbeiter mit dem Kunden spricht. Jetzt wird der Mitarbeiter eigenverantwortlich für das Ergebnis, Führungskräfte müssen den Mitarbeitern den Weg frei geben.

- **Kontrollverlust** in einer gepflegten Misstrauenskultur. Kaum ein Unternehmen oder Vorgesetzter würde offen zugeben, dass es oder er den Mitarbeitern nicht vertraut. Doch wir leben innerhalb und außerhalb von Unter-nehmen in einer ausgeprägten Misstrauenskultur. Distanz verschärft das Problem, wir können nicht mehr unmittelbar kontrollieren und müssen darauf Vertrauen, dass jeder gewissenhaft seine Pflicht tut. Hier gab und gibt es zum Teil erhebliche Kontrollversuche, die so unsinnig wie unnötig sind, wenn Vertrauen die Grundlage ist.

- **Technische Defizite**, insbesondere im Umgang mit kollaborativen Tools. Führen auf Distanz erfordert ein wenig Technik. Die wenigsten Mitarbeiter und Führungskräfte waren es gewohnt, mit Videokonferenztechnik zu arbeiten. Darüber hinaus gibt es weitere Kollaborationstools, die bislang sehr speziellen Anwendungen vorbehalten waren. Gleichzeitig entstanden und entstehen neue Tools, mit denen sich kaum jemand auskennt. Falls Sie hier schon einmal einen Tipp haben wollen: Verteilen Sie Aufgaben an Ihre Mitarbeiter (die dazu einen guten Draht haben), um herauszufinden, wie man zum Beispiel Aufgaben am besten im Team organisiert, welche Konferenztechnik am besten ist und wie diese funktioniert oder wie die Dateiablage jetzt zu organisieren ist. Machen Sie jeweils einen Mitarbeiter zum Experten.

- **Fehlende virtuelle Führungskompetenz**, situativ, individuell und kontextbezogen zu führen. Mal abgesehen, dass Führungskräfte ihre Hauptaufgabe kaum genügend und systematisch gelernt haben, sind sie auf die virtuelle Führungssituation überhaupt nicht vorbereitet. Dem einen fällt es leichter, dem anderen schwerer, sich in dieser neuen Arbeitswelt zurecht zu finden und souverän in Führung zu bleiben. Das gibt niemand zu. Es käme einem Offenbarungseid gleich. Aber Führung wird auf Distanz nicht einfacher, sondern deutlich anspruchsvoller. Auf die Länge wird sich zeigen, welche Auswirkungen fehlende Kompetenzen bei virtueller Führung haben.

- **Arbeitsrechtliche Unsicherheiten** im Umgang mit Home Office und mobilem Arbeiten. Dürfen Sie eigentlich an- oder unangemeldet Ihren Mitarbeiter im Home Office besuchen und seinen Arbeitsplatz kontrollieren? Wie ist das mit dem Datenschutz? Wie dürfen Sie Arbeitszeiten kontrollieren? Viele Fragen, die Sie sich nie gestellt haben, die jetzt aber auftauchen, kann man natürlich recherchieren. Aber stimmt das alles, was im Internet steht?

- **Eigene Belastungen**, wenn Führungskräfte selbst im Home Office sind. Laut AOK steigt die psychische Belastung im Home Office um 40 Prozent. Das gilt vielleicht noch stärker für Führungskräfte. Wie gehen Sie damit um? Wie lassen sich diese Belastungen reduzieren oder vermeiden?

- **Änderung der bestehenden Führungskultur,** hin zu mehr Vertrauen und Ergebnisorientierung, birgt Risiken und Misstrauen in der Führungsmannschaft. Nicht jede Führungskraft wird sich an die neue Führungssituation anpassen. Der Grund liegt nicht immer in der Führungskraft selbst, sondern auch an ihrem Umfeld. Oft entgegen aller Leitbilder hat sich eine Führungskultur ausgeprägt, die Führung auf Distanz erleichtert oder eben auch verschärft. Gegen eine solche Kultur anzukämpfen, bedeutet auch für kompetente Führungskräfte eine enorme Kraftanstrengung.

2.3. Emotionsmanagement

In unserer westlichen Welt sind wir sehr geprägt, den Menschen als Vernunftsmenschen zu behandeln, der Argumenten zugänglich ist. Würden wir einem anderen nur gut genug erklären, welchen Vorteil er hat, wird er sich schon entsprechend verhalten. Doch das ist ein großer Irrtum.

Wenn wir uns den Vorgang der Wahrnehmung in unserem Gehirn anschauen, wird deutlich, dass wir extrem stark unbewusst denken und entscheiden, und dass das überwiegend emotional gesteuert ist. Motivation ist ein emotional-neuronaler Vorgang, der innerhalb weniger Zehntel-Sekunden vollständig abgeschlossen ist. Falls Sie jetzt behaupten, dass Sie bewusst entscheiden, dann liegt das daran, dass Ihr Gehirn so schnell ist. Hinter der emotionalen Entscheidung findet Ihr Gehirn innerhalb weniger Millisekunden Argumente, die Ihre emotionale Entscheidung als richtig untermauern. Und weil das so schnell geht, nehmen Sie gar nicht wahr, das Ihr Gehirn alle Argumente ausblendet, die die vorher getroffene Entscheidung widerlegen. Deshalb sind wir sicher, eine richtige Entscheidung getroffen zu haben.

> **Menschen und Mitarbeiter sind emotional getriebene Wesen - auch wenn wir das nicht wahrhaben wollen.**

Wenn Sie also eine Aufgabe an einen Mitarbeiter im Home Office delegieren wollen, können Sie ihm diese lang und breit erklären. Unbewusst hat der Mitarbeiter schon bei (oder vor) Ihrem ersten Satz entschieden, ob er diese Aufgabe hoch motiviert oder als reine Pflichterfüllung mit wenig Engagement erledigen wird.

Haben Sie Einfluss auf die emotionale Entscheidung des Mitarbeiters? Ja und Nein. Dazu müssen Sie allerdings wissen, wie Ihr Mitarbeiter solche Entscheidungen emotional trifft. Sie müssen wissen, welchen Denk- und Motivationsstrategien der Mitarbeiter folgt und wie Sie Ihre Kommunikation (verbal und non-verbal) darauf anpassen können. Dazu wird Ihnen dieses Buch einige Anregungen bieten. Denn das wird auf Distanz noch einmal bedeutender.

2.4. Die Zukunft von mobilem Arbeiten und Home Office

„Herr Hein, nach Corona wird die Welt eine komplett andere sein!" - Diese Aussage hörte ich noch im März und April 2020, und ich überlegte, was sich wegen einer Grippewelle wohl ändern könnte. Heute lässt sich erahnen, was sich alles ändern wird und bereits geändert hat.

Ich kenne ein kleineres Unternehmen, das die Forderung der Mitarbeiter, mobil arbeiten zu dürfen, konsequent abgelehnt hat. Das war um so verwunderlicher, weil das IT-Unternehmen schon sehr gut für mobiles Arbeiten gerüstet war. Dann kam Covid-19 und die Geschäftsführung bekam Angst um die Mitarbeiter. Also schickten sie alle nach Hause, ins Home Office. Nach vierzehn Tagen war klar, dass das sehr gut funktionierte und sie beauftragten einen Makler, das Bürogebäude zu verkaufen.

Ich bin überzeugt, dass Home Office und mobiles Arbeiten zum neuen Standard wird. Die junge Generation Y und Z sucht bewusst nach Arbeitgebern, die mobiles Arbeiten ermöglichen. Natürlich geht das nicht in jedem Job. Eine Kassiererin - solange wir sie noch brauchen - wird an der Kasse sitzen müssen. Ein KFZ-Mechatroniker muss in der Werkstatt sein. Aber da, wo es geht, sind Unternehmen mit dem Wunsch nach mobilem Arbeiten konfrontiert.

Ob es einen gesetzlichen Anspruch auf Home Office geben wird, ist eher unwahrscheinlich, auch wenn eine entsprechende Verordnung die Unternehmen in die Ausnutzung dieser Arbeitsform zum Schutz der Mitarbeiter sanft drängen möchte. In jedem Fall beabsichtigt die Regierung seit der letzten Bundestagswahl, diese Arbeitsform zu fördern. Damit wird klar, wo die Reise hin geht. Und bei den sehr positiven Erfahrungen vieler Unternehmen, wird sich das noch beschleunigen.

Ganz sicher wird es auch weiterhin Unternehmen geben, die die mobile Form der Arbeitswelt ablehnen. Je nach Arbeitsmarktlage werden solche Unternehmen wenig Zukunft haben, weil ihnen das Fachpersonal ausgeht. Gerade Wissensarbeiter könnten in den meisten Fällen von überall auf diesem Planeten arbeiten und werden das auch tun. Unternehmen, die das ablehnen, müssen auf diese Kompetenzträger verzichten. Damit schwächen sie ihre Wettbewerbssituation, werden sich anpassen müssen oder scheiden aus dem Wettbewerb aus.

Das hört sich alles so an, als wäre mobiles Arbeiten das Non-Plus-Ultra der zukünftigen Arbeitswelt. Das glaube ich nicht. Wir Menschen sind durchaus in der Lage, uns in Krisenzeiten kurzfristig anpassen zu können. Plötzlich sitzen wir am Küchentisch und erledigen dort unsere Arbeit. Wir bemühen uns und es gelingt tatsächlich besser, als befürchtet. Doch nach ein paar Monaten ist dann die Euphorie verschwunden. Menschen nehmen wahr, dass sie stärker sozial isoliert und auf ihre Familie zurückgeworfen sind. Psychischer Druck, familiäre Krisen bis hin zu Gewalttaten sind leider die Folgen. Andere dagegen genießen die zusätzliche Zeit mit der Familie.

Bereits vor Corona nahmen psychische Belastungen und Erkrankungen kontinuierlich zu. Die BKK zeigt in ihrem Gesundheitsreport in den letzten 40 Jahren eine Zunahme von 2 auf 16,6 Prozent[5]. Psychische Erkrankungen sind heute die zweithäufigste Diagnosegruppe bei Krankschreibungen. Umfangreiche Auswertungen aktueller Studien nennen Gemeinschaftsgefühl und Kollegialität, aber auch das

---

[5] Knieps, Franz/Pfaff, Holger (2018): Arbeit und Gesundheit Generatino 50+. BKK Gesundheitsreport. MWV Medizinisch Wissenschaftliche Verlagsgesellschaft und BKK Dachverband e. V., Berlin.

Führungsverhalten, als die bedeutendsten Einflussfaktoren für psychische Gesundheit.[6]

Home Office führt bei einigen Mitarbeitern verstärkt in die soziale Isolation. Das Gemeinschaftsgefühl schwindet. So fehlt auch eine wichtige Gesundheitsressource. Experten sind sich einig, dass das Virus selbst Auswirkungen auf die Psyche haben wird, teilweise direkt über neuronale Veränderungen, aber auch in Depression und Wahnvorstellungen. Die Berliner Zeitung berichtet am 2. Juni 2020 über die weltweite Studie COH-FIT[7] und vermutet eine dritte Welle, die wesentlich durch psychische Folgeerkrankungen aufgrund des Shutdown geprägt sein wird. Ob und welche Auswirkungen die Impfstoffe haben werden, zeigt sich nur ansatzweise und bleibt abzuwarten. Mahnende Stimmen gibt es aber genug.

Sicher ist, dass das Arbeitsumfeld einen wesentlichen Einfluss auf die Gesundheit der Mitarbeiter hat. Dies positiv zu gestalten, auch wenn auf Distanz geführt wird, sollte ein wichtiger Aspekt sein. Dazu will ich mit diesem Buch einen wesentlichen Beitrag leisten.

---

[6] *Monitor „psychische Gesundheit in der Arbeitwelt (2019), Initiative Neue Qualität der Arbeit der BAuA. Berlin. https://www.inqa.de/DE/wissen/gesundheit/physische-und-psychische-gesundheit/psychische-gesundheit-am-arbeitsplatz.html (01.02.2021):*

[7] *Brüning, Anne (2020): Psychische Erkrankungen als dritte Welle der Pandemie? https://www.berliner-zeitung.de/gesundheit-oekologie/corona-folgen-psychische-erkrankungen-als-dritte-welle-der-pandemie-li.85263 (13.07.2020)*

3. GRUNDPRINZIPIEN NEUROLOGISCHER FÜHRUNG

Führung muss einem definierten Zweck dienen. In diesem Sinne verstehe ich Führung wie jede andere Funktion im Unternehmen. Der Verkauf dient dem Zweck, die Leistungen des Unternehmens zu verkaufen. Die Personalabteilung dient dem Zweck, personale Ressourcen zur Verfügung zu stellen und Mitarbeiter zielgerichtet zu qualifizieren oder am Monatsende pünktlich ihr Entgelt auszuzahlen. Würde der Verkauf oder die Personalabteilung diesen Zweck nicht erfüllen, würde man die Funktionen eliminieren. Wenn Führung seinen Zweck, Mehrwert zu schaffen, nicht erfüllt, wird man auf sie verzichten. Führung muss, genauso wie Verkauf oder Personalabteilung etwas bewirken. Sie muss wirksam sein. Und wirksam ist sie, wenn die Mitarbeiter mit Führung mehr Ergebnis erbringen, als ohne. Ich spreche hier sehr bewusst von Ergebnis und nicht von Leistung!

Damit Führung in dieser Weise wirksam ist, muss sie ein paar Voraussetzungen erfüllen. Diese habe ich für das Modell der Neuro*logischen* Führung zusammengefasst und als Grundprinzipien formuliert. Sie sind entstanden aus Forschung verschiedener Disziplinen, Studien und praktischen Beispielen, sowie meiner eigenen Führungserfahrung in der Industrie, im Ehrenamt und im Katastrophenschutz. Nachstehend stelle ich diese neun neurologischen Grundprinzipien vor. Ich greife sie in diesem Buch immer wieder auf und formuliere daraus für Sie konkrete Empfehlungen.

3.1. Verstehbarkeit

Menschen sind motivierter und gesünder, wenn sie klare Ziele haben und diese kennen. Außerdem ist es nötig, dass ihnen das *Warum* und *Wozu* hinter diesen Zielen bekannt ist.

> Man kann jedes *Wie* ertragen, wenn man ein *Warum* hat.
> (Friedrich Nietzsche)

Das *Warum* bietet Mitarbeitern Orientierung und schafft Sicherheit. Mit Orientierung und Sicherheit sind bessere und höhere Leistungen möglich. In der Otto-Group sollen 90 % der Ideen gescheitert sein.[8] Damit waren sie in guter Gesellschaft. Denn gerade in Veränderungsprozessen ist es entscheidend, dass Mitarbeiter das *Warum* hinter dem Change kennen.

Wenn wir Menschen Dinge wahrnehmen, bewerten wir sie oft zunächst negativ. Das ist ein altes, archaisches Reaktionsmuster, das unser Überleben sicherte. Sobald man dann die Dinge besser versteht, sich mit ihnen beschäftigt hat, kann sich auch die Bewertung ändern. Das hat zum Beispiel große Bedeutung für Veränderungsprozesse. Mitarbeiter entwickeln oft zunächst Angst vor dem unbekannten Neuen, bis sie mehr Details wissen und sich damit beschäftigt haben. Es ist deshalb hilfreich, wenn Führungskräfte gerade in Veränderungsprozessen intensiv mit den Mitarbeitern kommunizieren, damit die Mitarbeiter das *Warum*, vielleicht aber auch das *Was* und das *Wie* verstehen.

Ein wesentlicher, motivierender Aspekt ist, dass wir motivierter sind, wenn wir den positiven Einfluss des eigenen Verhaltens auf das

---

[8] Purps-Pardigol, Sebastian (2019): Wie wir Mitarbeiter für den Wandel gewinnen. In: Grän, Timo/Voß, Martin/Straub, Wolfgang: Finanzen Steuern Recht. MediaWorld, Braunschweig.

Wohlergehen anderer Menschen verstehen. Beispielsweise zeigte eine Studie in einem Krankenhaus, dass das Personal sich deutlich intensiver die Hände desinfiziert, wenn ihnen klar ist, dass Leib und Leben der Patienten und deren Heilungsfortschritt davon abhängt. Allein das Anbringen von Schildern „Hände desinfizieren nicht vergessen!" reicht dazu nicht aus.

Aus der Neurobiologie wissen wir, dass Menschen unangenehme Gefühle bevorzugt unterdrücken (Suppression). Damit bleibt ihr Gehirn jedoch im Alarmmodus und verbraucht viel Energie, um äußerlich gelassen zu erscheinen. Außerdem verschiebt sich der Stress in den Körper und belastet ihn. Findet ein Mensch für eine unangenehme Erfahrung jedoch eine positivere Sichtweise (Reappraisal), wird der Alarmmodus bereits nach wenigen Sekunden beendet.

Hierzu ist George Clooney ein plakatives Beispiel. Er war über viele Jahre zweitklassig. Er nahm die Ablehnung beim Vorsprechen stets als Ablehnung seiner Person wahr. Das änderte sich erst, als er das Vorsprechen anders bewertete, in dem er sich vorstellte, dass die Jury aufgrund der vielen schlechten Schauspieler denkt: „Hilfe, hoffentlich ist dieser Schauspieler jetzt unsere Rettung. Hoffentlich ist er der Richtige." Clooney verließ den Alarmzustand, griff auf kognitive Areale in seinem Gehirn zu und zeigte seine wahre Begabung.

Sie wissen sicherlich aus Ihrer eigenen Erfahrung, dass Sie sich sicherer und motivierter fühlen, sobald Sie Ihre Umgebung verstehen, sie vorhersehbar ist und sie in ein größeres Ganzes einordnen können. Negative Überraschungen mögen wir Menschen nicht so sehr.

Dies sind alles innere, oft unbewusste Bewertungen, die nicht immer objektiv nachvollziehbar sind. Dennoch wirkt es unterstützend, wenn Sie als Führungskraft dafür sorgen, dass Mitarbeiter ihr Umfeld als klar und transparent erleben. Aus der Salutogeneseforschung wissen wir, dass dies Menschen gesund erhalten kann.

3.2. Fokussierung

Fokussierung steuert unsere Wahrnehmung. Dies lehrt uns sowohl die Psychologie, als auch die moderne Neurobiologie.

Kennen Sie das Gorilla-Experiment? Es veranschaulicht eindrucksvoll, wie Fokussierung unsere Wahrnehmung steuert. Studenten sollten in einem kurzen Video beobachten und zählen, wieviele Ballwechsel das Team mit weißem bzw. schwarzem Trikot machte. Die meisten Studenten lagen mir ihrer Zählung richtig. Dann fragte der Professor, wer den (schwarz gekleideten) Gorilla gesehen hatte. Die Studenten, die die Ballwechsel des weißen Teams gezählt haben, haben ihn nur zu 8 Prozent wahrgenommen. Die anderen Studenten, die das schwarze Team beobachtete, nahm den Gorilla zu zwei Drittel wahr, was sicher daran lag, dass der Gorilla schwarz gekleidet war.

In der Neurobiologie ergab sich 1999 ein Paradigmenwechsel. Bis dahin war man überzeugt, dass sich das fertig ausgebildete Gehirn kaum noch verändern kann. Doch dann erkannte man, dass das Gehirn bis ins hohe Alter nicht nur neue synaptische Verschaltungen, sondern auch neue Nervenzellen bilden kann. Wir sprechen von der sogenannten Neuroplastizität, die bis ins hohe Alter möglich ist.

Für diese Neuroplastizität ist Aufmerksamkeit entscheidend. Neue neuronale Netzwerke entstehen entweder durch Tun oder auch bereits durch die bloße Vorstellung. Für diese Vorstellung braucht es innere und äußere Bilder. Äußere Bilder entstehen durch Vorbilder, die authentisch sind und Ergebnisse liefern. Innere Bilder entstehen durch Imagination gewünschter Zustände und Ergebnisse.

Visionen und Ziele müssen nicht nur klar, sondern auch ständig bildhaft präsent sein. Sie müssen immer wieder ins Zentrum des

Handelns gerückt werden. So geben sie Orientierung und schaffen Sicherheit für unser Agieren.

Fokussierte Ziele helfen uns auch, z. B. Prioritäten für Aufgaben oder selbstständige Entscheidungen zu finden. Fokussierte Visionen und Ziele steuern quasi automatisiert das Denken und Handeln auf das Erreichen der Ziele hin. Unser Gehirn versucht das zu realisieren, was es überwiegend denkt.

Dabei nehmen wir alle nur selektiv wahr und blenden irrelevante Informationen aus. Fokussierung steuert diese Selektion. Richten wir den Blick unserer Mitarbeiter häufig auf Probleme und Schwierigkeiten, bleibt der Blick für Chancen und Lösungsmöglichkeiten zu einem erheblichen Teil verschleiert. Fokussieren Sie jedoch Ihre Mitarbeiter auf Visionen und Ziele, werden sie eine Fülle von Ideen, Möglichkeiten, Chancen und Beiträgen erkennen, die helfen, diese Ziele zu erreichen.

Doch Vorsicht: Die Evolution spielt immer noch einer falschen Fokussierung in die Karten: Wir fokussieren bevorzugt auf Gefahren und Probleme. Vor vielen Jahren hat uns das überleben lassen. Es ist daher die Aufgabe von Führung, dagegen zu steuern und auf das Positive und Erwünschte zu fokussieren.

3.3. Partizipation

Menschen wollen sich positiv entwickeln und über sich selbst hinauswachsen. Mit diesen neurobiologischen Grundbedürfnissen kommt jeder Mensch auf die Welt. Zahlreiche Studien beweisen das. Man führte eine Studie in einem Altenheim durch mit der Frage, ob sich der Alterungsprozess beeinflussen lässt. Dabei erkannte man, dass sich Bewohner, die ihren Alltag mitgestalten konnten, hinsichtlich sozialer Aktivität und allgemeiner Wachheit signifikant besser entwickeln, als die Kontrollgruppe. Die Sterblichkeit sank um 50 Prozent.

In einer anderen, der sog. Whitehall-II-Studie[9], wies man nach, dass die Wahrscheinlichkeit, am Herzen zu erkranken, um 80 Prozent höher ist, wenn die Mitarbeiter nur einen geringen Einfluss auf ihre Arbeit haben (low job control).

Vielleicht sagen Sie, dass das ja eher Gesundheitsthemen sind. Stimmt. Und Eckes-Granini zeigte[10], dass dies gleichermaßen für Motivation und Kreativität gilt. Hier wurden Mitarbeiter an der Lösung auch großer, sogar existenzieller Probleme beteiligt. Der Umsatz, der sonst weiter eingebrochen und eine ganze Produktsparte eliminiert hätte, stieg um 70 Prozent binnen kürzester Zeit. Daran sehen wir, dass Motivation und Gesundheit eng miteinander verbunden sind.

Eine Betrachtung aus neurobiologischer Sicht soll ergänzt werden: Nehmen wir an, Sie nehmen etwas wahr (Stressor), dass Sie stresst, vielleicht weil Sie eine Entwicklung nicht kontrollieren können. Damit wird die Stressachse in Ihrem Körper aktiviert, die das archaische

---

[9] *https://en.wikipedia.org/wiki/Whitehall_Study*
[10] *Purps-Pardigol, Sebastian (2015): Führen mit Hirn. Mitarbeiter begeistern und Unternehmenserfolg steigern. Campus Verlag, Frankfurt/Main. Seite 73ff*

Reaktionsmuster Kampf, Flucht oder Resignation auslöst. Wollen Sie diesem Stress wirksam begegnen, müssen Sie Ihre Hypothalamus-Hypophysen-Nebennieren-Achse aktivieren. Wie machen Sie das? Drei Möglichkeiten stellten sich als sehr wirksam heraus:

1. Finden Sie zu der Überzeugung, dass Sie selbst eine Lösung für das Problem finden werden.
2. Vertrauen Sie darauf, dass Ihnen andere bei der Lösung des Problems helfen.
3. Glauben Sie, ohne die Lösung zu kennen, dass es eine gute Lösung geben wird.

Fördern Sie als Führungskraft diese Überzeugungen bei Ihren Mitarbeitern. Holen Sie Ihre Mitarbeiter (und natürlich auch sich selbst) aus der Opferrolle heraus. Überlegen sie gemeinsam, wie sie die Probleme lösen.

3.4. Würdigung und Feedback

Menschen lieben Feedback, allerdings individuell in sehr unterschiedlichem Maße. Einige wenige benötigen nahezu kein Feedback (internale Motivationsstrategien - siehe Kapitel 5.6.3.). Die meisten Menschen sind aber eher begierig darauf. Erhalten sie kein Feedback, werden sie unsicher bis handlungsunfähig. Gerade in einer Kultur und in Organisationen, deren Fehlertoleranz sehr niedrig ist (in Deutschland sehr ausgeprägt), braucht es Feedback, damit wir uns sicher fühlen.

Von Feedback und der damit verbundenen Sicherheit ist Motivation unmittelbar abhängig. Schon die Aussicht auf Feedback motiviert zu höheren Leistungen, wie eine Studie zeigt: Probanden sollten eine Aufgabe schriftlich lösen und waren dazu in drei Gruppen eingeteilt. Die erste Gruppe schrieb ihren Namen mit auf das Lösungsblatt, das vom Prüfer persönlich entgegengenommen wurde. Die zweite Gruppe gab den Lösungsbogen ohne Namen ab. Dieser wurde vom Prüfer auf einen Stapel gelegt. Die dritte Gruppe gab das Lösungsblatt ebenfalls ohne Namen ab und der Prüfer schredderte das Blatt sofort. Danach sollten alle Teilnehmer eine weitere Aufgabe lösen. Teilnehmer der ersten Gruppe zeigte dabei dreimal bessere Leistungen.

Die Firma Atelier Gardeur GmbH in Mönchengladbach schaffte beispielsweise vor Jahren den Turnaround aus einer desaströsen Lage, in dem sie eine nachhaltige Feedbackkultur einführte.

Kontrolle muss so gestaltet sein, dass sie als gehirngerechtes Feedback wahrgenommen wird. Dazu müssen bestimmte Voraussetzungen geschaffen werden, auf die ich in einem anderen Kapitel eingehe (siehe Kapitel 7.7.3.).

Wir entwickeln unsere Mitarbeiter feedbackorientiert, möglichst on the job. Bei diesem Feedback muss der Mitarbeiter immer das Gefühl haben, als Mensch und mit seinen Beiträgen wertgeschätzt zu sein.

Negatives Feedback beziehen wir ausschließlich auf das gezeigte Verhalten und nicht auf die Persönlichkeit, auf das Sein des Mitarbeiters („Du bist einfach zu dumm, ..." oder „Du bist ein Trottel.") Methodisch eignet sich beispielsweise das Modell der Gewaltfreien Kommunikation[11] gut, um sehr wirksam Feedback zu formulieren. Dazu später mehr.

---

[11] *Rosenberg, Marshall B. (2016): Gewaltfreie Kommunikation. Eine Sprache des Lebens. Junfermann Verlag, Paderborn*

3.5. Zugehörigkeit und Verbundenheit

Menschen brauchen für ihre Existenz andere Menschen. Ich erinnere mich, dass mir vor zig Jahren einmal von einem Kinderheim erzählt wurde, in dem Waisenkinder lebten. Wenn ich es recht erinnere, hat man einen Teil dieser Kinder zwar bestens ernährt und versorgt, ihnen aber keine Nähe und das Gefühl von Zugehörigkeit geschenkt. Sie alle starben.

Wir Menschen, und damit auch Ihre Mitarbeiter, brauchen das Gefühl, mit anderen verbunden zu sein und dazuzugehören. In Teams und Unternehmen, in denen das empfunden werden kann, sind die Mitarbeiter weniger krank und kündigen deutlich seltener.

Wenn wir einen Menschen ignorieren (ich meine nicht Mobbing!), wird das gleiche Gehirnareal aktiviert, das auch bei körperlichen Schmerzen aktiv wird, der dorsale anteriore cinguläre Cortex (dACC). Und selbst wenn die Integration von Anfang an nicht existiert und die Person das als normal bewertet, reagiert der dACC.

Fühlen sich Menschen jedoch mit anderen verbunden, stößt deren Gehirn das Bindungshormon Oxytocin aus. Oxytocin dämpft das Angstsystem. Damit wird der Zugriff auf höhere neuronale Netzwerke erleichtert, in denen kognitive Prozesse laufen. Carr und Walton von der Stanford University[12] konnten das nachweisen:

Wenn Menschen lediglich glauben, gemeinschaftlich an einer Aufgabe zu arbeiten, erhöht das bereits deren Motivation. Ihnen erscheint die Aufgabe interessanter und sie sind weniger erschöpft, dafür aber deutlich aufmerksamer.

---

[12] Carr, Priyanka/Walton, Gregory (2014): Cues of working together fuel intrinsic motivation. In: Journal of Experimental Social Psychology, 53, Seiten 169–184.

Phoenix Contact schaffte mit gemeinsamen Bemühungen die Krise in 2009 zu überwinden. Alle verzichteten gleichermaßen auf Geld (auch die Geschäftsführung). Alle entwickelten Ideen, um notwendige Kosteneinsparung zu realisieren. Das Ergebnis lässt sich sehen: Das Unternehmen brauchte 84 Jahre, um einen Umsatz von mehr als 1 Mrd. zu erreichen. 8 Jahre später sind es 2,2 Mrd. Euro Umsatz (2019 sind es 2,48 Mrd. Euro). Die Krankenquote sank signifikant.

Mitarbeiter brauchen die innere Überzeugung, dass sie dazugehören und Teil des Ganzen sind. Beteiligung und Partizipation schaffen hierzu die wesentliche Grundlage. Als Führungskraft sorgen Sie beispielsweise dafür, indem Sie Mitarbeiter in Planung und Organisation bzw. in Entscheidungen einbinden. Daraus entsteht ein starkes Gefühl der Verbundenheit.

3.6. Sinnhaftigkeit

Sobald ein Mensch einen tieferen Sinn versteht, ist er deutlich stärker motiviert. Sehen wir keinen Sinn in einer Aufgabe, dann rettet uns vielleicht noch Pflichtbewusstsein oder Disziplin. Aber jedem dürfte klar sein, dass wir weniger motiviert sind, wenn wir etwas nur aus reiner Pflichterfüllung tun. Gerade der jungen Generation reicht Pflichterfüllung nicht mehr aus. Sie stellen die *Warum*-Frage.

Hierzu gibt es eine sehr interessante Studie, die in einem Callcenter durchgeführt wurde, in dem Spenden für Stipendien gesammelt wurden[13]. Üblicherweise hatten die Mitarbeiter nur Kontakt zu potenziellen Spendern. Die Telefonate waren häufig angespannt, bisweilen sogar ärgerlich, weil der Anruf immer irgendwie zur falschen Zeit kam. Spenden einzusammeln war sehr mühsam. Dann gab man Mitarbeitern die Möglichkeit, nur fünf Minuten mit einem echten Stipendiaten zu sprechen. Die Mitarbeiter verbrachten anschließend (einen Monat später) deutlich mehr Zeit am Telefon und sammelten fast doppelt so viele Spenden ein. Fünf Minuten Investition, doppeltes Ergebnis! In einer nachfolgenden Studie verfünffachten sich die Ergebnisse sogar.

Sie sehen, wie hoch wirksam der Sinn hinter den Aufgaben ist. Dabei sind, wie diese Studie zeigt, vor allem Zwecke sehr förderlich, in denen anderen ein ganz konkreter Nutzen gestiftet wird. Mit dem Grundprinzip der Sinnhaftigkeit fordere ich, dass Unternehmen und Verantwortungsbereiche eine klare Vision haben. Eine klare Vision, die den (emotionalen) Nutzen des Leistungsempfängers zum Gegenstand hat, schafft unbändige Motivation. Auch Ziele müssen als sinnvoll von den Mitarbeitern wahrgenommen werden.

---

[13] *Grant, Adam (2008): The significance of task significance: Job performance effects, relational mechanisms, and boundary conditions. In: Journal of Applied Psychology, 93, 2008, Seiten 108–124.*

3.7. Vertrauen und Zutrauen

Vertrauen führt. Ganz sicher kennen Sie das: Wir sind motivierter, wenn Ihnen Vertrauen entgegen gebracht wird. Und in die gleiche Kategorie gehört auch Zutrauen. Ich hatte einige Jahre einen Chef, der auch Arbeitsdirektor war, dem ich in unserem ersten Treffen meine Ideen vorstellen durfte. Er schloss mit dem Satz: „Na dann mal los. Ich traue Ihnen das zu. Und wenn Sie Unterstützung brauchen: Ich stehe hinter Ihnen." Für diesen Chef habe ich alles getan. Ich war hochmotiviert und wollte dieses Vertrauen niemals enttäuschen.

Ein Inhaber einer Hotelkette überträgt die Leitung eines - damals geschlossenen - Hotels einer Praktikantin. Es kommt zur Wiedereröffnung. Monate später fahren andere Hoteldirektoren der Kette dorthin, um zu sehen, warum dieses Hotel wider Erwarten so erfolgreich ist.

Vertrauen führt dazu, dass unsere inneren Bilder und Überzeugungen in die richtige Richtung wachsen. Dann können wir besser auf unser wirkliches Potenzial zugreifen, was zu anderem, besserem Verhalten sowie zu neuen Erfahrungen führt. Diese neuen Erfahrungen führen zu neuen, modifizierten inneren Bildern und Überzeugungen. Purps-Pardigol bezeichnet das als Potenzialkreis.[14]

Frauen sind schlecht in Mathematik. In einer Studie sollten Probandinnen innerhalb von zehn Minuten 14 wirklich schwierige Mathematikaufgaben lösen. Sie wurden in zwei Gruppen aufgeteilt und wiederholten vor den Matheaufgaben drei Minuten lang ständig einen bestimmten Satz. In der Gruppe 1 war das der Satz „Ich werde so viele Probleme wie möglich lösen.". Und die in der Gruppe 2 wiederholten

---

[14] *Purps-Pardigol, Sebastian (2015): Führen mit Hirn. Mitarbeiter begeistern und Unternehmenserfolg steigern. Campus Verlag, Frankfurt/Main. Seite 131ff.*

den Satz „Und wenn ich mit einem neuen Problem beginne, sage ich mir: Ich kann es schaffen."

Die Probandinnen der Gruppe 1 lösten durchschnittlich 2,8 Aufgaben, die der Gruppe 2 lösten 4,3 Aufgaben. Sie sehen sehr deutlich, dass der Glaube an die Selbstwirksamkeit deutlich stärkeren Zugriff auf höhere Potenziale möglich macht und er Menschen über sich selbst hinauswachsen lässt.

Lassen Sie Entscheidungen (in definiertem Rahmen) durch den Mitarbeiter treffen. Es ist ein Zeichen des Vertrauens und des Zutrauens. Auch, wenn Sie Ziele festlegen oder vereinbaren, stellt sich die Frage des Zutrauens. Echtes Zutrauen sorgt für motivierte Mitarbeiter und bindet diese stärker an das Unternehmen.

In der Führungspraxis zeigt sich ganz häufig, dass Führungskräfte ganz bestimmte Sonderaufgaben immer ganz bestimmten Mitarbeitern geben. Sie sagen, dass sie bei diesen Mitarbeitern sicher sein können, dass diese die Aufgabe gut und in ihrem Sinne erledigen. Und das ist dann tatsächlich auch so. Warum? Weil diese das (sogar unbewusste) Vertrauen des Chefs genießen. Gäbe die Führungskraft die Sonderaufgabe einem Mitarbeiter, dem sie nicht vertraut, fehlte dem Mitarbeiter genau dieses leistungssteigernde Vertrauen. Er würde mit seiner Leistung enttäuschen.

3.8. Stärken und Talente

Eine Gallup-Studie[15] identifiziert vier Schlüsselfaktoren exzellenter Führung. Zwei davon sind auf Talente und Stärken bezogen. Schlüssel Nr. 1 betrifft die Auswahl von Mitarbeitern. Exzellente Führungskräfte schauen dabei primär nach Talenten und nur sekundär nach Ausbildung und Erfahrung. Dies hat damit zu tun, dass Mitarbeiter in ihren Talenten eine viel höhere und anstrengungsfreiere Leistung erbringen, als außerhalb ihrer Talente. Bei Talenten sprechen wir von synaptischen Autobahnen, die uns Dinge auf selbstverständlichste Art und Weise tun lassen (z. B. Zähneputzen). Im Führungskontext sind dies kognitive, motivationale und soziale Talente. Alle drei Talente sind in den Motivations- und Denkstrategien der Neuro*logischen* Führung abgebildet (siehe Kapitel 5.6.). Während Ausbildung und Erfahrungen lebenslang erlernbar sind, sind Talente im wesentlichen in den ersten sechs Lebensjahren geprägte und kaum veränderbare mentale Strategien. Sie zu erkennen und zu nutzen, macht Führungskräfte exzellent.

Der Blick auf Stärken unterstreicht die Individualität des Menschen. Jeder Mensch besitzt ein einzigartiges Potenzial. Allerdings lassen sich Schwächen niemals zu Stärken entwickeln. Stärken zu nutzen ist deutlich effizienter. Mit dem Blick auf Stärken vermeiden Sie, Mitarbeiter als Opfer (ihrer Schwächen) zu betrachten. Als exzellente Führungskraft sorgen Sie dafür, dass Ihre Mitarbeiter überwiegend das tun können, was sie am besten können, also das, was ihren Stärken entspricht.

Mitarbeiter, die ihre Talente und Stärken nicht oder zu wenig einbringen können, resignieren, sind unmotiviert und gehen in die innere Kündigung. Damit werden sie viel zu oft als schlechte Mitarbeiter

---

[15] Buckingham, Markus/Coffman, Curt (2005): Erfolgreiche Führung gegen alle Regeln. Wie Sie wertvolle Mitarbeiter gewinnen, halten und fördern. Campus Verlag, Frankfurt/Main.

abgestempelt. In Wahrheit fehlt ihnen die Gelegenheit, ihre Talente und Stärken unter Beweis zu stellen.

Gallup fragte 198.000 Mitarbeiter in 7939 Geschäftsbereichen von 36 Unternehmen: „Haben Sie bei der Arbeit die Gelegenheit, jeden Tag überwiegend das zu tun, was Sie am besten können?" Mitarbeiter, die diese Frage mit Ja beantworteten, arbeiteten mit 50 Prozent höherer Wahrscheinlichkeit in Abteilungen mit geringerer Personalfluktuation, um 38 Prozent wahrscheinlicher in produktiveren Geschäftsbereichen und um 34 Prozent in Geschäftsbereichen mit höherer Kundenzufriedenheit.

Insgesamt befragte Gallup inzwischen 1,7 Mio. Mitarbeiter in 101 Unternehmen und 63 Ländern: Nur 20 Prozent der Mitarbeiter haben Gelegenheit, das zu tun, was sie am besten können. Hier liegt meines Erachtens ein enorm hohes, ungenutztes Potenzial. Wer dieses Potenzial nicht hebt, macht sich in meinen Augen strafbar.

Mitarbeiter blühen auf, sind hoch motiviert und gesundheitlich resilient, wenn sie zu einem möglichst hohen Anteil das tun können, was sie am besten können. Aufgabenbereiche sollten so zugeschnitten sein, dass mögliche Schwächen weitgehend irrelevant sind, die Mitarbeiter aber ihre Stärken und Talente möglichst täglich unter Beweis stellen können. Gestalten Sie für Ihre Mitarbeiter Herausforderungen, die deren Stärken stärken und die sie über sich selbst hinauswachsen lassen.

3.9. Positives Denken

Barbara Fredrickson und Dr. Marcial Losada haben 2005 in 60 Unternehmen Geschäftsbesprechungen (klassische Meetings) wortwörtlich protokolliert und analysiert[16]. Die überdurchschnittlich erfolgreichen Unternehmen wiesen eine Besonderheit auf, die an der sogenannten Losada-Rate festzumachen war. Die Losada-Rate ist das Verhältnis zwischen positiven und negativen Aussagen.

Negative Aussagen sind Abwertungen, Sarkasmus und Zynismus, Entmutigungen, In-Frage-stellen, Geringschätzung und Auf-sich-Bezogenheit. Sie schwächen Selbstwirksamkeitsüberzeugungen und Resilienz, und schwächen damit Teams und Unternehmen.

Positive Aussagen, wie Bestätigung, gegenseitige Unterstützung, echtes Zuhören, Ermutigung und Wertschätzung stärken die Überzeugung, Krisen bewältigen und am Markt erfolgreich agieren zu können. Sie machen kreativer, entspannter und effizienter. Sie ziehen auch andere Menschen an.

Die Studie zeigte, dass in den wirtschaftlich sehr erfolgreichen Unternehmen die Losada-Rate bei mindestens 2,9:1 lag: Fast drei positive Aussagen zu einer negativen.

Die Neuro*logische* Führung steht für eine hohe Losada-Rate, die auch durch die inzwischen sehr bedeutsame Wissenschaft der Positiven Psychologie in ihrer Wirkung belegt ist. In allen unseren Leadership-Trainings achten wir auf die Steigerung der Losada-Rate.

---

[16] Fredrickson, Barbara/Losada, Marcial (2005). *Positive affect and the complex dynamics of human flourishing*. In: American Psychologist, 60. Seiten 678-686.

4. KOMMUNIKATION

„Was ist eigentlich das größte Problem der Führungskräfte?" Das fragte ich einen befreundeten und sehr erfahrenen Trainer, der selbst viele Jahre Führungserfahrung gesammelt hat. Nach einiger Zeit fragte er: „Ist es nicht immer Kommunikation?"

Ja, genau das ist es. Paul Watzlawik sagte, dass man nicht nicht kommunizieren könne[17]. Und in der Tat kommunizieren wir ständig, auch wenn wir nichts sagen. Bei Remote Leadership fällt aber überwiegend der non-verbale Teil der Kommunikation weg, wenn wir uns nicht sehen. Das erschwert die Kommunikation, das gegenseitige Verständnis und damit die Führung enorm.

> **Sorgen Sie so oft es geht für eine persönliche, mindestens aber visuelle Begegnung mit Ihren Mitarbeitern (eingeschaltete Webcam!).**

Aber warum ist Kommunikation so schwierig, selbst wenn wir uns sehen können?

---

[17] Paul Watzlawick, Janet H. Beavin, Don D. Jackson (2007): *Menschliche Kommunikation. Formen, Störungen, Paradoxien.* Bern 2007. Seiten 53 – 70.

4.1. Kommunikation auf Augenhöhe

Immer wieder hören wir die Forderung, dass Führungskräfte auf Augenhöhe und nicht von oben herab mit ihren Mitarbeitern kommunizieren sollen. Das hat viel mit der inneren Haltung zu tun. Empfinden wir uns selbst als wertvoller und über dem Mitarbeiter stehend, ist eine offene, vorbehaltlose Kommunikation auf Augenhöhe nicht möglich. Der Mitarbeiter empfindet sich als minderwertig, äußert sich nur sehr vorsichtig und ist auch mental eher im Stressmodus.

Dieses ehrfürchtige Gefühl kenne ich sehr gut. Einmal sollte ich dem Vorstandsvorsitzenden des ThyssenKrupp Konzerns eine Unterlage bringen und kurz erläutern. Dazu fuhr ich in die 19. Etage, der Vorstandsetage, und sah mich mit einem Empfangstresen und zwei bewaffneten Security-Leuten konfrontiert. Als ich mein Begehren äußerte, fragten diese im Sekretariat nach und brachten mich dann durch die sich öffnende Panzerglastür zur Bürotür - der fünften Sekretärin. Video- und Gegensprechanlage identifizierten mich und ich wurde eingelassen. Die fünfte Sekretärin brachte mich dann zur vierten, diese zur dritten und so weiter. Bei der ersten Sekretärin angekommen wurde ich schließlich zum Vorsitzenden vorgelassen. Ich betrat ein Büro, das mir mehrere Fußballfelder groß in Erinnerung ist (natürlich war es kleiner). Der Schreibtisch stand weitestmöglich vom Eingang entfernt. Kommunikation auf Augenhöhe?

Ehrlich gesagt, war dieser Vorstand bewundernswert und durchaus ganz nett. Er bedankte sich anschließend für die Informationen. Innerhalb von drei Minuten war ich wieder raus. Hat er sich für mich als Mensch interessiert? Nein. Interessierte er sich dafür, was ich sonst so im Unternehmen tat? Nein.

Er war nicht demütigend, nicht abwertend oder aggressiv. Seine große, aufgerichtete Statue, sein riesiges Büro mit hochwertigster Ausstattung, sein Bollwerk vor dem Büro und natürlich sein Titel machten eine Kommunikation auf Augenhöhe unmöglich.

Szenenwechsel. Viele Jahre später stehe ich auf Schloss Landsberg, dem Wohn- und Arbeitssitz von August Thyssen, mit einem anderen Vorstandsvorsitzenden vor der Tür. Wir schauten in den Garten, plauderten und er fragte mich etwas, das mir zeigte, dass er wirklich an mir als Mensch interessiert war. Kein Bollwerk, kein Security, Schulter an Schulter. Nur wir zwei. Hatte ich deswegen weniger Respekt? Nein, ganz im Gegenteil. Noch heute empfinde ich für ihn hohe Wertschätzung. Ich hatte aber keine Angst, ihm zu begegnen und mit ihm zu sprechen. Das war auf Augenhöhe, obwohl ich wusste, dass er der Chef ist.

Und selbst wenn es diesen hierarchischen Abstand nicht gibt, selbst wenn wir mit unserer besten Freundin/unserem besten Freund sprechen, hakt die Kommunikation immer wieder.

Jeder Mensch ist sehr individuell geprägt und hat ganz unterschiedliche Sichtweisen. Diese prägen unsere Wahrnehmung, auch bei der Kommunikation. Mir ist auch klar, dass Sie im Moment nicht das lesen, was ich geschrieben haben, sondern das, was Sie mit Ihren Wahrnehmungsfiltern lesen. Das hat mehr oder vielleicht auch weniger mit meinen beabsichtigten Botschaften zu tun.

Diese Wahrnehmungsfilter vergleiche ich gerne mit einer inneren Landkarte. Diese Landkarte haben wir selbst und viele andere Menschen gezeichnet. Und wenn wir sie betrachten, dann ist aus unserer Sicht alles richtig. Ihre Landkarte ist richtig. Meine übrigens auch. Dennoch sind sie verschieden. Und das macht Kommunikation so schwer.

„Wenn Du in Düsseldorf die Klosterstraße Richtung Innenstadt gehst, stößt die auf die Immermannstraße. Und in genau diesem Knick ist auf der rechten Straßenseite ein japanisches Restaurant. Da treffen wir uns zum Mittagessen." - „Klosterstraße? Immermannstraße? Kenne ich beide, aber die berühren sich nicht!"

Diese Diskussion kann stundenlang fortgeführt werden. Manchmal enden solche Streitereien in einem handfesten Konflikt oder einer Trennung. Klug ist, wenn einer der beiden die eigene Landkarte an die Seite legt und (echt interessiert) auf die Landkarte des anderen schaut. Plötzlich stellt man fest, dass der eine auf die Karte von Düsseldorf, der andere auf die von Köln geschaut hat. In beiden gibt es sowohl die Kloster- als auch die Immermannstraße. In Düsseldorf mündete die eine in die andere, in Köln berühren sie sich nicht. Wer hatte jetzt Recht? Richtig - Beide.

Das Lösungsmodell einer Kommunikation auf Augenhöhe nennen wir auch Empathie.

C. Otto Scharmer beschreibt vier verschiedene Kommunikationsebenen[18]:

1. **Download:** Wir hören dem anderen zu und laden die enthaltenen Informationen lediglich herunter.

2. **Gegenständlich-unterscheidendes Zuhören:** Wir laden nicht nur Informationen herunter, sondern bewerten diese und unterscheiden sie von widersprüchlichen Informationen und Erfahrungen.

---

[18] *C. Otto Scharmer (2007): Theorie U. Von der Zukunft her führen. In: Gesprächspsychotherapie und Personzentrierte Beratung 4/07*

3. **Empathisches Zuhören:** Wir hören dem anderen zu aus einer Perspektive, die nicht bei uns selbst, sondern beim anderen liegt. Wir geben also unsere eigene Landkarte auf und interessieren uns für die Landkarte des anderen.

4. **Vorbehaltloses und von Zukunftsmöglichkeiten gesteuertes Zuhören:** Wir hören zu und ergründen, welche zukünftigen Chancen das Gesagte beinhaltet.

Die vierte Ebene erreichen wir kaum. Und schon die dritte Ebene ist schwierig zu praktizieren. Sie fällt uns leichter, wenn wir uns sympathisch sind. Bei Antipathie ist die dritte und vierte Ebene kaum möglich. Doch mit Training und absolutem Wollen lässt sie sich erreichen.

Der dritten und vierten Ebene steht uns häufig das eigene Ego im Weg, das Festhalten an der eigenen Landkarte. Wir glauben, dass unsere eigene Landkarte die einzig richtige ist. Die Landkarte aufzugeben oder zumindest in Frage zu stellen, und andere Landkarten gleichfalls zuzulassen und als möglicherweise richtig zu akzeptieren, ist sehr schwer. Das hat mit unserem Selbsterhaltungstrieb zu tun, der zunächst einmal unsere Identität und unsere Überzeugungen verteidigt.

4.2. Kommunikation auf Distanz

Neben den sowieso schon bestehenden Schwierigkeiten menschlicher Kommunikation tritt bei Home Office und mobilem Arbeiten noch die physische Distanz. Bereits weiter oben ging ich auf die Herausforderungen von Home Office ein, die ich hier nicht wiederholen möchte.

Dennoch möchte ich einen Aspekt aufgreifen, der Kommunikation per Telefon und noch mehr per eMail und Messenger so viel schwieriger macht. Telefonische Kommunikation hat bei geübten Menschen den Vorteil, dass wir emotionale Schwingungen in der Stimme mitbekommen und interpretieren können. Bei schriftlicher Kommunikation geht auch das verloren. In Chats oder eMails nutzen wir Emoticons, um Emotionen auszudrücken oder zu zeigen, dass wir das geschriebene zum Beispiel ironisch meinen.

Doch vielen fehlt schon die Fähigkeit, emotionale Schwingungen bereits in der face-to-face-Kommunikation richtig zu interpretieren. Viel schwieriger wird das, wenn weitere Kommunikationskanäle (der visuelle und möglicherweise auch der auditive) abgeschaltet sind.

Ich will damit nicht sagen, dass wir auf Telefon oder eMail verzichten sollten. Doch wir sollten uns der einschränkenden Bedingungen dieser Kommunikationsmöglichkeiten bewusst sein. Was bedeutet das?

Werden Sie sich bewusst, welche Kommunikationsform (persönlich, telefonisch oder schriftlich) jeweils die bessere ist. Ich sprach mit einer Führungskraft, die etwa 20 Mitarbeiter disziplinarisch zu führen hat. Sie sagte mir, dass sie die Mitarbeitergespräche nun per Video-Konferenztechnik führt. Allerdings schalten die Mitarbeiter ihre Kamera nicht ein. Ist das akzeptabel?

Albert Mehrabian wird in einer seiner Studienergebnisse durchgängig falsch interpretiert. Diese oft zitierte Studie kam zu dem Ergebnis, dass Kommunikation zu 7 Prozent aus Worten, 38 Prozent aus Stimme und 55 Prozent aus Körpersprache besteht. Die Studienergebnisse sind in dem von Mehrabian gewählten Setting zwar richtig, die Schlussfolgerungen letztlich aber nicht. Sie sind nicht generalisierbar. Wenn Sie beispielsweise einem Mitarbeiter sagen, dass der gesuchte Aktenordner bei Ihnen im Büro in dem linken Schrank ganz unten steht und der Schlüssel zu diesem Schrank rechts in der obersten Schublade ganz hinten zu finden ist, dann enthält diese Kommunikation nahezu reine Informationen und nur minimale Anteile an Stimme und Körpersprache (Mimik und Gestik). Ganz anders ist es, wenn ein Mitarbeiter vom Glück seiner ersten Enkeltochter, dem Tod der eigenen Mutter oder dem eskalierten Gespräch bezüglich einer Reklamation des Kunden erzählt. Hier liegen die inhaltlichen Anteile sehr schnell weit unter sieben Prozent.

Nutzen Sie schriftliche Kommunikation (Brief, eMail, Chat, Messenger u. ä.) nur für Information, bei denen Emotionen keine Rolle spielen. Hier geht es - technisch gesprochen - um reinen Datenverkehr.

Falls die Kommunikation auch emotionale Anteile enthält oder enthalten könnte (z. B. ein Lob), sollten Sie mindestens den telefonischen Weg wählen. Dies gilt insbesondere, wenn Sie z. B. auf eine eMail emotional reagieren. Das bemerken Sie, wenn Sie sich aufregen, es Sie traurig oder fröhlich macht oder auch sonst wie emotional berührt: Reagieren bzw. antworten Sie dann telefonisch oder mit einer persönlichen Begegnung.

Wer im Telefonieren geübt ist, kann kurze, emotionalere Gespräche auch ganz gut am Telefon führen. Bedenken Sie aber bitte, dass Ihr

Gesprächspartner darin meist nicht sehr geübt ist und dass auch Sie sich in dieser Kompetenz vermutlich überschätzen. Empathie bedeutet, dass Sie sich auf die emotionale Ebene Ihres Gegenüber einlassen, mit ihm gemeinsam auf seine Landkarte schauen. Deshalb müssen Sie nicht mitleiden, doch Sie interessieren sich und haben Verständnis für die Emotionen des Gegenübers. Nur zu sagen „Jetzt regen Sie sich mal nicht auf. Der Kunde ist eben so." reicht lange nicht aus.

> **Gespräche, in denen es um Leistung, Verhalten oder die Entwicklung des Mitarbeiters geht, führen Sie bitte immer in einer persönlichen Begegnung.**

Nur so bekommen Sie aus Inhalt, Stimme und Körpersprache genügend Feedback, um Ihre eigene Kommunikation daran anzupassen. Sie sehen beispielsweise sehr früh, ob ein möglicher Entwicklungsschritt beim Mitarbeiter auf Widerstand stößt und können frühzeitig einlenken. Ein telefonischer Chat bietet Ihnen diese Möglichkeit nicht. Selbst unter Einsatz von Video-Konferenztechnik bleibt Ihnen vieles verborgen. Für solche Gespräche treffen Sie sich mit dem Mitarbeiter persönlich, möglicherweise sogar in einem ruhigen Restaurant oder auf einer Parkbank oder bei einem Spaziergang.

Noch ein Wort zu Zynismus, Sarkasmus und Ironie: Auch wenn ich das selbst sehr liebe, gewöhne ich mir das mehr und mehr ab. Denn unser Gehirn nimmt uns wörtlich. Selbst wenn Sie mit einem Augenzwinkern Ihrem Mitarbeiter sagen „Ja, ja, Sie kleiner Chaot.", wird das Gehirn die Aussage wörtlich nehmen. Da die Aussage zudem auch noch auf der Identitätsebene gemacht wurde, wird das Gehirn dieses (neue) Sein programmieren. Schon in der persönlichen Kommunikation ist diese Art sehr ungünstig. In der telefonischen und schriftlichen Kommunikation ist sie absolut destruktiv. Greifen Sie auf dieses Stilmittel einfach nicht mehr zu.

5. MOTIVATION

In diesem Kapitel beschäftigen wir uns mit der Frage, wie Motivation entsteht. Wir sagen oft „… hat mich motiviert." und es könnte der Eindruck entstehen, dass Motivation von außen auf einen Menschen einwirkt oder gar vom Himmel fällt. Die Fragen „Wie hast Du Dich motiviert?" oder „Wie machst Du Motivation?" kommen in unserem Sprachgebrauch kaum vor. Wir klären also zunächst, was Motivation überhaupt ist und wie sie entsteht.

Dass dieses Thema relevant ist, zeigt eine Umfrage unter Führungskräften. Auf die Frage, was die größten aktuellen Herausforderungen für Führungskräfte sei, antworten über die Hälfte mit *Motivation der Mitarbeiter*. Dies ist auch die Rückmeldung in meinen Seminaren. Es geht um die Frage, wie Mitarbeiter wirksam motiviert werden können. Und das stellt die Frage, ob das überhaupt möglich ist. Können Sie als Führungskraft einen Mitarbeiter motivieren? Diese Frage versuchen wir zu beantworten.

Wenn alle Führungskräfte das gleiche Problem haben, Mitarbeiter zu motivieren, könnte man vermuten, dass es gar nicht geht, dass man etwas versucht, das unmöglich ist. Doch es zeigt sich, dass einige Führungskräfte viele hoch motivierte Mitarbeiter haben und andere nur wenige. Dass das nicht überwiegend an den Mitarbeitern liegt, zeigen zahlreiche Studien und meine langjährige praktische Erfahrung. Mitarbeiter blühen auf, sobald sie einen neuen Chef bekommen. Damit hätten wir dann schon mal einen Schuldigen - und genau das lesen Sie genügend in den Medien.

Doch so einfach - finde ich - ist das nicht. Aber bleiben wir noch ein wenig bei der Bestandsaufnahme. Zahlreiche Studien zeigen, dass die Motivation der Mitarbeiter auf durchschnittlichem bis unterdurchschnittlichem Niveau liegt. Das Gallup Institut beispielsweise erhebt seit 2001 jährlich den Engagement-Index, der als Index für die Motivationslage deutscher Arbeitnehmer verwendet wird.[19] Gemäß diesem Index sind etwa 15 Prozent hoch engagiert, 70 Prozent machen Dienst nach Vorschrift und 15 Prozent haben innerlich gekündigt - Gauß'sche Normalverteilung.

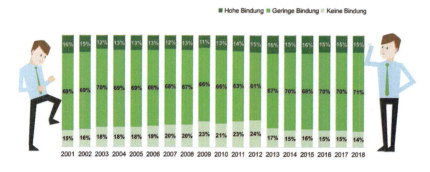

Ohne diese Studie kritisieren zu wollen, hinkt meines Erachtens die direkte Entsprechung zwischen emotionaler Bindung und Motivation. Allerdings liegt sie auch nicht so gänzlich daneben und deckt sich mit vielen anderen Erkenntnissen, so dass wir sagen können, dass nur ein kleiner Teil der Mitarbeiter hoch motiviert ist. Und möglicherweise deckt sich das ja auch mit Ihren Beobachtungen im eigenen Verantwortungsbereich und Unternehmen.

---

[19] https://www.gallup.de/183104/engagement-index-deutschland.aspx

Die Kernfrage bleibt: Können Sie als Führungskraft etwas tun, damit Sie mehr hoch engagierte, motivierte Mitarbeiter in Ihrem Verantwortungsbereich haben oder sind Sie machtlos? Gibt es eine Chance, unmotivierte Mitarbeiter zu motivieren? Ist es möglich, das Motivationsniveau der Mitarbeiter anzuheben?

Viele Bücher sind geschrieben worden, um diese Frage zu beantworten. Ein weiteres hinzuzufügen scheint unsinnig. Doch wir verfolgen hier einen anderen Ansatz. Wir schauen zwar kurz auf verschiedene Motivationstheorien. Kern der Neuro*logischen* Führung ist jedoch die neurobiologische Erkenntnis, dass Motivation im Gehirn des Mitarbeiters entsteht bzw. gemacht wird, und zwar sehr individuell. Deshalb scheint mir die Frage, *was* Mitarbeiter motiviert beständig falsche Erkenntnisse zu liefern. Die Frage muss lauten, *wie* sich Mitarbeiter motivieren. Allerdings tut dies jeder Mitarbeiter anders. Und vielleicht ist das der Grund, warum Führung so schwer ist. Sie ist individuell. Was bei einem Mitarbeiter funktioniert, läuft beim anderen ins Leere. Gerade hier - finde ich - wird Führung aber zu einer unglaublich faszinierenden Aufgabe.

Vielleicht sagen Sie: *Es hat aber doch jeder Mensch das gleiche Gehirn bekommen. Müsste da nicht Motivation immer auf die gleiche Art und Weise funktionieren?* - Ja und Nein. Der grundsätzliche Prozess ist immer derselbe. Doch an diesem Prozess sind sehr individuelle Anteile beteiligt. Und deshalb funktionieren generalisierende Modelle in der Praxis nicht, so reizvoll sie sein mögen.

5.1. Definition

In dem Wort Motivation steckt der Wortstamm Motiv. Motivation hat ein Motiv zur Basis, das eine Aktion anregt.

> Motivation bezeichnet das auf emotional-neuronaler Aktivität beruhende Streben des Menschen nach Zielen.[20]

Dazu müssen die Ziele ein genügend großes Motiv aus Sicht des Handelnden besitzen, nach dem es sich für sie oder ihn lohnt, zu streben.

Das attraktive an der vorgestellten Definition ist aus meiner Sicht, dass deutlich zum Ausdruck kommt, dass das Streben auf einer emotionalen, neuronalen Aktivität beruht. Wir nehmen also etwas wahr, es erscheint uns attraktiv (warum auch immer) und wir wollen es haben. Es kann auch sein, dass wir etwas wahrnehmen, dass wir wirklich nicht haben wollen, und es treibt uns an, davon zu laufen.

> **Wahrnehmung findet im Limbischen System und weitgehend unbewusst statt.**

Nun könnten wir annehmen, dass wir entweder zufällig motiviert sind oder eben nicht. Und das ist abhängig davon, ob wir zufällig etwas wahrnehmen, das für uns ein entsprechendes Motiv darstellt. Also ist Motivation etwas, dass zufällig da ist oder auch nicht. Für den Führungsalltag wäre das ein va banque-Spiel. Wir müssten warten, bis der Mitarbeiter mal zufällig motiviert ist.

---

[20] *https://de.wikipedia.org/wiki/Motivation* (11.02.2020)

Glücklicherweise braucht es keine Wahrnehmung im Außen. Während ich dieses Buch schreibe, habe ich das Buch natürlich noch nicht fertig in den Händen. Es ist mir sogar manchmal mühsam, mich konsequent hinzusetzen und einige Seiten zu schreiben. Es braucht Disziplin und Fleiß. Dennoch nutze ich die Arbeitsweise meines Gehirns, in dem ich mir das fertige Buch vorstelle und wie es im Regal des Buchhändlers steht oder online bestellt werden kann. Manchmal denke ich mir sogar die vielen positiven Rezensionen aus. Jetzt habe ich eine Repräsentation im Kopf, die mich motiviert.

Das gleiche könnten wir auch mit unseren Mitarbeitern machen. Wir müssten nur wissen, welche Motive sie attraktiv finden. Was ist das, was Ihren Mitarbeiter motiviert?

Die aufwändige Wahrheit ist, dass auch das für jeden Mitarbeiter anders ist. Und deshalb funktionieren die meisten Führungsmodelle und -theorien in der Praxis nicht. Denn sie fassen die Motive zumeist grob zusammen. Damit trifft es aber nicht mehr auf alle Mitarbeiter zu. Für den Führungsalltag braucht es also eine situationsbezogene und individuelle Betrachtung.

5.2. Motivationsmodelle

Über Motivationsmodelle sind zahlreiche Bücher geschrieben worden. Deshalb verweise ich bei Interesse auf diese. Dennoch gehe ich aber auf eine wesentliche Perspektive ein, nämlich mit der Frage, von wo der Antreiber (das Motiv) kommt. Und die dahinter liegenden Begriffe kennen Sie sicher.

Extrinsisch vs. Intrinsisch

Eine bedeutsame Unterscheidung findet sich in der Unterteilung der Motivatoren nach extrinsisch und intrinsisch. Bei der **extrinsischen Motivation** kommt der Motivationsauslöser (das Motiv) von außen. Beispielsweise sind Sie motiviert, etwas zu tun, weil Sie dafür einen besonderen Bonus oder eine liebevolle Zuwendung Ihres Lebenspartners erhalten. Dies ist ein lustschaffender Antreiber von außen. Oder Sie sind motiviert, sich noch mehr anzustrengen, weil Sie sonst die Kündigung oder den Firmenwagen abgenommen bekommen. Das wäre ein schmerzvermeidender Antreiber von außen.

Intrinsische Motivation kommt aus Ihnen selbst: Sie tun etwas, weil Sie sich dabei besonders kreativ erleben, Sie stolz auf Ihre eigene Leistung sein werden oder Sie es als einen besonderen Beitrag für etwas größeres Ganzes wahrnehmen (lustschaffender Antreiber von innen). Oder wir motivieren uns für viel Bewegung im Alltag, weil wir nicht krank werden wollen (schmerzvermeidender Antreiber von innen).

Intrinsische Motivation hat einen Anteil in der persönlichen Entwicklung. Wir entwickeln unser Selbstbewusstsein (Stolz auf die eigene Leistung), lernen neue Dinge oder entwickeln uns gar zu einem

Experten in einem speziellen Thema und werden dafür bewundert, bis hin zur Weiterentwicklung unseres eigenen Köpers zu mehr Wohlbefinden, gesünderem Leben und besserem Aussehen. Diese Antreiber kommen aus uns selbst.

Typisch für extrinsische Motivation sind Dinge, die wir ohne die externe Motivation nicht tun würden. Reinhard Sprenger nennt dies nicht Motivation, sondern Motivierung[21] als destruktive Form in der Mitarbeiterführung. Allerdings lässt sich extrinsisch kurzfristig ein besonderes Engagement erzeugen. Extrinsische Motivation funktioniert aber dauerhaft nur, solange der Antreiber attraktiv genug ist. Oft müssen Führungskraft und Unternehmen Anreize erhöhen, um diese motivationale Wirkung zu erzeugen bzw. aufrecht zu erhalten. Grundsätzlich ist zu beobachten, dass Mitarbeiter Dinge aus sich selbst heraus tun. Sobald man dann aber einen extrinsischen Anreiz dazu gibt, nimmt die Motivation ab.

> **Dauerhafte Motivation entsteht nur intrinsisch. Neuro*logische* Führung folgt dem intrinsischen Ansatz. Mitarbeiter, die Dienst nach Vorschrift machen, sind extrinsisch motiviert und halten immer wieder die Hand auf.**

Dazu ein Beispiel:

Ein kleines mittelständisches Unternehmen in Süddeutschland will die Krankenquote senken. Es bietet einen finanziellen Topf an, aus dem Mitarbeiter mit sehr geringen Krankentagen pro Jahr (maximal 6) ein zusätzliches Monatsgehalt als Prämie erhalten. Das Konzept wirkte

---

[21] *Sprenger, Reinhard K. (2015): Das anständige Unternehmen. Deutsche Verlags-Anstalt, München. Seite 91*

sofort: Die Krankenquote rutschte deutlich unter den Bundesdurchschnitt der Branche.

Kurze Zeit später musste das Unternehmen den Topf vergrößern. Ein Monatsgehalt reichte als Anreiz nicht mehr aus, weniger krank zu sein. Also wurde ein zweites Monatsgehalt als Prämie in Aussicht gestellt. Inzwischen ist das Unternehmen bei drei Monatsgehältern. (Ich bin gespannt, wie das weiter geht.)

Im Führungsalltag ist intrinsische Motivation die nachhaltigere und stärker motivierende Alternative. Allerdings ist sie - zumindest ungeübt - auch die schwierigere Variante. Denn jetzt müssen wir uns als Führungskräfte von einem pauschalen System (Sonderzahlung für alle nach klaren Regeln) jedem einzelnen Mitarbeiter zuwenden. Führung wird individuell. „Jede Jeck es anders" sagt der Kölner und das gilt genauso für Ihre Mitarbeiter. Dass das teilweise absurd sein kann, zeigt folgendes Beispiel, das sowohl extrinsische als auch intrinsische Anteile enthält:

Ich arbeitete in der Holding des ThyssenKrupp-Konzerns. Dort gab es in einer Nachbarabteilung einen Abteilungsleiter, der täglich mehr als 12 Stunden arbeitete, meist waren es 14 bis 16 Stunden. Er schien super motiviert und ging in seiner Arbeit völlig auf. Mit dieser Arbeitshaltung verstieß er jedoch auch regelmäßig gegen die Arbeitszeitordnung, weshalb wir mit ihm nach einer Lösung suchten. Alle Gespräche halfen nicht. Schließlich öffnete er sich und nannte uns seine Motivation: Er lebte in einer grauenvollen Ehe. Für ihn ging es darum, die Zeit zuhause möglichst kurz zu halten.

Sie sehen, dass der Vorgesetzte keinen Einfluss auf diesen Motivator hat. Aber er hatte einen motivierten Mitarbeiter. Das dumme an diesem Fall ist, dass wir ihm diese langen Arbeitszeiten verbieten mussten. Damit hätten wir ihn aber demotiviert. Also suchten wir nach einer anderen Lösung.

Als Jugendliche oder Jugendlicher hatten Sie vielleicht einen *Traumjob*. Bei mir war es, dass ich Ingenieur werden wollte. Mein Vater war Ingenieur und ich fand diese Arbeit unglaublich spannend. Ganz oft stand ich meinem Vater zur Seite, wenn er sein Auto reparierte oder irgendetwas entwarf und baute. Stundenlang saß ich neben ihm am Zeichenbrett und stellte ‚dumme' Fragen.

Irgendwann fing ich an, selbst Dinge zu bauen. Das fiel mir nie schwer, es hatte sich bereits ein tiefes technisches Verständnis gebildet. Als dann bei mir die Berufswahl anstand, sagte mein Vater zu mir: „Such' Dir einen zukunftssicheren Job. Mach' was kaufmännisches. Da kannst Du viel Geld verdienen. Und wenn Du Techniker wirst, dann erschlag ich Dich." Das mit dem Erschlagen hat er sicher nicht ernst gemeint. Er wollte halt nur das Beste für mich. Mein Wunsch nach einer technischen Ausbildung oder einem technischen Studium war intrinsisch motiviert. Eine kaufmännische Ausbildung war der Wunsch meines Vaters und noch einiger anderer Bezugspersonen. So sah ich, dass der eine Freund meines Vaters Bankdirektor war, ein tolles Haus besaß und ein großes Auto fuhr. Ein anderer war Personalleiter, besaß auch ein Haus und konnte sich schöne Urlaube leisten. Sie alle rieten mir, zu einer kaufmännischen Ausbildung. Dieses sich dann für mich konkretisierende Ziel war überwiegend extrinsisch motiviert.

Für uns ist eine Erkenntnis hieraus sehr bedeutsam:

> **Den größeren und dauerhafteren Antrieb, Leistung zu erbringen, haben intrinsische Motive.**

Sie sind aus unserer Persönlichkeit heraus entwickelt und passen viel besser zu uns. Extrem ausgedrückt folgen wir bei extrinsischen Motiven den Erwartungen anderer und zum Teil auch eigenen extrinsischen Erwartungen, wie z. B. viel Geld zu verdienen. Sie passen aber weit weniger zu unserer Persönlichkeit. Folgen wir dennoch extrinsischen Zielen, steht uns möglicherweise ein Leben lang unsere eigene Persönlichkeit im Weg. Letztlich kann dies zu ernsthaften Erkrankungen (psycho-somatisch) und psychischen Störungen führen.

Deshalb ist es für den Erfolg in der Führung wichtig, die persönlichen Motivatoren der Mitarbeiter zu kennen. Vielleicht sagen sie jetzt, dass wirtschaftlich handelnde Unternehmen kein Raum für *Ich wünsch mir was.* sind. Da bin ich ganz bei Ihnen. Ich sage auch nur, wie Menschen funktionieren und wir müssen sehen, wie wir das für Führungs- und wirtschaftlichen Erfolg nutzen.

Hierzu eine Metapher: Falls Sie ein wenig handwerklich aktiv sind, dann kennen Sie das. Man kann mit einem Schraubendreher oder einem Akkuschrauber auch einen Nagel in die Wand schlagen. Doch mit dem Hammer geht es besser. Jede Anforderung hat sein eigenes Werkzeug. Extrinsische und intrinsische Motivation haben gleichermaßen Bedeutung. Höchst- und dauerhafte Leistungen sind primär aber immer nur durch intrinsische Motive angetrieben.

Mein Tipp für Führungskräfte

Nutzen Sie persönliche Gespräche, um herauszufinden, was sie wirklich antreibt. Wo erkennen Sie Begeisterung und das Leuchten in den Augen? Was genau ist da der Antreiber? Sammeln Sie diese Erkenntnisse über einen längeren Zeitraum.

Ganz grundsätzlich können wir intrinsische Motivatoren unter anderem an diesen Stellen ausmachen:

Arbeitsinhalt (Was genau sind die motivierenden Arbeitsinhalte?)

Karriere (Wo will der Mitarbeiter seine Expertise beweisen, wo nimmt er Einfluss oder geht informell in Führung?)

Soziales (Arbeitet der Mitarbeiter eher gerne alleine oder mit anderen? Motiviert ihn mehr, eine Aufgabe zu erledigen oder mit Kollegen, Kunden u. a. zusammenzuarbeiten bzw. für sie eine Leistung zu erbringen?)

5.3. Genetische Motivationsfaktoren

Gibt es Motivatoren, die angeboren sind und mit denen Sie ein hoch wirksames Führungsinstrument in der Hand hätten?

Gerald Hüther lehrt uns, dass der Mensch mit zwei Grundmotivatoren auf die Welt kommt[22]:

- **Wachstum:** Streben nach persönlicher Entwicklung und Freiheit
- **Zugehörigkeit:** Bedürfnis nach sozialer Bindung

Das Streben nach Freiheit ist schon bei der Geburt erkennbar. Das Kind strebt in die Freiheit, es verlässt den Leib der Mutter und nabelt sich (im wahrsten Sinne des Wortes) von der Mutter ab. Schon vorher ist im Mutterleib zu beobachten, dass das Kind Mobilität entwickelt. Es ist zwar noch unter der Bauchdecke *gefangen*. Dennoch beginnt es mit Bewegungsaktivitäten. Es tritt gegen die Bauchdecke und verändert die Lage, quasi Vorstufen der ‚großen Befreiung' bei der Geburt. Jede Zellteilung ab Empfängnis ist auf zellularer Ebene ein Streben nach Entwicklung, in den ersten Wochen noch primär in körperlicher Sicht. Mit Ausprägung der Sinnesorgane (und vielleicht schon früher) beginnt deutlich vor der Geburt die Prägung und Entwicklung auf neuronaler Ebene.

Das Bedürfnis nach sozialer Bindung wird durch die intensive körperliche Nähe zur Mutter vor der Geburt angelegt. Und nach der Geburt stellt die Mutter diese Nähe immer wieder her. Dabei lernt das Kind auch, sich zu äußern (beispielsweise zu weinen), damit die Mutter

---

[22] *Viele verschiedene Quellen. Unter anderen: Hüther, Gerald (2006): Bedienungsanleitung für ein menschliches Gehirn.* Vandenhoeck & Ruprecht, Göttingen.

dem Kind wieder Nähe schenkt. Kinder sind dabei sehr erfinderisch. Sie probieren ganz unterschiedliche Strategien aus, um das Bedürfnis nach sozialer Bindung zu befriedigen.

Für unsere Führungsbedingungen möchte ich auf die Big Three aus der Motivationspsychologie eingehen. Über viele Jahre wurden sie immer wieder diskutiert, verändert, mit anderen Labels versehen. Ihre Bedeutung haben sie jedoch kaum verändert. Sie scheinen eine stabile Erkenntnis zu sein, die in der Praxis leicht nachzuvollziehen ist. Und sie beinhalten die von Hüther genannten Grundmotivatoren.

5.4. Big Three

Vor dem Hintergrund Neuro*logischer* Führung interessiert uns, welche neurobiologischen Erkenntnisse in Motivationsmodellen enthalten sind. McClelland konnte an der Harvard Medical School nachweisen, dass die drei Motive Macht, Leistung und Anschluss mit der Ausschüttung ganz bestimmter Hormone und Neurotransmitter verbunden sind.

Menschen sind motiviert, **Macht und Status** zu gewinnen. Schon im frühen Kindesalter kann man erkennen, ob ein Kind ein anderes dominieren will, zum Beispiel in dem es motiviert ist, das Spiel oder die Regeln zu bestimmen, Einfluss zu nehmen oder über Richtig und Falsch zu entscheiden. Sie sind nicht unbedingt die Klassensprecher, aber dennoch die eigentlichen Führer in einer Klasse. Sie bilden die Meinung, wirken als Vorbilder. Ihnen folgt man und sie genießen ihren Status und Einfluss.

Im persönlichen Umgang mit ihnen wirken sie oft arrogant, erzählen von ihren Reisen, Geschäftsterminen, Erfolgen und davon, was sie alles schon erlebt haben. Sie nennen gerne bedeutende Menschen, mit denen sie Kontakt hatten und mit denen sie *auf Augenhöhe* sprachen. Ihnen sind Status-Symbole wichtig. Auf die Frage „Warum fährst Du einen Porsche?" antworten sie mit: „Weil ich es kann!". (Einige werden das als arrogant bezeichnen.)

Menschen mit ausgeprägtem Machtmotiv wollen den Eindruck gewinnen, dass es ihren Status verbessert, wenn sie eine Aufgabe erledigen. Beispielsweise gehören dazu Präsentationsaufgaben, in denen sie zeigen können, welche Kompetenz sie besitzen. Machtmotivierte waren bislang häufig gute Führungskräfte. Dies scheint zu wackeln, da das Führungsverständnis heute weniger am eigenen Ego orientiert werden kann. Mitarbeiter widerstreben diesem Führungsverständnis mehr und mehr. Niemand folgt einem Menschen aufgrund seines Status.

Machtmotivierte möchten gefragt werden, möchten Einfluss ausüben und wichtig sein. Drängt man sie in die Ecke, werden sie schnell unzufrieden. Wahre machtmotivierte Mitarbeiter werden dann aber die Aufgabe oder das Unternehmen wechseln.

Neurobiologisch wird das Machtmotiv durch Adrenalin und Noradrenalin angetrieben.[23] Gerhard Roth nennt bezogen auf das Machtmotiv vor allem Testosteron, dessen Spiegel bei *Gewinnern* ansteigt und bei *Verlierern* abfällt.[24]

Leistung ist die zweite Gruppe von Motivatoren. Menschen sind motiviert, wenn sie besondere Leistung erbringen können. Sie sind motiviert, über sich hinauszuwachsen, geben sich nicht mit dem Erreichten zufrieden. Sie wollen anderen beweisen, dass es besser geht.

Leistungsmotivierte sagen: „Hier geht es nicht um mich, sondern um die Aufgabe bzw. das Ergebnis." Sie stellen oft ihre eigene Person hintenan. Es motiviert sie, etwas Besonderes zu schaffen. Leistungsmotivierte Menschen sind bisweilen Einzelgänger. Sie wollen selbst die Leistung erbringen und als solche auch gewürdigt werden. In Teams werden sie als Menschen wahrgenommen, die *den Schnitt kaputt machen*. Oft werden sie vom Team ausgebremst und ziehen sich dann in ihren *Elfenbeinturm* zurück.

---

[23] McClelland, David Clarence/Davidson, Richard/Saron, Clifford/Floor, Erik (1980): *The need for power, brain norepinephrine turnover and learning.* In: *Biological psychology.* Band 10, Nummer 2, März 1980, S. 93–102.
[24] Roth, Gerhard (2015): *Persönlichkeit, Entscheidung und Verhalten.* Klett-Cotta, Stuttgart. Seite 302f.

Neurobiologisch wird das Leistungsmotiv durch die Ausschüttung von Dopamin, dem Belohnungs- oder Glückshormon, angetrieben.[25]

Die dritte Gruppe sind die **Anschlussmotivierten**. Diesen Menschen ist es fast gleichgültig, was sie tun. Ihnen ist wichtig, dass sie etwas für andere (z. B. in Pflegeberufen) oder gemeinsam mit anderen tun. Sie stellen ihre eigene Person zu Gunsten des Gemeinschaftserlebnisses zurück. Diese Motivation resultiert immer aus der Team-Orientierung und wird neurobiologisch durch Vasopression und Arginin angetrieben.[26] Hier spielt das Bindungshormon Oxytocin eine zentrale Rolle.[27]

Anschlussmotivierte Menschen brauchen für ihre Motivation andere Menschen. Isoliert man sie, gehen sie ein wie eine Pflanze, der man Wasser vorenthält. Diese anderen Menschen müssen aber nicht Arbeitskolleginnen und -kollegen sein. Es kann für sie auch motivierend sein, Leistung für andere zu erbringen. Oft erbringen sie eine zeitlang eine Leistung ganz alleine und man könnte Leistungsmotivation unterstellen. Der Antreiber ist aber, dass sie die Leistung schließlich für jemand anderen erbringen. Initiatoren von Entwicklungshilfeprojekten sind häufig so motiviert. In der Planung und Organisation sind sie manchmal alleine tätig. Aber bereits hier resultiert die Motivation daraus, dass sie diese Leistung schließlich für das Projekt und damit für hilfsbedürftige Menschen erbringen.

Grundsätzlich gilt, dass jeder Mensch alle drei Anteile in sich trägt. Wir alle sind macht-, leistungs- und anschlussmotiviert. Diese Motiva-

---

[25] McClelland, David Clarence/Patel, Vandana/Stier, Deborah/Brown, Don (1987): The relationship of affiliative arousal to dopamine release. In: Motivation and Emotion. 11, 1987, S. 51
[26] McClelland, David Clarence (1995): Achievement motivation in relation to achievement-related recall, performance, and urine flow, a marker associated with release of vasopressin. In: Motivation and Emotion. 19, 1995, S. 59
[27] Roth, Gerhard (2015): Persönlichkeit, Entscheidung und Verhalten. Klett-Cotta, Stuttgart. Seite 303.

toren sind quasi genetisch angelegt. Erziehung und Prägung führen jedoch dazu, dass einige Anteile stärker, andere weniger stark ausgeprägt werden.

Warum erzähle ich das in einem Buch über Führung und vor allem über Remote Leadership? Die Erkenntnis der Big Three ist nicht neu. Allerdings erlebe ich kaum eine Führungskraft, die dies in der Gestaltung von Arbeit und in der Führungskommunikation antizipiert.

> **Effiziente Führungskräfte wissen, wie die drei Motivatoren Macht, Leistung und Anschluss bei ihren Mitarbeitern ausgeprägt sind. Sie sprechen diese Motivatoren ganz gezielt an und organisieren Arbeit entsprechend.**

Weisen Führungskräfte Aufgaben zu, achten sie auf Passung zu den Motivatoren. Ist eine Aufgabe zu erledigen, die eine Leistung für eine bestimmte Gruppe von Menschen ist, dann sind hierzu anschlussmotivierte Mitarbeiter geeignet. Ist es eine Aufgabe, in der ein schwieriges Problem zu lösen ist, brauchen Sie einen leistungsmotivierten Mitarbeiter, der sich mit Durchschnitt nicht zufrieden gibt.

5.5. Think Limbic

Think Limbic® entstand aus einem wesentlichen, von der Neurobiologie getriebenen, Paradigmenwechsel. Klassisch, und heute noch sehr verbreitet, glauben wir, dass das Handeln des Menschen einem willentlichen Prozess entspringt und viele Motivationsmodelle wollen uns genau diesen Eindruck vermitteln. Der Mensch handelt vernünftig und bewusst. Deshalb unterstellen wir, dass Motivation und Gesundheit eines Mitarbeiters die Folge bewusster Prozesse ist und nicht emotionsgetriebene Willkür. Aber stimmt das?

Schauen wir uns den Wahrnehmungsprozess an, stellen wir schnell fest, dass wir unsere Wahrnehmung vor allem selbst konstruieren und sie mit nur wenigen rudimentären Reizen von außen angestoßen wird.

> **Das Paradigma einer bewussten Wahrnehmung des Außen, lässt sich nicht länger aufrecht erhalten. Der Mensch handelt emotionsgetrieben.**

Hans-Georg Häusel stellt in seinem Modell Think Limbic® drei Emotionen vor[28]:

- Stimulanz
- Dominanz
- Balance

---

[28] Häusel, Hans-Goerg (2014): Think Limbic!. Die Macht des Unbewussten nutzen für Management und Verkauf. Haufe-Lexware, Freiburg. Seite 65ff.

Auf die Schnelle betrachtet, stellen wir keinen großen Unterschied zu den Big Three fest. Auch seine Kombination mit den Grund-Motivations-Prinzipien Lusterreichung und Unlustvermeidung liefert keine wirklich neuen Erkenntnisse. Der große Gewinn des Modells ist aus meiner Sicht die klare **Priorisierung emotionaler Empfindungen**, die das Handeln des Menschen steuern und erklären. Bewusst wahrgenommene Entscheidungen, insbesondere auch im Team (kollektive Entscheidungen) treffen wir nachweislich auf einer unbewussten Ebene, zum Beispiel auf Basis emotionssteuernder Werte, und begründen sie neurobiologisch erst anschließend mit Fakten.

In einem neurophysiologischen Experiment (sog. IOWA-Studie) untersuchte man, wann wir auf physischer, neurobiologischer und kognitiver Ebene Entscheidungsklarheit entwickeln. Versuchsteilnehmer ziehen in einem Kartenspiel mit Nieten und Gewinnen Karten von verschiedenen Stapeln, um ihr Startkapital zu erhöhen. Sobald sie erklären können, welcher Stapel den größeren Gewinnzuwachs möglich macht, sollten sie das sagen. Nach durchschnittlich etwa 70 Spielzügen konnten die Teilnehmer erklären, dass es in dem einen Stapel wenige, aber hohe Gewinne gibt und in dem anderen geringe, aber sehr häufige. Und es sei eine erfolgreiche Strategie, von dem Stapel mit den häufigen, geringeren Gewinnen zu ziehen.

Interessant war, dass sie unbewusst bereits seit dem dreißigsten Spielzug eindeutig vom *richtigen* Stapel Karten ziehen. Und schon nach dem zehnten Spielzug konnte man über eine Art Lügendetektor nachweisen, dass die Versuchsperson vom falschen Stapel zieht.

Die Erkenntnis aus dem Modell Think Limbic® setzt sich nur schwer, und eher im Marketing und Vertrieb durch. Im Führungskontext glauben wir immer noch an den vernunftgesteuerten Menschen, der sich bewusst und reflektiert verhält, der dankbar (und damit motiviert) sein muss, wenn er sich vor Augen hält, Geld zu verdienen, einen sicheren Arbeitsplatz zu haben, ein gesponsortes Mittagessen, Firmenfahrrad, Massagen am Arbeitsplatz oder eine betriebliche Altersversorgung zu erhalten. Aus Unternehmenssicht glaubt man, das sei ausreichend, damit die Mitarbeiter motiviert sind. In Wahrheit kaufen sich Unternehmen mit diesen Vergütungen und Incentives frei von den eigentlichen Motivatoren.

Aus meiner Sicht ist vor allem die Erkenntnis wichtig, dass Emotionen nicht vom Himmel fallen, sondern tendenziell prädisponiert sind. Gerade im Marketing macht man sich dies zunutze: Will ich ein Produkt einem Menschen verkaufen, der eher dominanzorientiert ist, dann muss ich sein Bedürfnis nach Macht, Status und Ansehen befriedigen. Der Balanceorientierte Käufer springt darauf nicht an. Inzwischen ist z. B. für Automarken deren Zuordnung durch zahlreiche Studien nachgewiesen: VW beispielsweise ist eher auf balanceorientierte Werte hin positioniert (typische *Familienkutsche*). Mercedes liegt zwischen Balance und Dominanz, bei Dominanz liegen Porsche und Audi weiter vorne (Warum ich einen Porsche fahre? - Weil ich es kann!). BMW und noch mehr MINI sind eher Autos, die zum Motivator Stimulanz passen: Spaß haben, frei sein, neue Dinge ausprobieren. Ein *echter* BMW-Fahrer kauft niemals einen Skoda oder einen Mercedes. Deshalb ist die Hitliste der meistverkauften Autos jedes Jahr auch ungefähr gleich.

Genauso, wie sich Automarken zuordnen lassen, lassen sich auch Ihre Mitarbeiter zuordnen. Da haben Sie vielleicht die halbtagsarbeitende Mitarbeiterin, die gleichzeitig noch einen kleinen Jungen erzieht und einen erfolgreichen Manager und Ehemann unterstützt. Ihr ist der Ausgleich wichtig, für alle da zu sein und sie zu versorgen. Ihre eigenen Bedürfnisse stellt sie oft zurück. Familie und Freunde, und vor allem Harmonie, sind ihr besonders wichtig. Hormonell lässt sich das mit dem Bindungshormon Oxytocin beschreiben.

Dann haben Sie vielleicht einen flippigen Typen im Team, 32 Jahre, inzwischen die achte Beziehung hinter sich, auf Dauer bindungsscheu und an allem interessiert, was neu ist. Er geht gerne Surfen, fährt Mountain-Bike und liebt Rucksack-Tourismus. Wenn es ein echtes Problem gibt, dann bohrt er sich da sehr tief hinein, solange es für ihn spannend ist und er seine Kreativität einbringen kann. Er ist offen für Neues, tendiert zu einem extravaganten Kleidungsstil und lacht viel.

Sind vor Ihrem inneren Auge charakteristische Menschen entstanden? Haben Sie vielleicht sogar den einen oder anderen Mitarbeiter darin entdeckt?

Sie könnten jetzt über den flippigen Typen in Ihrem Team schimpfen, weil er nicht gewissenhaft genug arbeitet oder (zu) schnell das Thema wechselt. Konrad Adenauer gab den Ratschlag:

> Nimm die Menschen wie sie sind - es gibt keine anderen.

Es ist müßig, den flippigen Typen umerziehen zu wollen. In Marketing-Sprache heißt das: Vergessen Sie, dass er sich einen Skoda kauft. Er fährt MINI.

Die Kunst guter Führung ist, Mitarbeiter aufgrund dieses Modells richtig einzusetzen und ihnen die passenden Aufgaben zu geben. Dies gilt insbesondere bei Remote Leadership.

Versetzen Sie Mitarbeiter oder sprechen Sie mit ihnen über einen Ausstieg, falls Job und Mitarbeiter nicht zueinander passen. Allerdings ist meine Erfahrung, dass es genügend Aufgaben in den Teams und Unternehmen gibt, so dass ein optimaler Job Fit möglich wird.

Vermeiden Sie (Bereichs-)Egoismus! Es ist extrem motivationsförderlich, wenn der Mitarbeiter überwiegend das tun kann, was ihm am meisten liegt. Leider liegt in der westlichen Welt diese Quote lediglich bei 20 Prozent[29]. Da ist eine Menge Luft nach oben. Was wäre möglich, wenn Sie dieses Potenzial in Ihrem Verantwortungsbereich auf 30 oder 40 Prozent heben könnten?

Big Three und das Modell Think Limbic® gehören zu den Inhaltstheorien. Wir fragen also danach, *was* einen Menschen motiviert.

Wir diskutierten bereits auch die Frage, *wie* sich Menschen motivieren. Dieser Frage gehen wir im nächsten Kapitel nach.

---

[29] *Buckingham, Marcus/Clifton, Donald O. (2011): Entdecken Sie Ihre Stärken. Jetzt! Das Gallup-Prinzip für individuelle Entwicklung und erfolgreiche Führung. Campus Verlag, Frankfurt/New York. Seite 17.*

5.6. Neuro*logische* Denk- und Motivationsstrategien

Menschen sind verschieden. Damit schreibe ich nichts Neues. Und das bestätigen Sie sicherlich auch im Bezug auf Ihre Mitarbeiter. Der eine ist sehr im Detail, ein anderer denkt eher grob, verknüpft verschiedene Themen miteinander und überblickt das Ganze.

Diese Unterschiede beziehen sich auf die Art, wie Menschen denken und sich motivieren. Und diese Art ist frühkindlich erworben und extrem stabil.

Denken Sie an eine Aufgabe in Ihrer Vergangenheit, für die Sie größte Motivation empfunden haben. Wie motivierten Sie sich für diese Aufgabe? Die richtige Antwort darauf ist nicht, dass Sie einfach motiviert waren. Es geht auch nicht darum, *was* Sie motiviert hat, sondern *wie* Sie das gemacht haben - eine schwierige Frage, auf die Sie möglicherweise so schnell keine Antwort finden.

Motivation fällt nicht über uns her, nur weil wir dafür gerade besonders empfänglich, bestimmte Konstellationen günstig sind oder uns ein anderer eine Belohnung für unser Handeln versprochen hat.

Motivation liegt nicht in der Sache. Denn wenn das so wäre, so wären alle Menschen gleichermaßen von einer Sache motiviert. Das ist aber ganz offensichtlich nicht der Fall. Eine Sache, ein Ziel, wird erst dann für unser Handeln attraktiv, wenn wir in unserem Kopf eine bestimmte Bewertung vornehmen. Diese Bewertung nehmen wir (unbewusst) auf neuronaler Ebene vor.

Wollen wir Ziele erreichen, ist interessant, wie wir uns (oder unsere Mitarbeiter sich) motivieren. Stellen Sie Ihren Mitarbeitern diese Frage, ernten Sie ähnlich irritierte Blicke, wie Sie vermutlich gerade eben selbst gezeigt haben. Die häufigste Antwort wird sein, „... weil es Spaß macht". Um zu erfahren, wie wir uns motivieren, brauchen wir eine Idee, wie wir diesen Bewertungsprozess gestalten.

> **Der unbewusste Bewertungsprozess in unserem Gehirn ist durch unsere Erziehung und Prägung vordefiniert.**

Eltern, Lehrer, Freunde und viele andere Menschen, die auf uns Einfluss nahmen, haben uns geprägt. Diese Prägung ist in unserem Gehirn eine neuronale Schnellstraße. Schnellstraßen haben im Vergleich zu Trampelpfaden den Vorteil, dass sie deutlich leichter zu befahren sind und die kürzeren und effizienteren Verbindungen sind. Auf ihnen verbrauchen wir weniger Energie. Deshalb nutzen wir sie häufig und immer wieder. Das macht sie immer breiter und damit noch schneller.

Falls Sie den Unterschied zwischen einer neuronalen Schnellstraße und einem neuronalen Trampelpfad selbst erleben wollen: Nehmen Sie ein Stück Papier und einen Stift und schreiben Sie jetzt Ihren Namen auf das Papier. Dann nehmen Sie den Stift in die andere Hand und schreiben wieder Ihren Namen. Das gelingt Ihnen auch - mehr oder weniger gut. Aber es fällt Ihnen viel schwerer.

Bewertungsmuster in unserem Gehirn sind solche Schnellstraßen. Sie sind die Art, wie wir uns motivieren und wie wir Informationen verarbeiten. Ein für mich gerade im Führungskontext sehr effizientes Modell ist das Language and Behavior Profile (LAB-Profile), das von Roger Bailey entwickelt wurde.[30] Mit dem LAB-Profil erkennen Sie

---

[30] Charvet, Shelle Rose (2010): Wort sei Dank. Von der Anwendung und Wirkung effektiver Sprachmuster. Junfermann Verlag, Paderborn.

anhand der Kommunikation die Motivationsstrukturen Ihrer Mitarbeiter. Das Profil beantwortet die Frage, wie sich Menschen motivieren und ins Handeln kommen. Dies zu erkennen, macht Führung auf Distanz deutlich wirksamer.

Jedes Merkmal können Sie einerseits auf eine Person beziehen, wenn es darum geht, wie der- oder diejenige sich motiviert bzw. Informationen verarbeitet. Andererseits können Sie die Merkmale auch für eine Stelle oder eine Aufgabe im Sinne eines Anforderungsprofils beziehen. Dieses Modell beantwortet auch die Frage, welche Denk- und Motivationsstrategie für die Arbeit im Home Office besser geeignet ist und welche Mitarbeiter besser im regulären Büro sitzen sollten.

Die individuellen Ausprägungen der Merkmale sind relativ stabil. Wir verarbeiten Informationen immer auf die gleiche Art und Weise. Auch fragen mich oft Führungskräfte, ob und wie sie diese Denk- und Motivationsstrategien beim Mitarbeiter verändern können. Vergessen Sie diese Frage. Das ist im Rahmen des Führungsauftrags unmöglich.

Die individuellen Ausprägungen können kontextabhängig sein. Ein Angestellter folgt beispielsweise im beruflichen Kontext eher definierten Prozeduren. Er braucht Checklisten und genaue Prozessabläufe. Beschäftigt er sich nach Feierabend mit Klavierspielen, so ist er kreativ und improvisiert Jazz-Songs.

Gerade das letzte Beispiel zeigt, dass wir unter Leistungs- oder psychischem Druck auf die gewohnten Autobahnen zurückkehren. Wenn wir möglichst schnell von München nach Frankfurt müssen, nehmen wir die Autobahn. In entspannteren Situationen fahren wir auch gerne mal die Landstraße und beschauen uns die Landschaft.

Nachfolgend stelle ich Ihnen acht verschiedene Denk- und Motivationsstrategien vor. Eine ausführliche Darstellung finden Sie in meinem Buch Neuro*logische* Personalauswahl.[31]

5.6.1. Motivationsrichtung: Vermeidend - Anstrebend

Die Motivationsrichtung gibt an, ob unser Handeln auf ein Ziel hin oder von Fehlern, Schwierigkeiten und Problemen weg gerichtet ist. Vermeiden Mitarbeiter gerne Dinge, schauen sie ständig auf Probleme und geraten erst dann ins Handeln, wenn der Schmerz groß genug ist, dann folgen sie einer vermeidenden Motivationsstrategie.

Vermeidend-motiverte Menschen benötigen Druck, Schmerz, wahrgenommene Gefahren oder Nachteile, um ins Handeln zu kommen. Sie suchen Fehler und finden diese ganz leicht. Der Raucher hört mit dem Rauchen auf, sobald er ernsthafte gesundheitliche Folgen erlebt. Manche suchen sich erst dann einen Job, wenn die Frau droht, auszuziehen. Stellen Sie einem vermeidend-motivierten Menschen die Frage, was er beruflich gerne machen möchte, dann erzählt dieser das, was er auf keinen Fall machen will. Oder Sie stellen einem Freund die Frage, wo er den nächsten Urlaub verbringen will und er antwortet: „Also, auf jeden Fall will ich nicht mehr an die Nordsee. Und es sollte nicht wieder so ein großes Hotel, wie im letzten Jahr sein. Ich fahre auch nie wieder mit dem Auto in den Urlaub. ...".

Anstrebend-motiverte Menschen denken auf Ziele hin. Es motiviert sie, Ziele anzustreben. Solche Menschen finden leichter Prioritäten für das, was sie tun. Auf die Urlaubsfrage antwortet er: „Nach Andalusien, in das Hotel XY. Ich muss nur noch meine Frau und die Kinder

---

[31] Hein, Marcus (2019): Neurologische Personalauswahl. Mitarbeiter gewinnen, die nicht nur können, sondern auch wollen. Books on Demand, Norderstedt.

überzeugen." Der anstrebende Mensch erkennt nur schwer Probleme und Unwägbarkeiten. Er hat ein Ziel und ist überzeugt, dass es nichts gibt, was ihn an der Zielerreichung hindert. Auf andere wirken sie oftmals etwas naiv.

Wenn Sie einem vermeidenden Mitarbeiter von Ihren Zielen erzählen, wird ihn das nicht motivieren - im Zweifel wird er Sie nicht einmal verstehen. Ihn überzeugen Sie, indem Sie mit ihm über Probleme und Missstände sprechen.

Mir ist der Hinweis wichtig, dass es kein gut oder schlecht gibt. Ein Mitarbeiter in der Qualitätskontrolle folgt vorzugsweise einer ausgeprägten Vermeidend-Motivation. Dann findet er die Fehler leichter. Auch Flugzeugpiloten sollten vermeidend-motiviert sein: Sie müssen bei ihrer Arbeit alles verhindern, das den Flug gefährden könnte. Und Ihre Sekretärin oder Assistentin sollte eher vermeidend-motiviert sein. Ihre Korrespondenz und Terminplanung sollte fehlerfrei sein.

Eine Führungskraft sollte eher anstrebend motiviert sein, ebenso Verkäufer. Denn Sie wollen, dass er oder sie Leistungen verkauft und Verkaufsziele erreicht.

In erfolgreichen Projekten brauchen Sie vermeidend- und anstrebend-motivierte Mitarbeiter gleichermaßen. Die einen halten die Ziele hoch und die anderen erkennen die Probleme möglichst frühzeitig. Die einen wollen etwas erreichen und die anderen auf mögliche Gefahren hinweisen und alles unternehmen, dass sie ausgeräumt werden.

Wie erkennen Sie, ob Ihr Mitarbeiter vermeidend oder anstrebend denkt?

Dieses Muster zu erkennen, fällt Ihnen leicht. Eine klassische Frage ist die oben bereits beschriebene Urlaubsfrage. Oder fragen Sie: „Was tun Sie, wenn Sie eine Millionen Euro erben?" Entweder beschreiben Menschen dann, was sie auf keinen Fall tun („Also, meiner Schwester gebe ich keinen Cent davon.") oder sie nennen Dinge, die sie sich kaufen würden („Als Erstes kaufe ich mir ein neues Auto.")

Fragen Sie, was Ihrem Mitarbeiter wichtig ist und im weiteren Gesprächsverlauf, warum er diese Präferenz hat. Dabei erkennen Sie Muster, etwas zu vermeiden oder etwas zu erreichen.

Auf die Frage in einem Kritikgespräch, was ihr Mitarbeiter aus dem Fehler lernt, sagt der vermeidend-motivierte: „Ich werde Herrn X nie wieder so früh mit einbeziehen." Der anstrebend-motivierte wird sagen: „Ich baue zunächst ein fundiertes Argumentationsgerüst auf, das es mir ermöglicht, die Argumente von Herrn X zu entkräften."

Das wichtigste Fragewort ist *Warum*. Damit erfahren Sie Gründe und Motivationen für Ansichten, Meinungen oder Handlungen. Und achten Sie auf das Signalwort *Weil*. Ihm folgen ebenfalls Begründungen und Absichten.

Welche Strategie ist für die Arbeit im Home Office besser geeignet

Vermeidend motivierte Mitarbeiter sehen überwiegend Probleme und Schwierigkeiten. Von solchen Mitarbeitern hören Sie eher negative Aspekte von der Arbeit im Home Office. Vermutlich wollen sie so schnell wie möglich wieder ins Büro zurückkehren. Anstrebend denkende Mitarbeiter sind besser für das Home Office geeignet. Und sie sind auch leichter zu führen, in dem Sie einfach mit ihnen über Ziele und anzustrebende Zustände sprechen. Die müssen dann allerdings sehr klar formuliert und kommuniziert sein.

Beim Führen auf Distanz ist es noch wichtiger, die richtige Strategie zu treffen. Dem vermeidenden Mitarbeiter erzählen Sie die Probleme oder lassen ihn Fehler finden. Der anstrebende Mitarbeiter braucht Ziele. Da Sie als Führungskraft vermutlich stärker anstrebend motiviert denken, werden Sie auch den vermeidend-motivierten Mitarbeitern von Zielen und Zielzuständen erzählen. Das verstehen diese aber nicht. Und deshalb sind sie auch schnell demotiviert, mindestens aber desorientiert.

5.6.2. Motivationsniveau: Proaktiv - Reaktiv

Das Motivationsniveau gibt an, ob jemand von sich aus ins Handeln kommt oder einen externen Impuls benötigt. „Herrn Breitschlag muss man quasi immer in den Krieg tragen." Oft entsteht bei reaktiven Mitarbeitern der Eindruck, sie seien nicht motiviert. Das ist eine falsche Bewertung dieser Motivationsstrategie. Vermutlich ist Herr Breitschlag lediglich reaktiv.

Reaktive Menschen benötigen einen Impuls, einen Startschuss, damit sie ins Handeln kommen. Erhalten sie diesen Impuls, werden sie aktiv. Unterbleibt dieser Impuls, kommen sie nicht ins Handeln. Vermutlich würden Sie bei diesen Mitarbeitern sagen: „Den muss ich ständig motivieren, etwas zu tun." - Ja, das ist dann so. Können Sie das ändern? Nein, akzeptieren Sie es einfach und geben Sie *Startschüsse*.

Der Start-Impuls kann auch durch ein anderes Signal erfolgen. Bei der Feuerwehr ist es der eingehende Notruf, beim Unfallchirurgen das Eintreffen des Patienten, beim Qualitätsmanager das Auftreten eines Fehlers oder beim IT-Service das Ticket im Posteingang.

Proaktive Menschen brauchen diese Impulse nicht. Sie ergreifen von sich aus die Initiative. Vielleicht sagen Sie jetzt: „Von denen hätte ich gerne ganz viele. Die brauche ich nicht täglich anzuschieben." Doch Vorsicht! Einerseits wollten wir nicht bewerten. Und:

Menschen, die ausgeprägt proaktiv sind, können schnell andere überrennen oder sie schießen über das Ziel hinaus. „Ja, Chef, ich weiß schon." sind häufig Aussagen, wenn Sie gerade dabei sind, eine Aufgabe (oder ein Ziel) zu formulieren. Der Mitarbeiter ist gedanklich schon längst in der Umsetzung und hört sich die Details Ihrer Zielvorstellung nicht an. Andererseits sehen diese Menschen sehr schnell, was zu tun ist und starten ohne lange zu grübeln und zu überlegen.

Reaktive Menschen lieben es, erst zu überlegen. Sie analysieren, wägen Alternativen ab, prüfen Bedenken, machen einen Plan und brauchen erst einen kompletten Überblick über die Dinge, die zu tun sind. Von einem Chirurgen wünsche ich mir, dass er reaktiv ist.

Sie erkennen, dass es kein gut oder schlecht gibt, sondern nur passend oder nicht passend für eine bestimmte Aufgabe. Vergeben Sie eine Aufgabe, bei der es um schnelle Ergebnisse geht und Sie keine Zeit haben, sich um die Steuerung zu kümmern, einem Mitarbeiter, der proaktiv motiviert ist. Ist es hingegen eine Aufgabe, bei der es um ein überlegtes, reflektiertes Vorgehen geht, vorschnelles Agieren eher kontraproduktiv ist oder das Problem zunächst gut analysiert werden muss, so bevorzugen Sie einen reaktiv motivierten Mitarbeiter.

Proaktive Menschen sind schnell demotiviert, wenn sie keine Gelegenheit bekommen, ihre Energie einzusetzen. Ich hatte mal eine Mitarbeiterin, die stark proaktiv war. Bevor mir das bewusst wurde, gab ich ihr Aufgaben, in denen es insbesondere um die Konzeption von neuen Personalentwicklungsinstrumenten ging. Das hat sie ganz ordentlich gemacht und ich war sehr zufrieden mit ihr. Eines Tages, nachdem ein Konzept ihrer Meinung nach weitgehend ausgereift schien, stellte sie mir das Konzept vor. Sie sagte wie selbstverständlich, dass sie schon mit dem und dem gesprochen habe. Herr X würde das Konzept in seinem Bereich ausprobieren. Frau Y, von der Universität Bochum hat schon zugesagt, das Konzept wissenschaftlich zu prüfen und sie habe schon einige Führungskräfte zu einem Workshop eingeladen. Darüber war ich verärgert. Es wäre mir lieber gewesen, die weitere Vorgehensweise zunächst zu besprechen und einen konkreten Aktionsplan festzulegen. Außerdem hatte sie auch bereits mit dem Vorstand über ihren Auslandsaufenthalt in Brasilien gesprochen. Er würde das voll und ganz unterstützen und hätte auch mit dem dortigen Geschäftsführer bereits telefoniert. Als ich ihr sagte, dass das so nicht ginge, war sie irritiert und frustriert.

Nach dem ich ihre Proaktivität verstanden und meine Verärgerung überwunden hatte, wählte ich eine neue Strategie. Wir legten fest, dass Kommunikation zu abteilungsexternen Stellen zuvor abgestimmt wird. Und ich gab ihr Aufgaben, in denen sie ihre Proaktivität ausleben konnte, was sie zu einer sehr zufriedenen Mitarbeiterin gemacht hat - und mich zu einem zufriedenen Vorgesetzten. Als ich einen weiteren Mitarbeiter einstellte, war mir wichtig, dass dieser eher reaktiv war. Denn gerade für analytische und konzeptionelle Aufgaben brauchte ich diese Motivatonsstruktur.

Woran erkennen Sie die Disposition bei Mitarbeitern?

Menschen mit proaktivem Reaktionsmuster formulieren in der Regel kurze, klar strukturierte Sätze. Sie vermitteln Engagement und Handlungsorientierung, bisweilen reden sie hastig und äußern Ungeduld. Auf die Frage, wie sie in einem bestimmten Projekt vorgegangen sind, nennen sie umsetzungsbezogene Aktivitäten. Sie bringen leicht Aufgaben bis zum Ende. Auch sitzen diese Menschen nicht lange still, sie sind immer in Bewegung. Sie erkennen die Proaktivität auf Distanz, ohne ein Wort mit dem betreffenden gewechselt zu haben.

Reaktive Menschen substantivieren Verben, sprechen oder schreiben im Passiv und formulieren lange Sätze. Sie machen Pläne, bevor sie aktiv werden. Gründe, warum Dinge nicht funktionieren, liegen für sie im Schicksal. Im Gespräch verändern sie nur selten ihre Sitzposition.

Welche Strategie ist für die Arbeit im Home Office besser geeignet

Besser geeignet für die Arbeit im Home Office sind die reaktiven Mitarbeiter. Warum? Proaktive sind zwar von sich aus angetrieben, kommen selbst ins Handeln. Als Chef verlieren Sie aber schnell die Kontrolle darüber, was der Mitarbeiter gerade tut. Der proaktive Mitarbeiter hat zu lange die Gelegenheit, zu handeln, bis Sie das möglicherweise von irgendwoher erfahren. Reaktive brauchen zwar von Ihnen den Startschuss, werden aber von sich aus keine eigenen Wege gehen. Wenn Sie proaktive Mitarbeiter auf Distanz führen, machen Sie sehr klare Aussagen zu Ziel, Ergebnis und Leitplanken. Stellen Sie klare Regeln auf und sprechen Sie engmaschiger mit dem Mitarbeiter über den Fortschritt, um Fehlentwicklungen zu vermeiden.

5.6.3. Quelle der Motivation: Internal - External

Hier geht es um die Frage, wo der Bewertungsmaßstab für etwas liegt: In dem Mitarbeiter selbst oder außerhalb von ihm.

Der internale Mitarbeiter hat diesen Bewertungsmaßstab in sich selbst. Er weiß in sich selbst, was gut und richtig ist. Er braucht dazu kein Urteil eines anderen Menschen. Unternehmer sollten internal denken. Sie brauchen die innere Überzeugung, dass das was sie tun, richtig ist. Dies gilt tendenziell auch für alle Führungskräfte.

Internalen Mitarbeitern fällt es schwer, die Meinung anderer zu akzeptieren. Sie suchen zwar Informationen oder Anregungen im außen, bewerten diese und entscheiden aber nach ihren eigenen Maßstäben. Sie sind Argumenten zugänglich, entscheiden aber autark.

Externalen Mitarbeitern fehlt ein eigener Maßstab. Sie befragen andere, brauchen Feedback. Ein externaler Mitarbeiter in der Presseabteilung eines Unternehmens formuliert nach besten Kräften eine Pressemitteilung. Nach Fertigstellung gibt er sie einem anderen Kollegen mit der Bitte, er möge mal drüber schauen und ihm ein Feedback geben. Selbst nach positivem Feedback wird er weiteren Kolleginnen und Kollegen den Artikel geben und um ihre Meinung bitten. Wenn abschließend der Chef die Mitteilung auch für gut befunden hat, fühlt der externale Mitarbeiter sich sicher und beginnt zu handeln.

Internale Führungskräfte sind wenig auf Lob angewiesen, da sie ja selbst wissen, ob etwas gut war. Das mag auch ein Grund sein, warum Führungskräfte ihre Mitarbeiter wenig loben. Mitarbeiter sind eher external orientiert. Ihnen ist Lob wichtig, das sie vom internalen Chef nicht bekommen. Dies sollten Sie insbesondere bezüglich der

Mitarbeiter im Home Office berücksichtigen. Hier reduzieren sich Lob und Anerkennung aufgrund der Distanz noch einmal deutlich stärker.

Externale Mitarbeiter treffen keine eigene Entscheidungen. Eine Führungskraft beklagte sich in einer Coachingsitzung darüber, dass die Mitarbeiter ihn ständig *belästigen*, Entscheidungen zu treffen. „Mit den kleinsten Kleinigkeiten kommen die zu mir, erzählen mir stundenlang, was sie getan und herausgefunden haben und fragen mich dann, was sie tun sollen." Ich sah darin eine anerzogene Hilflosigkeit der Mitarbeiter. Mein Coachee hatte jahrelang den Mitarbeitern jede kleinste Entscheidung abgenommen. Und er hatte externale Mitarbeiter, die aufgrund ihrer Motivationsstruktur keine eigenen Entscheidungen treffen konnten. Übrigens stellen internale Chefs lieber externale Mitarbeiter ein. Sie ahnen, weshalb?

Woran erkennen Sie die Disposition bei Mitarbeitern?

Fragen Sie Ihren Mitarbeiter, wie sie oder er Entscheidungen trifft. Der Externale hat viel mit anderen diskutiert. Er las Berichte und Kommentare anderer in Diskussionsforen. Er sprach mit Menschen, die ähnliche Entscheidungen getroffen haben. Der Internale sagt, dass er es einfach wusste.

Eine Frage aus dem beruflichen Kontext könnte sein, welche Projektmitarbeiter an einer Entscheidung beteiligt werden sollten. Der Externale gibt die Frage zurück: „Was meinen denn Sie?", der Internale sagt: „Müller, Meier und Schmitz."

Einige geben im Vorstellungsgespräch eine sozial erwünschte Antwort. Deshalb sollten Sie Fragen in diese Richtung auch in anderen Kontexten, möglicherweise auch im Smalltalk stellen.

Noch ein amüsanter wie nützlicher Hinweis an die männlichen Leser: Wenn Sie mit Ihrer Frau oder Partnerin shoppen gehen und Sie hat sich ein Kleid ausgesucht, probiert es an und zeigt sich Ihnen in der Anprobe mit der Frage „Schatz, steht mir das?", dann ist das nicht external! - Diese Frage klärt nur, dass Sie bezahlen.

Wer ist für die Arbeit im Home Office besser geeignet?

Als Internaler kennen Sie natürlich bereits die Antwort.

Der Internale entscheidet selbst und autark. Und weil er meist auch proaktiv denkt, beginnt er eigenständig zu handeln. Fehlentwicklung sind schnell die Folge. Der Externale braucht regelmäßiges Feedback. Das ist im Büro einfacher, als auf Distanz. Dieser Mitarbeiter sucht häufig den Kontakt zu Ihnen und fragt nach Ihrer Meinung und nach Feedback. Kommen Sie diesem Wunsch unbedingt nach. Fragt ein external motivierter Mitarbeiter nicht, ist es wahrscheinlich, dass seine Leistung nachlässt und er demotiviert und grübelnd über den Aufgaben sitzt und nicht vorwärts kommt. Wissen Sie um externale Mitarbeiter (was der überwiegende Teil Ihrer Mitarbeiter sein dürfte), halten Sie engen Kontakt und sprechen Sie regelmäßig und häufig über die Arbeitsfortschritte und klären Sie, ob der Mitarbeiter unsicher ist.

Wie kommunizieren Sie effektiv mit Mitarbeitern?

Internalen Mitarbeitern können Sie Bewertungen und Entscheidungen nicht abnehmen. Anweisungen nehmen diese als Information wahr, die sie in ihre Entscheidungen günstigenfalls mit einfließen lassen. Damit ist Ihre Anweisung gefährdet. Bieten Sie deshalb einfach Informationen an und fordern sie zu selbsttätigen Entscheidungen auf.

Wollen Sie, dass Ihre Anweisung unbedingt umgesetzt wird, sollten Sie dies klar formulieren und entsprechend kontrollieren. Bedenken Sie, dass die Motivation Ihres Mitarbeiters recht gering sein wird. Allerdings haben Sie vermutlich sehr wenige oder gar keine Mitarbeiter, die ausgeprägt internal denken.

Externale Mitarbeiter benötigen Feedback. Nehmen Sie sich Zeit und seien Sie geduldig. Verweisen Sie auf die Meinung von Experten. Beginnen Sie mit extrem externalen Mitarbeitern ein Trainingsprogramm, in dem sie zunächst die kleinsten Entscheidungen zurück delegieren: „Sie haben sich jetzt mit dem Thema intensiv beschäftigt. Wenn Sie selbst entscheiden müssten, was würden sie tun?" Oder: „Was glauben Sie, würde in diesem Unternehmen die höchste Akzeptanz finden?" Ermutigen Sie zu eigenen Entscheidungen. Bestätigen Sie dann nicht die Entscheidung, sondern geben Sie positives Feedback, dass der Mitarbeiter selbstständig entschieden hat. Freuen Sie sich mit ihm gemeinsam darüber. Würden Sie die Entscheidung positiv bestätigen, dann stellen Sie wieder Ihren Bewertungsmaßstab in den Mittelpunkt. Bestätigen Sie jedoch sein (Entscheidungs-)Verhalten, so trainieren Sie mit ihm und verstärken sein (neues) Verhalten.

5.6.4. Grund der Motivation: Optional - Prozedural

Der Flugzeugpilot nimmt seinen Platz im Cockpit ein. Er bereitet sich auf einen Transatlantikflug nach New York vor. Zwischen Europa und Amerika liegt jede Menge Wasser und dazu acht Stunden Flugzeit in mehr als zehn Kilometer Höhe. Die Technik muss einwandfrei funktionieren. Dazu wird er vor dem Start eine Checkliste über fünf DIN A4-Seiten durcharbeiten. Vielleicht sitzen Sie im Fluggastraum und freuen sich auf Ihren Geschäftstermin in New York. Sie unterstellen, dass der Pilot Sie sicher dort hin bringt. Unbewusst fordern Sie von ihm, dass er alles sehr genau prüft. Unsere Hoffnung ist, dass dieser Pilot prozedural denkt. Er wird die Checkliste Punkt für Punkt durchgehen, nichts auslassen oder übersehen und sich peinlich an die Reihenfolge halten. Er folgt seiner stark ausgeprägten Motivation, prozedural vorzugehen.

Ein optional motivierter Pilot würde sagen: „Den Öldruck kontrolliere ich heute nicht. Der war bisher immer okay." Mir würde das eine Menge Stress machen, wenn ich das wüsste.

An diesem Beispiel erkennen Sie, dass der prozedural motivierte Mensch immer einer bestimmten Vorgehensweise folgt. Er hat - zumindest im Kopf - eine genaue Vorstellung davon, wie er vorgehen wird. Bei unbekannten Aufgaben wird er sich zunächst Gedanken machen, wie der genaue Ablauf sein könnte. Vielleicht erstellt er einen Ablaufplan oder eine Checkliste. Es kann aber auch sein, dass ihm das nicht gelingt. Dann wird er unmotiviert abwarten, bis ihm ein anderer sagt, wie er vorgehen kann.

Der optional Motivierte wird schneller in die Umsetzung starten. Dabei springt er von einer Aufgabe zur anderen und bringt viele Dinge nicht zu Ende. Falls Sie einem solchen Mitarbeiter eine Vorgehensweise vorschreiben, wird er den Spaß an der Arbeit verlieren. Legen Sie ihm Checklisten zur Abarbeitung vor, gestaltet er diese erst einmal um.

Sie sehen, dass es Aufgaben gibt, die zum Beispiel aus Sicherheits- oder Effizienzgründen ein absolut prozedurales Vorgehen erfordern. Ein guter Software-Programmierer wird immer einer Prozedur folgen. Auch das Vorgehen im OP eines Krankenhauses oder die Rechnungsprüfung erfolgen prozedural. Das heißt, wir benötigen Menschen, die es motiviert, Prozeduren zu folgen.

Für Verkaufsaufgaben benötigen Sie Menschen, die optional denken. Sie müssen flexibel sein, da sie immer wieder mit anderen und neuen Menschen zu tun haben. Eine Prozedur, die bei dem einen Kunden zum Erfolg geführt hat, versagt schon beim nächsten Kunden.

Optionale Menschen springen gerne von einem Thema zum anderen. Sie sind kreativer, reagieren auf unterschiedliche Situationen flexibel und tun gern neue Dinge. Sie suchen die unbegrenzten Möglichkeiten und nutzen jede Gelegenheit, Regeln oder Vorschriften zu brechen. Der Optionale bringt Dinge selten zu Ende. Er erfindet gerne Prozeduren, ist aber wenig motiviert, diesen zu folgen. Hat er eine neue Idee, folgt er dieser.

Prozedurale Menschen lieben es, Dinge zu Ende zu bringen. Sie entwickeln Unsicherheit, solange die Schritte zum Ergebnis nicht vorgegeben sind. Verlangen Sie niemals von einem prozeduralen Menschen, dass er Regeln brechen oder beugen soll.

Ich weiß mich an ein Gespräch mit einer Buchhalterin zu erinnern, die aus einer Rechnung von mehreren zehntausend Euro genau einen Cent suchte. Dieser Cent fehlte. Sie trieb mich damit fast in den Wahnsinn. Um diesen Spuk zu beenden, bot ich ihr an, dass ich ihr diesen Cent aus meinem privaten Portemonnaie geben werde. Jetzt hatte ich die

Dame aber am Sprechen! „Das geht wohl gar nicht. Ich kann nicht einfach einen Cent irgendwo dazu buchen. Schließlich muss Zahlungseingang und Rechnungsbetrag genau überein stimmen." Hier gab es Regeln, und die musste sie unbedingt einhalten. Viele von uns (eher optionalen), hätten damit keinen Stress gehabt.

Woran erkennen Sie die Disposition bei Mitarbeitern?

Der prozedural Motivierte fragt, wie etwas ist oder wie es funktioniert. Er fragt nach Regeln und Vorgehensweisen. Er möchte die Rahmenbedingungen erfassen, bevor er los legt. Fragen Sie nach dem *Warum* einer bestimmten Sache und Sie bekommen das *Wie* beantwortet. Er oder sie erzählt gerne Geschichten oder Anekdoten, geht dabei systematisch vor und erklärt Ereignisse, die zu einem Ergebnis geführt haben.

Menschen mit optionaler Motivationsstrategie erzählen Ihnen von Optionen, Möglichkeiten, Chancen und Gelegenheiten. Sie haben Ideen, Ziele auf ganz unterschiedliche Art und Weise zu erreichen. Optionale Menschen bringen Dinge häufig nicht zu Ende, entwickeln aber auf ihrem Weg noch ein paar neue Ideen. Sie sind an neuen Herausforderungen interessiert. Der Optionale nennt eine meist unsortierte Liste von Kriterien, wenn Sie ihn nach dem *Wie* fragen.

Vergleichen Sie die folgenden Frage-Antwort-Kombinationen:

Frage: „Wie sind Sie denn auf diesen Urlaubsort gekommen?"

Antwort 1: „Mein Nachbar war mal da. Das muss da ganz toll sein. Im Internet fand ich sehr positive Bewertungen und ich wollte mal was Neues ausprobieren."

Antwort 2: „Ich war im Reisebüro und habe mir ein paar Prospekte geben lassen. Dann habe ich mit meiner Frau die Angebote durchgesprochen. Wir grenzten zunächst Urlaubsorte ein. Dann sprach meine Frau noch mit einer guten Freundin über unsere Wahl und letzte Woche haben wir uns dann gemeinsam für ... entschieden."

Frage: „Wie sieht eigentlich ein optimales Projekt für Sie aus?"

Antwort 1: „Das Wichtigste am Anfang ist, dass klar ist, was das Ergebnis ist. Danach müssen die richtigen Projektmitarbeiter ausgewählt werden. Wir müssen allen Mitarbeitern ihre Rolle in dem Projekt erläutern und auf deren Fragen intensiv eingehen. Dann sollten wir ..."

Antwort 2: „Also es muss auf jeden Fall Spaß machen. Das Zusammenarbeiten von unterschiedlichen Charakteren fordert Rücksichtnahme von allen. Es gibt ja immer unterschiedliche Wege nach Rom. Es muss möglich sein, dass jeder auch konträre Meinungen einbringen darf. Und natürlich sollte jeder die Frage stellen dürfen, ob das Ziel noch relevant ist. ..."

Wer ist für die Arbeit im Home Office besser geeignet?

Ich denke, das dürfte klar sein: Der Prozedurale. Den Optionalen müssen Sie immer wieder einfangen. Leider bekommen Sie das aber auf Distanz zu wenig mit. Der Prozedurale hält sich an Aufgaben, Vorgaben und Vereinbarungen. Er geht systematisch vor und ist im Home Office sehr effizient, weil Störungen durch andere deutlich reduziert sind. Dem Optionalen fällt immer wieder etwas Neues ein. Gerade, wenn vielleicht noch andere Familienangehörige zu Hause sind, hat er oder sie zu viele Ablenkungen.

Wie gehen Sie effektiv mit Mitarbeitern um?

Geben Sie prozeduralen bzw. optionalen Mitarbeitern die richtigen Aufgaben. Projekte benötigen in der Startphase eher optionale Mitarbeiter, die Chancen erkennen, Ideen generieren und Möglichkeiten für unterschiedliche Vorgehensweisen finden. Nach der Startphase nehmen Sie die Optionalen entweder ganz aus dem Projekt oder reduzieren ihren Anteil auf ein Minimum. Jetzt sind die Prozeduralen gefragt, die die ausgewählte Vorgehensweise konsequent einhalten und das Ziel erreichen, einschließlich der vielleicht häufig unliebsamen Abschlussdokumentation. Der Optionale ist im Projektverlauf noch einmal gefragt, falls Schwierigkeiten auftauchen, für die es kreative Lösungen braucht.

Sprechen Sie mit Optionalen über Möglichkeiten, Chancen, nennen Sie Optionen und lassen Sie immer auch noch weitere, nicht genannte Möglichkeiten zu. „Sie haben die Wahl. Dies oder jenes, oder vielleicht fällt Ihnen auch noch etwas besseres ein."

Mit dem Prozeduralen sprechen Sie am besten in Prozeduren. Er braucht Sicherheit, wie etwas ablaufen wird. Das *Warum* interessiert ihn nicht.

Hier vielleicht noch ein grandioses Beispiel aus meinen Seminaren: Eine Gesamtschuldirektorin erzählte von einer Referendarin, die eine sehr gute Projektidee nicht umsetzte. Viele Gespräche wurden geführt und jedes Mal gewann die Direktorin den Eindruck, dass die Referendarin hoch motiviert ist. Doch es passierte wieder nichts. Ganz nebenbei sagte meine Teilnehmerin, dass sie erst gestern wieder zusammengesessen hätten und die Referendarin gesagt hat, dass sie jetzt damit beginnen will und machte einen wirklich motivierten Eindruck, sie wüßte nur noch nicht so richtig, wie sie vorgehen sollte. Genau da liegt das Problem prozeduraler Menschen: Wenn sie keine Prozedur haben, bleiben sie sicherheitshalber erst einmal stehen und tun nichts. Sie wirken unmotiviert, was nicht stimmt.

Für Führen auf Distanz ist entscheidend, dass die prozeduralen Mitarbeiter eine möglichst klare Struktur haben. Die Optionalen brauchen eher ein *Warum* und müssen deutlich häufiger als die Prozeduralen an die eigentlichen Ziele erinnert werden. Dem Optionalen geben Sie eher kreative oder problemlösende Aufgaben. Leitungsfunktionen sind ebenfalls geeignet, wenn prozedurale Mitarbeiter unterstützen.

5.6.5. Motivationale Entscheidungsfaktoren: Gleich - Verschieden

Kennen Sie Menschen, die seit Jahren oder Jahrzehnten an den gleichen Urlaubsort, vielleicht immer um die gleiche Jahreszeit, ins gleiche Hotel, am liebsten noch ins gleiche Zimmer in den Urlaub fahren? Das sind die Gleich-Motivierten. Es motiviert sie, wenn Dinge gleich sind. Solche Menschen verlassen die Komfortzone nicht so gerne. Sie wollen sich auskennen, nicht suchen müssen und möglichst kein Risiko eingehen. Ist das Hotelzimmer dann nicht verfügbar, bricht für sie eine Welt zusammen und ihre Motivation, überhaupt in Urlaub zu fahren, ist gleich Null.

Ein Vorstand meines früheren Arbeitgebers war so strukturiert: Er saß jeden Morgen um 6:30 Uhr in seinem Büro. Sein Fahrer brauchte ihn deshalb auch nicht abholen, sondern er fuhr die Strecke alleine. Jeder Tag begann so. Wenn er Reisen zu unternehmen hatte, sorgte er dafür, dass er zuvor (und deswegen 6:30 Uhr) erst noch, und möglicherweise nur für ein paar Minuten, in seinem eigenen Büro sein konnte. Im Übrigen fuhr er auch immer an den gleichen Ort in den Urlaub.

Mitarbeiter, die gleich-motiviert sind, mögen keine Veränderungen. Deshalb sind es meistens Mitarbeiter, die seit vielen Jahren im gleichen Unternehmen arbeiten und sicher sind, von dort auch in die Rente zu gehen. Sie möchten immer den gleichen Job möglichst mit dem gleichen Chef und den gleichen Kollegen machen. Sie finden sich nur schwer zurecht, wenn in dem Unternehmen umorganisiert wird. Für sie ist der Wechsel ins Home Office quasi eine Katastrophe.

Allerdings kann sich ein Vorgesetzter darauf verlassen, dass Aufgaben immer auf die gleiche Weise bearbeitet werden. Oder würden Sie es lobenswert finden, wenn Ihre Sekretärin oder Assistentin heute Ihren Kalender in Papierform, morgen mit Outlook und übermorgen auf Klebezetteln führt? Es ist absolut notwendig, dass ein Assistent die Vorstandssitzung immer auf die gleiche Weise vorbereitet. Und auch von einem Monteur in der Fließbandfertigung eines Automobilwerkes erwarten wir, dass seine Arbeitsschritte immer die gleichen sind und er zu diesen immer gleichen Schritten motiviert ist. Immer dort, wo wir uns darauf verlassen wollen, dass das Ergebnis immer das Gleiche ist, sind gleich-motivierte Mitarbeiter die beste Wahl.

Mitarbeiter, die verschieden-motiviert sind, vermeiden hingegen *immer-das-Gleiche*. Sie probieren gerne neue Wege oder Dinge aus, je unterschiedlicher, um so besser. Diese Mitarbeiter suchen schon nach kurzer Zeit neue Aufgaben und Herausforderungen. Dabei sehen sie auch im Wechsel des Arbeitgebers eine willkommene Chance auf Abwechslung. Wir beobachten an ihrem Lebenslauf, dass sie oft nicht nur den Arbeitgeber, sondern gleich auch die Aufgabe und den Wohnort wechseln. Vielen Verschieden-Motivierten geht es dabei primär um die Veränderung an sich und erst sekundär um den Inhalt der Veränderung.

Bitten Sie Mitarbeiter, Dinge zu vergleichen, werden die Gleich-Motivierten eher die Gemeinsamkeiten und die verschieden-motivierten eher die Unterschiede herausstellen. Der Gleich-Motivierte wird bevorzugt den Weg und der Verschieden-Motivierte das Ziel beschreiben.

Zu beobachten ist, dass diese Motivationsstrategie stark kontextbezogen ist. Beispielsweise geht jemand bevorzugt immer in das gleiche Restaurant. Er kennt die Speisekarte schon auswendig und bestellt meist den gleichen Wein und das gleiche Hauptgericht, eventuell variiert er schon mal die Vorspeise. Allerdings lebt er in keiner dauerhaften Beziehung. Mal sind es drei Monate, dann auch mal zwei oder drei Jahre. Danach verlässt er die Beziehung, weil sie ihm langweilig wird und er etwas Neues sucht. Er wohnt seit der Geburt am gleichen Ort, hat aber schon im Vertrieb, im Controlling und auch schon in der Produktion unterschiedlicher Unternehmen im Umkreis seines Wohnortes gearbeitet.

Die Extrema dieser Motivationsstrategie finden sich nur selten in Reinkultur. Die Menschen sind eher gleich- oder verschieden-motiviert.

Wer eignet sich besser für die Arbeit im Home Office?

Zunächst fällt dem Gleich-Motivierten der Wechsel ins Home Office schwer. Er würde gerne alles so lassen, wie es ist. Hat er sich an die neue Situation erst einmal gewöhnt, kommt er sehr gut zurecht. Die Eingewöhnung braucht aber Zeit.

Der verschieden-motivierte Mitarbeiter liebt die Abwechslung. Jetzt dauerhaft im Home Office zu arbeiten, ist aber auch nicht sein Ding. Er kann sich gut einen - möglicherweise sogar unsteten - Wechsel zwischen Büro und Home Office vorstellen.

Der Gleich-Motivierte baut sich eine neue Routine auf. Damit wird er zu einem verlässlichen Mitarbeiter. Bedenken Sie, dass jede Veränderung neue Unsicherheit und damit verbunden zunächst einen Leistungseinbruch bedeutet. Meine Empfehlung ist, konsequent einige Routinen einzuführen, die Stabilität für die Gleich-Motivierten schaffen. Diese sollten auch nicht ständig neue Aufgaben bekommen. Geben Sie diese Aufgaben den Verschieden-Motivierten. Die warten nur darauf und fühlen sich durch einen immer gleichen Tagesablauf eher gelangweilt.

Wie kommunizieren Sie effektiv mit Mitarbeitern?

Sprechen Sie mit einem gleich-motivierten Mitarbeiter über Beziehungen und Gemeinsamkeiten. Sie nehmen damit den Stress aus der Aufgabe: „Wie Sie das beim letzten Mal auch abgewickelt haben, können Sie auch diese Aufgabe angehen." Das wiederum wird den verschieden-motivierten Mitarbeiter nicht aus der Reserve locken. Ihn erreichen Sie besser mit: „Dies ist jetzt mal eine neue Aufgabe. Vielleicht mögen Sie hier eine ganz neue Vorgehensweise versuchen."

Wichtig ist aber vor allem, dass der jeweilige Job zur Denkstrategie passt.

5.6.6. Merkmale der Informationsverarbeitung: Detail - Global

Ihr Mitarbeiter kommt aus dem Urlaub zurück. Sie begrüßen sich und fragen ihn: „Wie war der Urlaub?". Der eine antwortet: „Gut." und auf Ihre Bitte „Na, erzählen Sie mal." sagt er: „War wirklich klasse. Wir haben uns gut erholt, Unterkunft und Wetter waren prima." - fertig. Auf die gleiche Frage von Ihnen, beginnt ein anderer zu erzählen: „Also, das war ja so. Wir sind mit dem Taxi zum Flughafen gefahren, weil die S-Bahn, mit der wir eigentlich fahren wollten, die kam nicht. Ich glaube, die Bahnfahrer haben gestreikt, weil sie wohl mehr Geld für die nachts-fahrenden Mitarbeiter haben wollten. Jedenfalls sind wir mit dem Taxi zum Flughafen, eigentlich mit zweien. Weil drei Kinder und die ganzen Koffer und das Handgepäck ... Und dann hatte sich der eine Taxifahrer auch noch verfahren, weil er meinte, dass dieser andere Weg doch kürzer sei. ..." Wenn Sie die Erzählung jetzt nicht irgendwann unterbrechen, dann sind sie nach zwei Stunden beim Imbiss an Bord auf dem Hinflug angekommen.

Sie erkennen, was mit detail-orientierten und global-orientierten Denkstrategien gemeint ist. Den Einen fasziniert und motiviert das Detail, den Anderen der Überblick. Ein erfolgreicher Professor der Quantenphysik sollte detail-orientiert sein. Ihm darf in seinen Forschungsprojekten kein noch so kleines Detail entgehen. Der Leiter der Universität sollte jedoch eher global-orientiert sein. Für ihn ist die Entwicklung seiner Hochschule und vielleicht des Forschungsstandortes Deutschland wichtig.

Es gibt Menschen, die eher an übergeordneten Themen interessiert sind. Sie konzipieren gerne und entwickeln grobe Ideen. Sie sind vielfältig interessiert, können jedoch häufig in einzelnen Themen nicht sehr tief argumentieren. Das sind die global-orientierten Menschen. Die detail-orientierten Menschen motiviert es, Details zu beobachten, herauszufinden oder zu beeinflussen. Der größere Zusammenhang ist ihnen mehr oder weniger gleichgültig. Häufig bohren sie sich auch in die Tiefe eines Themas, bei denen andere längst die Ausdauer verloren hätten. Dabei müssen solche Menschen nicht zwangsweise auch prozedural motiviert sein. Optional motivierte Menschen können detail-orientiert sein, es ist in der Praxis aber eher die Ausnahme.

Woran erkennen Sie die Disposition bei Mitarbeitern?

Auf diese Frage gibt es eine fast triviale Antwort: Sie erkennen es an der Länge des Gesprächs. Der detail-orientierte Bewerber ist in seinen Antworten ausführlicher, da er einfach viele Details nennt. Er verschafft dem Zuhörer keinen Überblick. Der global-orientierte Bewerber schafft einen Überblick, spricht Dinge aber in zufälliger Reihenfolge (optional) an und versucht ein Gesamtbild zu vermitteln. Details übergeht er großzügig.

Wer ist für das Arbeiten im Home Office eher geeignet?

Ich sehe in dieser Strategie tatsächlich keine großen Unterschiede. Beides ist möglich. Die Gefahr besteht aber, dass der detail-motivierte sich im Detail verfängt und es damit übertreibt. Es braucht durch die Führungskraft genügend Kontakt, um das frühzeitig zu erkennen. Hier ist es entscheidend, den Mitarbeitern die richtigen Aufgaben zu geben.

Wie kommunizieren Sie effektiv mit Mitarbeitern?

Der detail-orientierte Verkäufer kann einen Kunden sehr tief gehend beraten. Er hat wenig Lust, im Überblick das gesamte Sortiment vorzustellen. Der global-orientierte Marktforscher ist leicht in der Lage, die Geschäftsführung über Markt- und Wettbewerbsverhältnisse zu informieren und Wechselwirkungen zwischen Politik, Finanzen, Wettbewerb und des eigenen Leistungsspektrums aufzuzeigen. Details sind von ihm nicht zu erwarten.

Stellen Sie sich auf Ihren Mitarbeiter ein: Der Detail-Orientierte braucht Details, um ein Problem oder eine Aufgabe zu verstehen und sich dafür zu motivieren. Den Global-Orientierten verschrecken Sie mit Details, er braucht den Überblick und möchte die größeren Zusammenhänge verstehen.

Tendenziell fällt es global-orientierten Mitarbeitern leichter, sich phasenweise mit Details zu beschäftigen, als dass es Detail-Orientierten möglich ist, globaler zu denken. Während es bei den Global-Orientierten eher eine Frage der Motivation ist (sie langweilen Details irgendwann), ist es bei detail-orientierten Mitarbeitern eine Frage der Fähigkeit, in größeren Zusammenhängen zu denken. Meine Vermutung ist, dass Detail-Orientierte unterbewusst von der Grundannahme ausgehen, dass sie, bei der Auseinandersetzung mit angrenzenden Themen, diese jeweils auch im Detail beherrschen müssten, bevor sie auf globalerer Ebene mitreden können. Daraus erkennen Sie, wie immens wichtig die Passung zwischen Stelle (Aufgabe) und Stelleninhaber ist.

5.6.7. Konformität der Motivation: Gehorsam - Renitent

Der Gehorsame erzeugt Kongruenz zwischen dem, was von ihm gefordert wird (bzw. was er sich selbst zum Ziel gesetzt hat) und dem, was er schließlich tut. Er tut das, was wir von ihm erwarten. Der Renitente ist der, der für das, was von ihm gefordert wird, keine innere Motivation aufbaut und zunächst opponiert. Einige Menschen sind renitent gegen sich selbst: Sie nehmen sich etwas vor und tun es dann nicht oder müssen sich sehr dazu zwingen. Dieses Verhalten erinnert an die Pubertät: Der Wunsch der Mutter, dass das Kind das Zimmer aufräumt, schafft keinen inneren Antrieb. Das Zimmer bleibt unaufgeräumt. Je nach Ausprägung hilft hier häufig nicht einmal die Androhung von Konsequenzen oder Strafen.

Woran erkennen Sie die Disposition bei Mitarbeitern?

Gehorsame folgen in der Regel eher (aber nicht unbedingt) einer gleich-motivierten Strategie. Sie identifizieren sich mit Zielen sehr stark und verfolgen diese konsequent. Im Gespräch sind es eher die (positiv verstandenen) Ja-Sager. Tendenziell hinterfragen sie kaum das Ziel oder die Aufgabe. Oft ist eine hohe innere Beteiligung oder Identifikation zu erkennen.

Renitente erkennen Sie am Widerspruch. Ohne diese Motivationsstrategie negativ zu bewerten, gehören sie in vielen Aufgaben zu den erfolgloseren Menschen. Dies resultiert daraus, dass erfolglose Menschen häufig auch gegen sich selbst renitent sind. Sobald einem Menschen das jedoch bewusst ist, kann er sehr gut gegensteuern. Als Entschuldigung für Erfolglosigkeit werde ich das aber nicht zulassen.

Wer ist besser für die Arbeit im Home Office geeignet?

Das ist ganz klar der Gehorsame. Nimmt er sich etwas vor oder bekommt er von Ihnen eine Aufgabe, wird er diese gehorsam abarbeiten. Der Renitente wird opponieren und Sie können nicht sicher sein, dass er Ihren Auftrag erledigt.

Wie kommunizieren Sie effektiv mit Mitarbeitern?

Die Kommunikation mit Gehorsamen stellt in der Regel keine besondere Herausforderung dar. Anweisungen, Vorschläge und Aufgaben werden von ihnen aufgegriffen und umgesetzt. Von Ihnen gesetzte Ziele werden wie selbstverständlich verfolgt und erreicht.

Hinsichtlich des Umgangs mit Renitenten möchte ich die Kommunikation am Beispiel eines pubertären Kindes beschreiben. Die Mutter bittet das Kind, den Müll raus zu bringen. Schon am Gesicht des Kindes erkennt die Mutter, dass sie sich diese Bitte auch hätte sparen können. Und tatsächlich passiert nichts. Als der Vater vor der Arbeit nach Hause gekommen ist, wiederholt die Mutter die Bitte erneut. „Bitte bring den Müll jetzt raus." und sie hofft, dass ihr Mann diese Bitte noch mit eigenen, stärkeren Worten unterstützt. Stattdessen sagt ihr Mann zu ihr: „Das schafft unser Sohn sowieso nicht." Nach wenigen Minuten bringt das Kind den Müll raus.

Von mir selbst weiß ich, dass ich zumindest in einigen Themen renitent gegen mich selbst bin. Bestimmte Dinge nehme ich mir vor und tue sie dann aber doch nicht. Gelegentlich esse ich zu Hause mit meiner Frau zu Mittag. Oft kommt dann anschließend der Wunsch auf, einen kurzen Mittagsschlaf (power nap) zu halten. Ich sage meiner Frau, dass ich mich gleich ein bisschen auf das Sofa lege. Zwei Stunden später sitze ich an meinem Arbeitsplatz und denke: „Du wolltest Dich doch hingelegt haben ..."

Im Umgang mit renitenten Mitarbeitern werden Sie nicht das bekommen, worum sie bitten. Schwächen Sie Ihre Bitte einfach ab, in dem Sie sagen: „Vermutlich schaffen Sie es nicht, mir diese Aufstellung bis morgen früh zu erstellen." Oder: „Sie haben vermutlich gute Gründe, den Kunden XYZ nicht so bald wieder zu besuchen." Oder: „Im letzten Projekt hat Herr X eine super gute und von vielen gelobte Abschlussdokumentation angefertigt, die schon bei Inbetriebnahme der Software allen zur Verfügung stand. Ich weiß, dass Sie dieses Projekt sehr zügig realisiert haben und ich bin Ihnen dafür sehr dankbar. Sie haben noch viele andere Dinge zu tun. Vielleicht sollte ich die Abschlussdokumentation einem anderen Mitarbeiter übertragen."

> Kleiner Spaß am Rande: Sagt die Frau zu Ihrem Mann, als er nach Hause kommt: „Ich war heute mit Eva Kaffee trinken. Da sagt die doch tatsächlich: ‚Nur echte Männer schaffen es, ihrer Frau regelmäßig Blumen zu schenken.' Ich musste dabei so herzhaft lachen, dass ich mir den Kaffee über die Bluse gegossen habe. - Wie war Dein Tag?"

Bezüglich der Führung von renitenten Mitarbeitern empfehle ich, dies zu Ihrem Hobby zu machen. Es ist so spannend, Formulierungen auszuprobieren und die Reaktion zu beobachten. Haben Sie Spaß daran, mit der Sprache kreativ umzugehen. Sie werden schnell große Fortschritte erkennen.

Sollten Sie selbst betroffen sein, dann ist das weder negativ noch schlecht. Schlecht ist es lediglich, wenn Sie das von sich selbst nicht wüssten. Sobald Sie es aber wissen, entwickeln Sie eigene Strategien, damit erfolgreicher umzugehen.

Im Übrigen: Erfolgreiche Führungskräfte folgen renitenten Motivationsstrategien. Warum? Stellen Sie sich vor, Sie geben eine Anweisung und Ihr Mitarbeiter sagt: „Chef, das geht nicht." Die gehorsame

Führungskraft würde sagen: „Okay, wenn Du das sagst ...". Hilfreich wäre aber, wenn Sie als Führungskraft sagen: „Wetten, dass das doch geht? ..."

5.6.8. Arbeitsorganisation: Menschen - Aufgaben

In dieser Motivationsstruktur liegt wohl der wesentliche Unterschied zwischen anschluss- und leistungsorientierten Menschen. Den einen motivieren Menschen, den anderen Aufgaben. Personenbezogene Menschen achten auf Stimmungen, Gefühle und Emotionen. Sie schaffen es leicht (und es motiviert sie), sich in andere Menschen hineinzudenken, sie sind emphatisch.

Aufgabenbezogene Menschen beschäftigen sich lieber mit (emotionsfreien) Aufgaben. Es motiviert sie, Aufgaben zu lösen und sich mit Gegenständen, Werkzeugen und Produkten zu beschäftigen. Haben solche Menschen mit anderen Menschen zu tun, so behandeln sie diese tendenziell eher als Sache. Empathie ist Ihnen fremd, es geht um die Sache.

Woran erkennen Sie die Disposition bei Mitarbeitern?

Nehmen wir an, Sie stehen vor der Wahl, eine wichtige Aufgabe für Ihren Chef zu erledigen oder einen Mitarbeiter anzurufen und mit ihm zu besprechen, wie er gerade im Home Office zurecht kommt. Was tun Sie, falls Sie nur eines tun könnten? Oder was würden Sie als erstes tun?

Ich habe mal einen Programmierer kennen gelernt, der sein Telefon nahezu nicht brauchte und auch sonst sein Büro nicht verließ. Er machte eine ganz hervorragende Arbeit. Sein Chef lud ihn gelegentlich mit zu Besprechungen ein, was er aber auch hätte sein lassen können. Seine Kollegen mussten ihn sehr gezielt fragen, um überhaupt eine Antwort zu bekommen. Nach Feierabend fuhr er an vier Tagen in der Woche zu seinem Handballverein und trainierte dort Kinder und Jugendliche. Das erfuhr ich im Übrigen erst, als wir uns zufällig auf einem Stadtteilfest bei einem Glas Bier trafen.

Wer ist besser für die Arbeit im Home Office geeignet?

Der aufgaben-motivierte Mitarbeiter kommt mit der Arbeit im Home Office besser klar, als der Menschen-Motivierte. Letzter braucht den Kontakt zu Menschen um sich herum, für die oder mit denen er etwas tun kann. Für ihn ist Interaktion und Kommunikation wichtig. Das lässt sich auch aus dem Home Office heraus bewerkstelligen, ist aber technisch bedingt stärker eingeschränkt. Telefonisch sehen wir den anderen nicht, nehmen deshalb deutlich weniger Stimmung und Emotion wahr. Selbst in Video-Konferenzen oder beim facetimen bleiben viele unbewusste Informationen auf der Strecke. Den Aufgaben-Motivierten interessiert das nicht. Dennoch besteht auch bei ihm die Gefahr, zu vereinsamen, wenn er kommunikativ nicht häufig genug eingebunden wird. Zwar würde er bewusst kaum etwas vermissen. Dennoch ist auch er ein soziales Wesen und braucht einen gewissen menschlichen Kontakt.

Wie kommunizieren Sie effektiv mit Mitarbeitern?

Auch hier gilt, dass der Job zum Menschen passen muss. Da wir heute kaum noch Jobs kennen, die ohne soziale Kontakte möglich sind, wäre eine gleichermaßen menschen- wie aufgabenbezogene Motivationsstrategie hilfreich. Da Rodger Bailey für den Arbeitskontext herausfand, dass im Arbeitskontext etwa 55 Prozent der Menschen eher aufgabenbezogen motiviert sind, ist die große Nachfrage nach Kommunikationsseminaren absolut verständlich.[32]

Für menschenbezogen motivierte Mitarbeiter ist es wichtig, dass Sie Namen verwenden. Sprechen Sie mit *Sie* und nicht mit *man*, stellen Sie die Vorteile für *unser Team*, *für Thorben Meier* oder *unsere Kunden* (und nicht für das Unternehmen oder den Markt) heraus. Sprechen Sie (ohne sich zu verbiegen) auch über Gefühle und Emotionen.

Mit aufgabenbezogen motivierten Mitarbeitern sprechen Sie besser über Dinge, Systeme, Aufgaben, Ziele oder Prozesse. Da sind Aufgaben zu erledigen, Dinge zu bewegen, Herausforderungen zu meistern usw.. Zahlen, Daten, Fakten verstärken die Motivation. Die Befindlichkeit anderer Menschen interessiert nicht. Es geht um die Sache.

---

[32] *Charvet, Shelle Rose (2010): Wort sei Dank. Von der Anwendung und Wirkung effektiver Sprachmuster. Junfermann Verlag, Paderborn. Seite 157.*

6. GESUNDHEIT

Dieses Thema in einem Buch über Remote Leadership?

Bereits 2019, also vor der Corona-Krise, zeigte das wissenschaftliche Institut der AOK in einer Studie, dass Home Office die psychische Belastung von Mitarbeitenden deutlich steigert.[33]

Wechselt ein Mitarbeiter ins Home Office, wird er sicherlich nicht sofort krank. Aber auf Dauer besteht diese Belastung und deshalb sollten sich Führungskräfte mit diesem Thema auseinandersetzen.

In diesem Kapitel richte ich den Blick auf das Thema Gesundheit und zwar nicht mit einem pathogenetischen Blick. Ich zeige Möglichkeiten

---

[33] Badura, Bernhard et al. (2019): Fehlzeiten-Report 2019. Digitalisierung - gesundes Arbeiten ermöglichen. Springer-Verlag, Berlin.

auf, wie Sie als Führungskraft dafür sorgen können, dass Arbeit im Home Office bzw. bei remote work auch gesundheitlich positiv gestaltet werden kann. Wenn Sie es eilig haben, überspringen Sie dieses Kapitel zunächst. Zum Gesamtverständnis stelle ich aber einige Aspekte vor, die Ihnen die Umsetzung im Führungsalltag erleichtert.

6.1. Begriffe und Definitionen

„Wie geht es dir?" - eine häufig gestellte Frage, wenn sich zwei Menschen nach einer mehr oder weniger langen Zeit wiedersehen. Auch wenn diese Frage oft platonisch wirkt, liegt ihre Basis im Interesse am anderen, an seinem Wohlergehen und vor allem an seiner Gesundheit. Und beantwortet wird diese Frage überwiegend mit gesundheitlichen Details.

Gesundheit spielt im Leben der Menschen eine zentrale Rolle. Bei jungen und/oder gesunden Menschen ist sie fast kein Thema, während sie bei alten und/oder kranken Menschen alles bestimmend wird. Ist Gesundheit also selbstverständlich? Kümmern wir uns um Gesundheit nur, wenn sie fehlt?

Was ist Gesundheit?

Die Weltgesundheitsorganisation (WHO) definierte 1946 den Begriff als

> „Zustand vollkommenen körperlichen, psychischen und sozialen Wohlbefindens und nicht allein das Fehlen von Krankheit und Gebrechen."[34]

Gesundheit ist nach dieser Definition nichts objektives, sondern eine subjektive Wahrnehmung des Individuums. Krankheit wird in der Medizin häufig - meist eingeschränkt auf körperliche und psychische Symptome - an objektiven Kriterien festgemacht. Beispielsweise gibt es Grenzwerte für Cholesterin oder Blutdruck, die bei Überschreitung zu

---

[34] *Verfassung der Weltgesundheitsorganisation. Deutsche Übersetzung. Stand 6. Juli 2020. Seite 1*

entsprechenden Krankheitsdiagnosen führen. Soziales Wohlbefinden lässt die Medizin - heute noch - weitgehend unberücksichtigt.

Der Soziologe Talcott Parsons versteht Gesundheit als einen Zustand optimaler Leistungsfähigkeit eines Individuums für die wirksame Erfüllung der Rollen und Aufgaben, für die es sozialisiert wurde.[35] Daraus lässt sich auch ableiten, dass es für verschiedene Rollen (Schüler, Vater, Vereinsvorsitzender, Angestellter usw.) unterschiedliche Krankheits- und Gesundheitswahrnehmungen geben könnte. Beispielsweise könnte ein Schüler in der Schule voll leistungsfähig, in der Rolle als Klavierschüler am Nachmittag in der Musikschule, die er nur auf Wunsch der Eltern besucht, nicht voll leistungsfähig sein.

Dieser Aspekt spielt bei der Einschätzung psychischer Gesundheit im Erwerbsleben eine wichtige Rolle. Mitarbeiter sind zu beobachten, die in ihrer Freizeit - beispielsweise im Vereinsleben - grandiose Leistungen zeigen. Bei ähnlichen Aufgaben im Unternehmen sind sie psychisch blockiert und in ihrer Denkfähigkeit eingeschränkt.

---

[35] *https://de.wikipedia.org/wiki/Gesundheit* (05.02.2021)

6.2. Entwicklung des Krankenstandes

Statistisch gesehen ist der Krankenstand der prozentuale Anteil an durch Krankheit ausgefallener Arbeitszeit. Ein Blick in die statistischen Werte zeigt, dass es einerseits verschiedene Erfassungsstellen und andererseits auch verschiedene Erfassungsmethoden gibt. Zunächst vermutet man, dass das Bundesministerium für Gesundheit (BMG) eine verlässliche Datenbasis zur Verfügung stellt. Bei genauerer Betrachtung ist dies nicht der Fall. Das BMG erhält von den Krankenkassen jeweils nur die Information, wie viele pflichtversicherte Arbeitnehmer am jeweiligen Monatsersten krank waren. Dies hat zwei statistisch relevante Probleme:

Der Monatserste fällt in Deutschland auf zwei Feiertage (Neujahr und 1. Mai). Krankmeldungen an diesen Tagen sind deutlich niedriger. In einigen Bundesländern ist beispielsweise auch der 1. November ein Feiertag. Außerdem fällt der Monatserste hin und wieder auf einen Sonntag oder einen anderen Feiertag.

Ein weiteres Problem, das hinsichtlich der absoluten Höhe auftaucht ist, dass die Krankenkassen nur die Meldung von Arbeitsunfähigkeit (AU-Bescheinigung) erfassen. In der Regel hat der Arbeitnehmer seine Arbeitsunfähigkeit erst nach dem dritten Krankheitstag nachzuweisen. Sog. Kurzerkrankungen werden statistisch nicht erfasst.

Darüber hinaus werden nur Arbeitsunfähigkeiten von Mitgliedern der gesetzlichen Krankenkassen erfasst, nicht jedoch von Mitgliedern der privaten Krankenkassen. Da besserverdienende Mitarbeiter (Führungskräfte) tendenziell seltener und/oder weniger lange krank sind, fehlt dieses Korrektiv in der Statistik.

Auch die statistischen Landesämter erfassen Krankenstände. Und natürlich erfassen die Arbeitgeber selbst ihren Krankenstand. Letzteres wäre die einzige Kennzahl, die die Realität exakt widerspiegelt.

Hier betrachten wir nur die Entwicklung des *offziellen* Krankenstandes. Die folgende Grafik zeigt die Entwicklung.

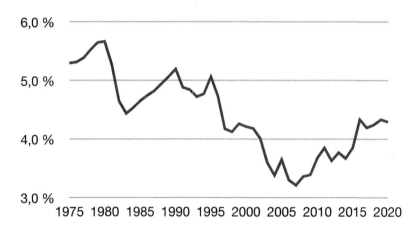

Verlauf der Fehlzeitenquote seit 1975[36]

Der Krankenstand erreichte in 2007 sein historisches Tief. Seitdem steigen die Krankmeldungen mehr oder weniger kontinuierlich an.

Betrachten wir die einzelnen Krankheitsgründe, zeigen sich sehr unterschiedliche Entwicklungen. Das ist für unsere Zwecke sehr bedeutend. Die Diagnosegruppe der psychischen und Verhaltensstörungen nahm deutlich zu. Dies zu diskutieren sprengt hier den Rahmen, zeigt aber, dass es das Hauptthema ist, speziell vor dem Hintergrund von Home Office.

---

[36] *Berichterstattung des Bundesministeriums für Gesundheit, Bonn und Berlin:* [https:// www.bundesgesundheitsministerium.de/themen/krankenversicherung/zahlen-und-fakten-zur-krankenversicherung/mitglieder-und-versicherte.html](https://www.bundesgesundheitsministerium.de/themen/krankenversicherung/zahlen-und-fakten-zur-krankenversicherung/mitglieder-und-versicherte.html)

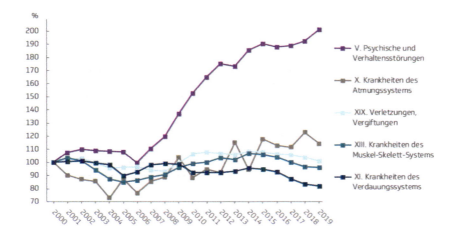

Relative Veränderung der Fehlzeiten in relevanten Diagnosekapiteln[37]

---

[37] Techniker Krankenkasse: Gesundheitsreport 2020, Seite 26, Abbildung 19

6.3. Belastung und Beanspruchung

Warum werden Menschen krank? Dieser Frage kann man sich auf sehr unterschiedlichen Wegen nähern. Wir betrachten diese Frage hier aus einer erweiterten medizinischen Sicht. Danach erkrankt ein Mensch, wenn er nicht mehr in der Lage ist, mit Belastungen adäquat umzugehen.

Belastungen sind alle physischen und psychischen Einflüsse, denen ein Mensch ausgesetzt ist. Beanspruchung ist die tatsächliche Inanspruchnahme der menschlichen Ressourcen, also die unmittelbare Auswirkung auf das Individuum. Belastungen schädigen nicht, Beanspruchungen hingegen schon. Worin liegt der Unterschied?

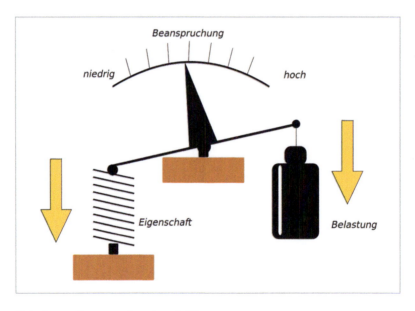

Belastungs-Beanspruchungsmodell[38]

---

[38] https://de.wikipedia.org/wiki/Arbeitsbeanspruchung

Hebt ein Mensch einen Gegenstand von 10 Kilogramm zweihundertmal am Tag auf einen LKW, dann sprechen wir von einer Belastung. Bei einem jungen, gesunden und durchtrainierten Körper wird diese Belastung kaum zu einer hohen Beanspruchung. Einen Menschen, der nie körperlich gearbeitet hat und auch sonst keinen Sport treibt, beansprucht diese Belastung sehr. Der Schlüssel von der Belastung zur Beanspruchung liegt also in den individuellen Ressourcen. Dies sind einerseits körperliche Ressourcen, wie Alter und körperliche Fitness, andererseits aber auch psychische. Ein Mitarbeiter, der ängstlich ist, empfindet Stress schneller als Belastung, als jemand, der psychisch stabil ist.

Auch soziale Ressourcen sind ein wesentlicher Faktor: Ich habe mit jungen Vätern gesprochen, die mir nach der Geburt ihres ersten Kindes sagten, dass sie den Arbeitsstress jetzt viel besser wegstecken können, als früher. Sie kommen nach Hause, nehmen die Familie in den Arm und es geht ihnen wieder gut. Ein anderer Mitarbeiter, der vielleicht sehr alleine und zurückgezogen lebt, hat diese Ressourcen nicht, grübelt und verarbeitet die belastenden Situationen des Tages noch lange nach.

Belastungen suchen wir uns im Arbeitsleben nicht immer aus. Als Führungskraft können Sie auch nicht jede Belastung von ihren Mitarbeitern fern halten. Die Corona-Pandemie zwang viele Mitarbeiter ins Home Office. Arbeitsveränderungen, Isolation und Angst vor der Zukunft belasteten die Mitarbeiter - mehr oder weniger. Wir hatten aber keine andere Wahl.

Nicht die Belastung macht krank, sondern fehlende Ressourcen, mit den Belastungen adäquat umgehen zu können.

6.4. Pathogenese und Salutogenese

Grundsätzlich stellt sich die Frage, Krankheiten zu heilen oder Gesundheit zu erhalten. Die klassische Medizin und weitgehend das gesamte Gesundheitssystem setzen auf den sog. pathogenetischen Ansatz.

Die **Pathogenese** beschreibt die „Entstehung und Entwicklung einer Krankheit mit allen daran beteiligen Faktoren".[39] Sie erklärt die Veranlagung für Erkrankungen (kausale Pathogenese) sowie den funktionellen und strukturellen Krankheitsprozess (formale Pathogenese).

Die **Salutogenese** betrachtet die Faktoren, die zur Entstehung und Erhaltung von Gesundheit führen. Aaron Antonovsky beschreibt Gesundheit nicht als Zustand, sondern als Prozess. Er beschäftigte sich mit dem Gesundheitspotenzial von Stressoren und sieht in jedem Ereignis eine Chance zur gesundheitlichen Entwicklung, zum Aufbau von Ressourcen. Ihn interessierte in seinen Forschungsarbeiten, warum Menschen trotz zahlreicher Gesundheitsrisiken gesund blieben.

Heute wissen wir, dass Pathogenese und Salutogenese sich gegenseitig sinnvoll ergänzen. Umgangssprachlich mag man Pathogenese als *Mach mich wieder gesund*-Ansatz und Salutogenese als *Wie bleibe ich gesund*-Ansatz, also als Prävention verstehen.

Salutogenese ist zunächst einmal die Antwort auf die Frage, was einen Menschen gesund erhält. Dieses Konzept beschäftigt sich nicht unmittelbar mit Ernährung, Bewegung oder Entspannung. Es findet Antworten eher in den *inneren Überzeugungen.*

---

[39] *https://de.wikipedia.org/wiki/Pathogenese* (05.02.2021)

Antonovsky arbeitete in Israel mit jüdischen Frauen, die den Holocaust überlebt hatten. 29 Prozent dieser Frauen waren physisch und psychisch kerngesund. Antonovsky interessierte, was diese 29 Prozent von den übrigen 71 Prozent unterschied. Er fragte: *Was hielt diese 29 Prozent gesund?*

Die Ergebnisse seiner Studie zeigen, dass es keine äußeren Faktoren, sondern innere Überzeugungen und der sog. sence of coherence oder auch Kohärenzgefühl waren. Antonovsky fasst die Definition dieses Gefühls wie folgt zusammen:

„Das Kohärenzgefühl ist eine globale Orientierung, die ausdrückt, in welchem Ausmaß eine Person ein durchdringendes, dynamisches Gefühl des Vertrauens darauf hat, dass

- die Stimuli, die sich im Verlauf des Lebens aus der inneren und äußeren Umgebung ergeben, strukturiert, vorhersehbar und erklärbar sind;
- die Ressourcen zur Verfügung stehen, um den Anforderungen zu begegnen, die diese Stimuli stellen;
- diese Anforderungen Herausforderungen sind, die Anstrengung und Engagement lohnen."[40]

Grob übersetzt ergeben sich daraus drei Kriterien:

- **Verstehbarkeit** (kognitive Komponente)
- **Handhabbarkeit** (Verhaltenskomponente)
- Sinnhaftigkeit bzw. **Bedeutsamkeit** (emotionale Komponente)

---

[40] *Antonovsky, Aaron (1997): Salutogenese. Zur Entmystifizierung der Gesundheit. dgvt-Verlag, Tübingen. S. 36)*

Diese drei Kriterien bestätigt heute auch die moderne Neurobiologie.[41]

Antonovsky spricht bewusst von einem Gefühl und nicht von einer Faktenlage. Bedenken wir seine Studie, so waren sowohl die gesunden als auch die kranken und gebrechlichen Frauen ähnlichen Faktoren ausgesetzt. Sie waren auch sonst weitgehend vergleichbar, sogar hinsichtlich des Alters.

Der Unterschied lag - neusprachlich ausgedrückt - im mindset, in den inneren Überzeugungen. Die gesunden Frauen ordneten den Wahnsinn des Holocaust anders ein. Sie versuchten ihn zu verstehen (wo es aus meiner Sicht überhaupt nichts zu verstehen gab). Sie sahen Handlungsmöglichkeiten, wo die anderen keine sahen (und wir sind uns sicherlich einig, dass es, wenn überhaupt, nur minimalste Optionen gab). Und die gesunden Frauen erkannten für sich einen Sinn darin, diese Situation irgendwie zu überstehen. Sie hofften auf ihre Rückkehr nach Hause und auf das Wiedersehen von Familie und Freunden.

Vielleicht verstehen Sie die Frauen, die diese Situation überhaupt nicht verstanden, mit ihr auch nicht umgehen konnten und schon gar keinen tieferen Sinn darin sahen. Und ich persönlich habe dafür absolutes Verständnis. Doch um unsere Bewertung geht es hier nicht.

Wir treffen - und jetzt abstrahiere ich bewusst von der Studie von Prof. Antonovsky - immer wieder Menschen, die uns gute Gründe nennen, warum sie etwas nicht verstehen, keinen Zusammenhang erkennen, von Informationen abgeschnitten sind und keine Möglichkeit finden, mit anderen über die Situation zu sprechen. Sie fühlen sich als Opfer. Selbst bei objektiver Betrachtung geben wir diesen Menschen oft Recht.

---

[41] *Roth, Gerhard (2015): Persönlichkeit, Entscheidung und Verhalten. Warum es so schwierig ist, sich und andere zu ändern. Klett-Cotta, Stuttgart. Seiten 296 ff.*

Aber, es hilft ihnen nicht. Die Gesünderen sind - wie wir vereinfachend sagen - die Optimisten. Es sind die, die sich im Zweifel eher etwas einbilden, was nicht da ist, als in völliger Hoffnungslosigkeit unterzugehen. Das ist ein mindset, das wir in frühester Kindheit von den Eltern und uns nahestehenden Menschen gelernt haben und das uns stabil durch unser Leben begleitet. Allerdings lässt es sich verändern. Wir können uns eine neue Überzeugung angewöhnen. Und dafür trägt jeder einzelne ganz persönlich die Verantwortung. Wir müssen keine Opfer unserer Umgebung sein oder bleiben.

In meinen Seminaren versuchen mich oft Führungskräfte von ihren Limitierungen überzeugen. Meist geht es dabei um persönliche Veränderungen. Sie sagen: „Das ist aber schwer."

Vielleicht kennen Sie solche Aussagen auch von sich selbst oder aus Ihrem Umfeld:

„Als Führungskraft haben Sie ja kaum die Möglichkeit, sich gesund zu ernähren. Bei den vielen Geschäftsessen ..."

„Die Mitarbeiter suchen immer nur ihren Vorteil. Da habe ich wenig Einfluss."

„Das ist ja schön, was wir jetzt alles lernen. Aber das in der Praxis dann abzurufen ... Ich habe das wahrscheinlich schon morgen früh wieder alles vergessen."

Liebe Leser, ich greife Sie jetzt mal prophylaktisch an: Hören Sie sich mal einen ganzen Tag lang zu. Wie viele limitierende Äußerungen kommen Ihnen über die Lippen? Und das ist vollkommen verständlich: Wir sind als Kinder zu kritischen Wesen erzogen worden. Gerade vor dem Hintergrund mancher Entwicklung im letzten Jahrhundert und den schrecklichen Folgen daraus, ist das absolut richtig. Fanatismus und blindes Hinterhertrotten richtet immer Schaden an. Allerdings tun wir genau das jetzt auch wieder.

Nehmen wir ein Beispiel:

Während ich diese Zeilen schreibe, ist es Winter. Die Nächte sind kühl und die Tage oft nass oder gar regnerisch (Schnee kennen wir im Rheinland kaum!). Tageslicht bekommen wir kaum ab, denn es ist morgens auf dem Weg zur Arbeit noch und auf dem Nachhauseweg am Abend schon wieder dunkel. Und dann hören wir in der Werbung im Autoradio, was wir gegen die gerade über uns hereinbrechende Erkältungswelle unternehmen können: irgendein rezeptfreies Medikament. Wir entscheiden, das erst mal nicht zu nehmen, aber wir kaufen es uns sicherheitshalber schon mal. Damit halten wir die Erkältung mindestens für möglich. Wie lange brauchen Sie dann noch, bis Sie krank sind? Sie haben für die Krankheit auf jeden Fall schon mal alle Vorbereitungen getroffen. Und mal ehrlich: Zwei Erkältungen im Jahr sind doch normal, oder? Eine ordentliche Sommergrippe und im Herbst dann drei Wochen Husten, Schnupfen, Heiserkeit. Am besten lassen Sie sich dagegen impfen. Das schützt zwar nicht, aber Ärzte und die pharmazeutische Industrie wollen ja auch leben.

Wenn Sie beabsichtigen, krank zu werden, sollten Sie auch regelmäßig den Krankheiten-Bestell-Katalog lesen. Das ist das Magazin, das es in der Apotheke zum Einkauf dazu gibt. Dort werden Krankheiten erklärt und vor allem, wie man sie bekommen kann. Meist gibt es tolle Bilder dazu, wie eine Krankheit konkret aussieht. Es fehlt nur die Bestellkarte am Ende des Magazins. Aber das macht Ihr neuronales Netzwerk schon von alleine. Denn das, was das Gehirn denkt, versucht es zu realisieren. Schade, falls Sie das im Bezug auf Krankheit trainieren.

Krankheit ist fokussierte Aufmerksamkeit und damit konstruiert., so hat es Gunther Schmidt in einem seiner Seminare provokativ geäußert. Und ich weiß, dass diese Aussage stimmt. Dazu finden wir kaum Zustimmung, weil es unbequem ist.

Ich persönlich habe im Übrigen alle drei bis fünf Jahre eine Erkältung, die nach maximal drei Tagen, meist nach einem halben Tag vorüber ist. Ja, Sie haben Recht: Ich bilde mir das nur ein. Das ist ja optimistisches Geschwätz, die harte Realität ist einfach viel grausamer. Dazu kann ich nur sagen: Sie wählen - Sie alleine. Und Sie bezahlen auch.

Sie haben im Zweifel absolut stichfeste Beweise, warum Optimismus in einer bestimmten Situation nicht angemessen bzw. Pessimismus doch wohl absolut verständlich ist. Und mir geht es dabei nicht um Verständnis. Es geht darum, ob Sie gesund bleiben. Und nach Antonovksy bleibt der gesund (oder gesünder), der subjektiv das Gefühl hat, seine Umgebung und Situation zu verstehen, glaubt, handlungsfähig zu sein und bei allen erforderlichen Bemühungen glaubt, einen Sinn zu erkennen.

Wie oft fühlen wir uns als Opfer von z. B. unternehmerischen Entscheidungen, Opfer von Kunden- oder Lieferanten-Entscheidungen mit wenig nachvollziehbaren Gründen. Und wir können nichts dagegen tun. Wirklich nicht?

Das Erste, was Sie tun können ist, zu überlegen, was das Gute an der Situation ist, welchen Sinn Sie darin erkennen könnten, wenn Sie es wirklich wollten und welche Handlungsmöglichkeiten es für Sie gibt. Und darin können Sie Ihren Mitarbeitern ein Vorbild sein und diese darin anleiten, es auch so zu tun.

Die Biografie von Lance Armstrong, dem siebenmaligen, inzwischen aberkannten, Tour de France-Sieger beschreibt auf eine sehr eindrucksvolle Weise, wie er mit der Diagnose Krebs umgegangen ist. Er hat viel mehr Sport getrieben, als die meisten in seinem Umfeld. Er ist ernährungsphysiologisch sicherlich bestens betreut worden. Er hatte Ärzte, Therapeuten und Berater an seiner Seite. Trotzdem: Krebs. Opfer! Viele Menschen fallen an dieser Stelle in ein tiefes Loch und sind sich sicher, dass sie davon sterben werden. Sie malen sich das Schlimmste aus und wissen, dass die Ärzte den Krebs vorher noch operieren und den Körper mit Chemie voll pumpen und bestrahlen. Lance Armstrong begann sofort damit, alle Informationen zu dieser Krankheit zu sammeln, die er bekommen konnte. Er versuchte absolute Transparenz über Behandlungs- und Therapiemöglichkeiten herzustellen. Und er war sicher, dass er handlungsfähig ist und bleiben wird. Den Aufwand, den er dazu auf sich zukommen sah, schätze er als sinnvoll ein. Er wollte leben, Radfahren, alt werden. Da machte jeder Aufwand für ihn Sinn. Das war der Grund, warum er gute Heilungschancen hatte.

Diese Art zu Denken ist eine Grundhaltung, eine innere Haltung. Und Sie können diese Haltung erlernen. Schritt für Schritt. Und Sie können diese Haltung auch bei Ihren Mitarbeitern fördern.

Mit diesem Gedanken möchte ich dieses Kapitel schließen. Einige der vorne bereits ausgeführten Grundprinzipien Neuro*logischer* Führung unterstützen den salutogenetischen Ansatz. Verstehbarkeit sorgt dafür, dass die Mitarbeiter Dinge in einen größeren Zusammenhang einbetten können. Partizipation lässt die Mitarbeiter handlungsfähig sein und sich einbringen, Dinge mitzugestalten. Würdigung und Feedback geben (positive) Rückkopplung zu den eigenen Bemühungen. Eigene Stärken und Talente beweisen, lässt die Selbstwirksamkeitsüberzeugungen wachsen und positives Denken sorgt für ein gesundes Arbeitsklima. Die Grundprinzipien auch auf Distanz zu fördern, sollte also auch aus gesundheitlicher Sicht eine der Hauptaufgaben von Führung sein. Auf die konkrete Anwendung gehe ich nachfolgend noch ein.

Verstehbarkeit, Handhabbarkeit und Bedeutsamkeit (Sinnhaftigkeit) sind die salutogenetischen Faktoren gesunderhaltender Führung. Sie sind Gegenstand der neun Grundprinzipien Neuro*logischer* Führung.

---

7. FÜHRUNGSAUFGABEN AUF DISTANZ

Zunächst haben Sie auf Distanz die gleichen Führungsaufgaben zu erfüllen, wie in jeder anderen Führungssituation. Einige Aufgaben sind auf Distanz schwieriger, anders, intensiver oder weniger intensiv zu erfüllen. Insofern reflektiere ich hier kurz den generellen Führungsprozess und gehe dann auf die besondere Situation von Remote Leadership ein.

Mit meinem neuro*logischen* Führungsprozesses verstehe ich Führung ganzheitlich. Die einzelnen Aufgaben stehen in einem systematischen Zusammenhang. Auch wenn mir in der Praxis oft gesagt wird, dass man sich mit Vision nur ganz oben beschäftigt und Strategie und Mission eher übergeordnete Führungsaufgaben sind, möchte ich dem widersprechen. Aus meiner Sicht sind auf allen Führungsebenen alle Führungsaufgaben zu erfüllen. Lässt man auch nur eine weg, wird Führung an anderer Stelle ungleich schwieriger, meist sogar unmöglich.

Meine Systematik beinhaltet einerseits Schritte, die zwingend aufeinander folgen müssen: Vision - Mission - Strategie - Ziele. Die weiteren vier Führungsaufgaben lassen sich wirksam nur erfüllen, wenn zuvor die zu erreichenden Ziele formuliert sind. Allerdings gibt es hier keine stringente Reihenfolge, sondern Führungskräfte werden zwischen verschiedenen Aufgaben hin- und herspringen.

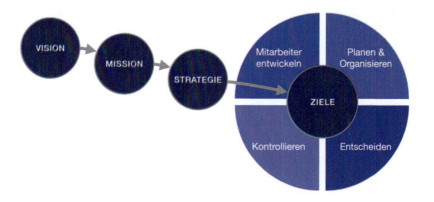

Wenn ich den Prozess von der Vision zu den Zielen als zwingend aufeinander aufbauend beschreibe, meine ich wirklich zwingend. Beispielsweise ist es - aus neuro*logischer* Sicht - nicht möglich Ziele zu formulieren, wenn die Vision nicht klar ist. Vermutlich machen Sie das anders.

Remote Leadership macht Führungsfehler sichtbar, die im regulären Büro viel leichter zu korrigieren sind.

Führungsfehler, die bislang durch die Präsenz der Mitarbeiter vertuscht oder kurzerhand korrigiert werden konnten, werden auf Distanz virulent. Sind Ziele und Aufgaben nicht klar formuliert, lässt sich das nicht mehr unmittelbar kontrollieren und korrigieren. Fehlentwicklungen erkennen Sie zu spät. Mangelndes Vertrauen führt zu Unsicherheit und Stress für beide Seiten. Wenn bislang der Chef qua Position entschieden hat, fehlen ihm jetzt entscheidende Informationen oder er ist in stundenlangen Abstimmungen gebunden. Auf Distanz ist es entscheidend, dass Sie Ihren Führungsjob sehr exakt und gewissenhaft ausführen. Das bedeutet nicht Mehrarbeit, sondern Konsequenz - Ihnen und den Mitarbeitern gegenüber. Und mit Konsequenz meine ich alles andere als Härte!

Ich stelle nachstehend die einzelnen Elemente übersichtsweise vor und gehe danach ausführlich darauf ein.

Vision

Die Vision bestimmt terminunabhängig das große übergeordnete Zielbild, das die Antwort auf das *Warum* einer Organisation, eines Bereiches, eines Teams, ist. Die kann sowohl Unternehmensvision, als auch eine Vision Ihres Verantwortungsbereiches sein. Die leitende Frage ist „*Warum* gibt es das Unternehmen/den Verantwortungsbereich?" Und das *Warum* verstehe ich im Sinne von *Wozu*. Welcher ist der übergeordnete Sinn.

Mission

Ist die Vision festgelegt, definiert das Unternehmen bzw. der Verantwortungsbereich die Mission. Die Mission ist die Antwort auf die Frage „*Was* machen wir hier?"

Strategie

Aus Vision und Mission leiten Sie die Strategie ab, das *Wie*. Hier legen Sie Prozesse, Standards, Qualitätsansprüche, aber auch Werte und Regeln fest.

Ziele

Sobald Vision, Mission und Strategie definiert sind, lassen sich Ziele formulieren. Ziele sind Teilelemente der Vision, die einen Termin haben. Oft werden sie als Jahres- oder Quartalsziele festgeschrieben.

Planen & Organisieren

Sind die Ziele definiert, geht es daran, deren Zielerreichung zu planen und zu organisieren. Oft ist in der Praxis dieser Schritt nicht an Zielen orientiert. Dann wird zum Selbstzweck geplant und organisiert. Und das muss oft kurzfristig wieder korrigiert werden.

Entscheiden

Dieser Schritt ist nicht zwangsläufig in einen linearen Führungsprozess eingeordnet. Unabdingbar ist jedoch, dass nur dann entschieden werden kann, wenn die Ziele klar sind. Dieser Anspruch ist in der Praxis oft nicht erfüllt. Da wird entschieden, obwohl die Ziele unklar sind. Und das führt dazu, dass Entscheidungen wieder revidiert werden müssen.

Kontrollieren

Auch dieser Schritt ist nicht zwangsweise linear eingebunden. Aber es ist unabdingbar, dass das Ziel klar sein muss. Sind die Ziele unklar, führt das an dieser Stelle zu endlosen Diskussionen.

Mitarbeiter auswählen & entwickeln

Dieser Schritt lässt sich vielleicht auch unter „Planen & Organisieren" subsummieren. Da er aber aus meiner Sicht ein sehr zentrales Element ist, führe ich ihn separat ein. Das ist auch der Tatsache geschuldet, dass ich viele Jahre Recruiter, Personalentwickler und Personalleiter war und deshalb hierzu ein gewisses Selbstverständnis entwickelt habe. Dieser Schritt wird oft, und meines Erachtens zu oft, an die Personalabteilung oder die Personalentwicklung delegiert. Trotz meiner Vergangenheit sehe ich diese Aufgabe aber als eine zentrale Führungsaufgabe und lasse Führungskräfte hier nicht aus der Verantwortung.

7.1. Vision

Visionen zu haben, passt nicht in unsere Gesellschaft und unsere Zeit. Fangen wir bei der Bundesregierung an. Wenn diese eine Vision hätte, könnte sie sagen, wie Deutschland in 50 Jahren aussieht. Die meisten amtierenden Politiker leben dann nicht mehr. Dazwischen liegen zahlreiche Wahlen, die die unmittelbare Aufmerksamkeit erfordern. Politik eignet sich also nicht für Visionen? Ich glaube schon. Allerdings lenkt das von der eigenen Person ab und auf ein größeres Ganzes hin. Und das interessiert ego- und machtgetriebene Politiker nicht.

Da Politik nicht mein Thema ist, schauen wir auf Unternehmen und Organisationen. Gibt es für Ihr Unternehmen eine Vision? Was ist überhaupt eine Vision?

Eine Vision ist ein (konstruiertes) Bild von einem erwünschten oder beabsichtigten Zustand. Jedem denkenden Menschen ist es möglich, ein Bild von der Zukunft in seinem Kopf zu erzeugen. Sie könnten sich beispielsweise jetzt in diesem Augenblick einen Moment Ihres nächsten Urlaubs ausmalen. Sie wissen noch nicht genau, wie es dort aussieht, weil Sie vielleicht noch nie dort waren. Aber in Ihrem Kopfkino bauen Sie einen Strand und Wasser, Sand, Liegen, Sonnenschirme und was immer in dieses Bild ein. Es ist Ihrem Gehirn möglich. Sie könnten sich in diesem Augenblick auch den Biss in eine Zitrone vorstellen. Ihre Gesichtszüge verziehen sich und der Speichel fließt. Sie müssten das nicht live erleben, alleine die Vorstellung lässt Ihren Körper und/oder Geist reagieren.

Hier kommt eine Besonderheit unseres Gehirns zum Tragen, und die ist mir sehr wichtig, weil sie entscheidend für den Führungsprozess ist: Während wir uns in unserem Gehirn ein Zukunftsbild vorstellen, tut es so, als wäre es real.

> **Unser Gehirn kann nicht zwischen Imagination und Realität unterscheiden.**

Sprechen Sie mit einer jungen Frau, die kurz vor ihrer Hochzeit steht, über das Hochzeitsfest, das Kleid, den Brautstrauß oder was auch immer. Sie sehen am Gesicht, dass das Gehirn mitten im Hochzeitstag angekommen ist, obwohl es noch ein paar Wochen oder Monate dauert.

Leider trainieren die meisten Menschen, sich Horrorszenarien vorzustellen. Sie stellen sich vor, wie sie krank werden, pleite sind, einen Unfall erleiden oder ewig Single sind. Sie glauben, dass alle Männer doof sind und sie sowieso nur enttäuschen und malen sich genau diese Situation immer und immer wieder aus.

Dabei kommt ein zweiter wichtiger neurobiologischer Aspekt zum Tragen:

> **Das Gehirn versucht das zu realisieren, was es überwiegend denkt.**

Dabei ist der unbewusste Anteil in unserem Gehirn völlig übermächtig. Die Frau, die glaubt, dass alle Männer doof sind und eh nur das Eine wollen, wird sich in einer Begegnung mit einem Mann auch genauso verhalten, um Enttäuschung zu verhindern und die eigene Überzeugung zu bestätigen.

Warum sind Kinder von erfolgreichen Menschen fast immer auch erfolgreich? Ihr Gehirn kennt nichts anderes, als erfolgreich zu sein.

Es ist das, was sie seit der Geburt erleben und denken. Die Kinder armer Eltern werden selten zu wirklich reichen Menschen. Und natürlich gibt es in beiden Szenarien Ausnahmen.

Eine Vision zu entwickeln und sie zur handlungsleitenden Maxime zu machen, lenkt das Handeln aller Organisationsmitglieder. Es lenkt Wahrnehmung, Kreativität und viele andere erfolgswirksame Komponenten.

Wichtig für Ihre Vision ist, dass sie eine emotionale Komponente enthält. Fragen Sie sich also, wie ein ideales Zukunftsbild aussieht und vor allem, wie es sich anfühlt.

7.2. Mission

Sobald Sie die Vision formuliert haben, wenden Sie sich der Mission zu. Während die Vision das *Warum* ist, ist die Mission das *Was*. Was tun Sie in Ihrer Vision? Es geht hier darum, was Sie im Zielzustand, also wenn die Vision real ist, tun.

Der Begriff kommt von *missio*, was soviel heißt wie *Sendung* oder *Auftrag*. *Was* ist der Auftrag Ihres Unternehmens, Ihres Verantwortungsbereiches innerhalb Ihrer Vision. Was genau tun Sie? Mir ist bewusst, dass dieser Begriff in der Managementliteratur sehr verschieden verstanden wird. Ich lege mich hier auf das zuvor genannte Verständnis fest.

Aus Sicht der Neuro*logischen* Führung ist entscheidend, dass das, was Sie tun, zwingend Ihrer Vision dient. Damit identifizieren Sie auch, was Sie dann nicht mehr tun. Zu diesen überflüssigen Aufgaben gehören häufig und vor allem Dinge, die der Kontrolle dienen.

Was tun Sie in Ihrem Verantwortungsbereich, weil es irgendwann einmal nötig war und es niemand wieder abgeschafft hat? Sehr erfolgreiche Führungskräfte machen einmal im Jahr eine Aufgaben- oder *Was-Inventur*. Sie zählen nicht PCs und Schreibtische, sondern Aufgaben. Und sie hinterfragen jede einzelne Aufgabe, ob sie geeignet ist, die Vision und die damit verbundenen Ziele zu erreichen. Dazu braucht es Mut.

Ihre Mitarbeiter werden Ihnen sehr dankbar sein, auf dieser Weise entlastet zu werden. Und Sie erziehen Ihre Mitarbeiter, auch unterjährig Aufgaben zu prüfen, ob diese wirklich notwendig sind.

Was genau tun Sie in der Vision? Wie unterscheidet sich das von dem, was Sie heute tun? Wenn Sie später Ziele definieren, werden Sie exakt diese Gaps anschauen und daraus den konkreten (im übrigen sinnerfüllten) Handlungsbedarf ableiten.

Die Mission können Sie mit Ihren Mitarbeitern gemeinsam entwickeln. Dazu muss aber die Vision glasklar und gut kommuniziert sein. Stehen die Mitarbeiter hinter der Vision (und das wäre sehr wünschenswert), dann liefern sie hier selbst wertvolle Beiträge.

Mit der Entwicklung einer Mission ist häufig Veränderung verbunden. Mitarbeiter geben Aufgaben ab, bekommen neue hinzu. Mitarbeiter verlassen angestammte Pfade und gehen neue Wege. Sie müssen dazu die Komfortzone verlassen. Mitarbeiter, die stärker gleich-motiviert sind, mögen das nicht und sind dazu wenig motiviert. Sie leisten Widerstand oder verhalten sich destruktiv. Haben Sie diese Mitarbeiter gut im Blick und gehen Sie mit ihnen gemeinsam kleine Schritte aus der Komfortzone in die Entwicklungszone.

Mitarbeiter identifizieren sich in der Regel mit ihren Aufgaben. Müssen sie diese aufgeben, weil sie nicht (mehr) zur Vision passen, verlieren sie einen Teil ihrer Identität. Das ist schmerzlich und erzeugt Widerstand. Behalten Sie das gut im Blick.

Die Mission beschreibt, *was* **Sie in Ihrem Verantwortungsbereich tun und was nicht (mehr).**

7.3. Strategie

Ich bin kein Spezialist, wie man eine Strategie entwickelt und welche Methoden und Techniken es dazu gibt. In meiner Welt ist die Strategie das *Wie*. *Wie* werden Sie in der real gewordenen Vision arbeiten. *Wie* erreichen Sie Ziele? *Wie* werden Sie miteinander umgehen? Welche Ressourcen, Prozesse, Methoden, Regeln usw. brauchen Sie dazu?

In diesem Schritt geht es nicht um Prozessschritte und konkrete Vorgehensweisen. Es geht um das grundsätzliche *Wie*.

> **Die Strategie beschreibt, *wie* Sie das was grundsätzlich und konkret innerhalb Ihrer Vision umsetzen. *Wie* tun Sie das, *was* Sie tun?**

Wenn Sie in der Mission festgelegt haben, dass Sie definierte Produkte auf dem europäischen Markt verkaufen, legen Sie hier fest, wie Sie das tun. Das könnte beispielsweise sein, dass Sie online, im Direktvertrieb oder über Vertriebspartner verkaufen. Oder Sie legen fest, ob Sie über den Preis oder die Qualität Marktanteile gewinnen wollen. Für einen Verantwortungsbereich legen Sie fest, ob Sie Standard- oder individualisierte Leistungen anbieten. So legt eine Personalabteilung fest, dass die Entgeltabrechnung gegen den allgemeinen Trend weiterhin inhouse erledigt wird. Der Einkauf legt fest, dass commodities über eine externe Einkaufsgemeinschaft oder über einen Online-Anbieter und nur Einzelbestellungen ab einem bestimmten Einkaufswert vom Einkauf beschafft werden.

Sicherlich gehen Sie hier ins Detail. Sie legen fest, wie Sie und Ihr Verantwortungsbereich bestimmte Dinge tun wollen, welche Prioritäten, Werte, Regeln und Prinzipien gelten sollen. Sie definieren

Qualitätsstandards. Eine Personalabteilung bestimmt, dass eine Neueinstellung von der Personalanforderung bis zum Vertragsschluss maximal acht Wochen dauert.

In der Strategie legen Sie fest, welche Ressourcen Ihnen zur Verfügung stehen (werden). Das mag von der jetzigen Situation abweichen. Sie legen fest, welche Kompetenzen Sie und Ihre Mitarbeiter haben (werden), welche Überzeugungen gelten und wer welche Rolle übernimmt. Vielleicht lassen Sie aus der Rollenverteilung zunächst Namen heraus. Einerseits fällt es schwerer, solche Themen personenbezogen im Team zu diskutieren. Andererseits sind Sie auch schnell in Bereichen, die Sie ggf. mit dem Betriebsrat diskutieren müssen. Dennoch sollten Sie sich Gedanken machen, welche Rollen es braucht und welche Rolle Sie selbst dabei übernehmen.

Die Strategie zu entwickeln, ist nicht unbedingt alleinige hoheitliche Aufgabe der Führungskraft. Beziehen Sie gerne Ihre Mitarbeiter mit ein. Das eröffnet Kreativpotenzial und senkt die Überzeugungsschwelle.

Gegenstand der Strategie sind auch Überlegungen zu den Werten. Damit meine ich nicht die Werte, die Ihr Unternehmen auf der Homepage oder in Hochglanzbroschüren formuliert. Ich meine die wirklich gelebten Werte. Und hier sollten Sie, ggf. gemeinsam mit Ihren Mitarbeitern, schonungslos sein. Denn oft erzählen wir - im übrigen auch in privaten Themen - im Brustton innerer Überzeugung von vermeintlichen Werten, die aber objektiv nicht erkennbar sind. In Unternehmen ist das der Normalfall. Gehen Sie deshalb diesen Schritt gemeinsam mit Ihren Mitarbeitern und lassen Sie kritische Äußerungen bewusst zu.

Sobald Sie Werte definiert haben, legen Sie die Regeln hinter den Werten fest. Den Wert Pünktlichkeit definiert jeder anders. Was bedeutet Pünktlichkeit in Ihrem Verantwortungsbereich? Welche Regel müsste ich erfüllen, damit ich pünktlich bin? Zehn Minuten vor der Zeit? Punktum? Oder immer vor dem Chef? Oder ist zehn Minuten später mit einer guten Begründung auch noch pünktlich? Seien Sie an dieser Stelle grundehrlich miteinander.

7.4. Ziele setzen und kommunizieren

Ziele zu setzen ist hoheitliche Führungsaufgabe. Wie schon argumentiert, ist das eine dominante und sehr entscheidende Aufgabe. In diesem Kapitel gehe ich darauf ein, wie Ziele gut formuliert und kommuniziert werden.

Ziele gut zu formulieren ist auf Distanz noch einmal deutlich elementarer: Solange Ihre Mitarbeiter im Büro präsent sind und Sie ihnen Aufgaben geben oder Ziele setzen, können Sie jederzeit nachsteuern, falls der Mitarbeiter die Aufgabe oder das Ziel nicht richtig verstanden hat. Auf Distanz fällt diese Möglichkeit weg und Sie erfahren oft zu spät, dass der Mitarbeiter in eine falsche Richtung unterwegs ist. Deshalb sollten Sie sehr exakt vorgehen und die neuro*logischen* Gütekriterien konsequent anwenden, um Fehlentwicklungen zu vermeiden und Effektivität sicherzustellen.

Mit Ihrer Zielformulierung wollen Sie in das Limbische System des Mitarbeiters eindringen und dort positive Emotionen erzeugen. Der Mitarbeiter soll motiviert sein, das Ziel zu erreichen. Sie wollen, dass er das aus eigenem Antrieb und mit ganzer Hingabe tut, um möglichst effizient ein hohes Niveau zu erreichen.

Dazu formulieren Sie Ziele gehirngerecht - neuro*logisch*. Sicherlich kennen Sie SMART, als Akronym für gut formulierte Ziele. Um Ziele gehirngerecht zu formulieren, habe ich mir dieses Modell angeschaut und aus neurobiologischer Sicht modifiziert bzw. ergänzt. Nachfolgend stelle ich Ihnen die neuro*logischen* Gütekriterien vor.

7.4.1. Ziele positiv formulieren

> Ziele formulieren Sie stets positiv. So graviert sich das Ziel im Gehirn des Mitarbeiters ein.

In Anlehnung an Paul Watzlawick sage ich: Man kann nicht nicht denken. Wir müssen uns Negationen vorstellen, um sie zu verstehen. Der viel zitierte Klassiker ist „Denke nicht an einen rosaroten Elefanten mit einem Klecks Senf auf dem Rüssel." Damit unser Gehirn diesen Satz verstehen kann, stellen wir uns den Elefanten zunächst vor. Erst dann können wir ihn quasi gedanklich durchstreichen, um der Aufforderung zu folgen. Dabei haben wir allerdings bereits an ihn gedacht. Deshalb die Forderung, Ziele positiv zu formulieren: Sagen Sie, was Sie haben wollen.

Diese Forderung ist genauso verständlich, wie selten in der Praxis zu finden. Hören Sie mal Ihren Mitmenschen zu. Ganz häufig sagen sie, was sie nicht haben wollen. Ein markantes Zeichen hoch wirksamer Führungskräfte ist es, sehr exakt und auf den Punkt zu sagen, was sie haben wollen.

Vielleicht haben Sie eine Mitarbeiterin, die einer vermeidenden Motivationsstrategie folgt. Auch dann sollten Sie das Ziel positiv formulieren, ergänzt durch Aspekte des Vermeidens. Ein Beispiel.

> „Bauen Sie eine Datenbank über alle vorhandenen Produktspezifikationen auf. ... Sobald wir diese Datenbank haben, hat sich die elendige Suche nach den Spezifikationen erübrigt."

Hier biete ich dem Mitarbeiter einen Zielzustand an. Sein Gehirn kann sich das vorstellen. Und ich stoße den vermeidenden Anteil an. In diesem Beispiel bekommt der vermeidende Anteil eine emotionale Aufladung: „diese *elendige* Suche".

Folgen Sie selbst einer anstrebenden Strategie, dann sprechen Sie primär und wie selbstverständlich über Ziele. Den letzten Motivationskick für Ihren vermeidenden Mitarbeiter erreichen Sie aber erst, wenn Sie - entgegen Ihrer eigenen Strategie - auch Dinge nennen, die zu vermeiden sind.

Auf Distanz wird dieser Aspekt sehr entscheidend. Demotivation erkennen Sie, falls überhaupt, nur zeitlich verzögert. Deshalb muss der erste Impuls sitzen. Die weiteren Kriterien werden Sie dabei noch unterstützen.

7.4.2. Ziele als Ergebnis formulieren

Dies ist aus meiner Sicht die entscheidendste und mächtigste Ergänzung zu SMART. Formulieren Sie die Ziele (und Aufgaben) als Ergebnis. Zugegeben, das ist für die meisten Menschen ungewohnt und wirkt erst einmal etwas sperrig.

> Die Begeisterung ist dann am Höchsten, wenn wir Ziele erreichen. Deshalb werden Ziele immer als Ergebnis formuliert.

Ziele nicht als Prozess, sondern als Ergebnis zu formulieren, ist eine zwingende Konsequenz neurobiologischer Prozesse und Folge der Entwicklung aus dem Industriezeitalter hin zu Wissensarbeit. Letztere funktioniert kaum nach effizienten Prozessen, schon gar nicht neurobiologisch, sondern nur, wenn Ergebnisse gedacht und angezielt werden. Und unser Gehirn ist genau dafür gemacht, nämlich Probleme zu lösen. Das geht - wie auch Otto Scharmer mit seiner Theorie U zeigt[42] - gut und effizient nur vom Ergebnis her.

Betrachten wir zunächst ein einfaches Beispiel für eine Zielformulierung:

> „Wir haben eine Datenbank mit allen Produktspezifikationen, auf die jeder Außendienstler zugreifen kann, ohne lange suchen zu müssen."

Der spitzfindige (und vermeidend motivierte) Leser wird sagen: Ja, aber das ist ja noch nicht real. Im Moment haben wir diese Datenbank noch gar nicht. Stimmt. Wenn wir aber maximale Motivation bewirken wollen, müssen wir Ziele als Ergebnisse formulieren.

Nehmen wir an, Sie wollten eine neue Sprache lernen, zum Beispiel Spanisch. Sie sagen „Ich lerne jetzt Spanisch." Was geschieht jetzt in Ihrem Gehirn? Es sucht nach vergleichbaren Situationen. Bei mir wäre das die Erfahrung mit dem Englisch lernen in der Schule. Das war sehr mühsam und weitgehend sinnlos, da meine Eltern mit mir immer nach Österreich in den Urlaub fuhren. Es war anstrengend und die Noten in den Klassenarbeiten und Klausuren waren immer hart an der Grenze. Mein Gehirn erzeugt auch die Verbindung zum Französisch lernen. Es erinnert sich an eine tyrannische Lehrerin. Ich fand und finde die Sprache zwar wunderschön, sie zu lernen ist mit extremem Aufwand verbunden.

---

[42] *Scharmer, Claus Otto (2007): Theorie U. Von der Zukunft her führen. Presencing als soziale Technik. Carl-Auer Verlag, Heidelberg.*

Um Spanisch zu lernen, weiß ich in meinem Kopf, dass ich regelmäßig zum Unterricht gehen, Bücher kaufen, Lern-Apps nutzen, regelmäßig zu Hause lernen und über viele Monate und Jahre konsequent sein muss, um dann in Spanien mein Erlerntes anwenden zu können. Vielleicht würde mein Gehirn auch melden, dass die Spanier mich vielleicht gar nicht verstehen oder mich belächeln, weil ich es noch nicht richtig mache. Was würde das alles mit meiner Motivation machen? Richtig, die wäre bei Null.

Sie können das Beispiel auf jede andere Situation übertragen: Abnehmen, Sport machen, gesünder essen usw. Warum scheitern so viele Menschen an Ihren Zielen? Weil Sie sich nur den Weg vorstellen und nicht das Ziel.

Stellen Sie sich vor, Sie sitzen in einer spanischen Bodega, genießen einen guten Wein und Tappas. Sie unterhalten sich fröhlich mit Einheimischen. Sie werden verstanden und verstehen die anderen. Sie lachen gemeinsam, fangen vielleicht sogar an zu flirten. Sie werden gefragt, wo Sie so gutes Spanisch gelernt haben und Sie erzählen, dass Sie eigentlich erst seit neun Monaten lernen, dass es aber viel Spaß macht, vor allem jetzt, wo Sie es anwenden können. Sie werden bewundert und Sie verabreden sich für den nächsten Abend unten am Hafen.

Jetzt haben Sie einen ganzen Film in Ihrem Kopf. Und der motiviert deutlich stärker, als die Vorstellung, nächste Woche zur Volkshochschule zu gehen und sich zum Anfängerkurs anzumelden.

Warum wirkt das so gut? Unser Gehirn unterscheidet nicht zwischen Dingen, die wir uns nur vorstellen oder gerade live erleben. Für Ihr Gehirn reicht es aus, sich die Situation in der Bodega vorzustellen. Sämtliche Hindernisse, die sich auftun, blenden Sie aus, weil Sie ja (scheinbar) das Ziel erreicht haben.

Jetzt werden einige sagen, dass man natürlich auch den dazugehörigen Aufwand treiben muss. Sich das Ziel als Ergebnis nur vorzustellen, reicht nicht aus. Stimmt. Mir geht es hier erst einmal um die Zielformulierung. Außerdem gebe ich Ihnen absolut Recht, dass man je nach Ziel auch viel dafür tun muss. Das fällt aber leichter, wenn das Ziel als Ergebnis klar ist.

Wie wirken diese beiden Zielformulierung auf Sie:

„Einführung eines Qualitätsmanagementsystems nach DIN ISO EN 16949 bis zum 30.09.2021."

„Wir haben am 30.09.2021 ein von allen Mitarbeiterinnen und Mitarbeitern im Unternehmen akzeptiertes und erfolgreich genutztes Qualitätsmanagementsystem nach DIN ISO EN 16949. Damit vermeiden wir 98 Prozent unserer Fehler und sind ein absolut verlässlicher Lieferant für unsere Kunden."

Ich bin mir absolut sicher, dass die zweite Formulierung den Mitarbeiter deutlich stärker motiviert.

Auf Distanz wird dieses Gütekriterium noch entscheidender. Aus der Industrialisierung sind wir gewöhnt, Prozessschritte zu formulieren, die der Mitarbeiter abarbeiten soll. Bei Präsenz können Sie das (möglicherweise) kontrollieren. Und falls der Prozess gut durchdacht ist, erreichen Sie auch großartige Ziele. Sind Ihre Mitarbeiter im Home Office, können Sie die Einhaltung von Prozessen kaum beobachten. Deshalb formulieren Sie Ziele besser als Ergebnis. Damit ist dem Gehirn des Mitarbeiters klar, was das Ergebnis nach all seiner Anstrengung ist.

7.4.3. Ziele herausfordernd formulieren

Das SMART-Modell verlangt realistische Ziele. Aber was ist realistisch? Viel zu oft erlebte ich, dass Ziele (gerade wenn es um Jahresziele mit Tantiemekoppelung geht) viel zu wenig herausfordernd formuliert werden. Das hat gute Gründe. Im Verkauf halten die Beteiligten den Ball flach. Wochenlang beschäftigen sich Vorgesetzte und Mitarbeiter mit Statistiken und Prognosen zur wirtschaftlichen Entwicklung. Gerade die pessimistischen werden zu Rate gezogen, um die eigenen Ziele möglichst niedrig anzusetzen. Im Verkauf habe ich erfahren, dass die formulierten Jahresziele oft in drei bis vier Monaten erreichbar sind. Die Zielformulierungen sind dann zwar *realistisch*, jedoch in keiner Weise *sportlich*. Ihre Mitarbeiter suchen (im angstfreien Raum) jedoch gerne Herausforderungen. Wir brauchen eine neue Lust auf Leistung, wie es Felix von Cube in seinem Buch schreibt und mit Grundmotivationen des Menschen (er spricht von Trieben) argumentiert.[43]

Kommt es wirklich darauf an, rückt ein Team zusammen und spornt sich gegenseitig zu Höchstleistungen an. Das konnten Sie anfänglich in vielen Bereichen des Corona-Shutdown im März und April 2020 sehen. Jeder gab sein Bestes und machte fast übernatürliches möglich. Ich selbst nahm das bei dem Versuch der zunächst feindlichen Übernahme von Thyssen durch Krupp-Hoesch wahr. Plötzlich standen wir alle zusammen, unterstützten uns gegenseitig. Keiner schaute auf die Uhr. Es ging um die Abwendung dieses Angriffs. Sicher kennen Sie ähnliche Situationen.

---

[43] *von Cube, Felix (2005): Lust an Leistung. Die Naturgesetze der Führung. Piper Verlag GmbH, München.*

> Unser Gehirn liebt Herausforderungen. Deshalb sollen Ziele etwas oberhalb des Realistischen liegen. Für Ziele, die wir sicher erreichen, strengen wir uns nicht mehr an.

Einige Leser werden jetzt sagen, dass Organisationen und Mitarbeiter heute schon überlastet sind. Auch weisen einige auf die dramatische Zunahme von psychischen Erkrankungen und Burnout hin. Gewiss, wir sollten Überlastungen vermeiden. Überlastungen entstehen jedoch nicht durch herausfordernde Ziele, sondern durch sinnlose Arbeit. Burnout entsteht, wenn Mitarbeiter Ja sagen, obwohl sie Nein meinen. Sinngetriebene Herausforderungen sind gesundheitsförderlich und höchst motivierend.

Interessanterweise gibt es kaum Unternehmen, die einen wettbewerbsrelativen Wert als Ziel formulieren: „Wir sind am Ende des Geschäftsjahres um 5 Prozent stärker gewachsen, als der Branchendurchschnitt (oder der größte Wettbewerber)." Denn wenn der Markt um 10 Prozent insgesamt gewachsen ist, bedeutet für Sie ein Wachstum von 5 Prozent relativ gesehen einen Rückschritt.

Meine Erfahrung zeigt, dass Ziele, die etwas oberhalb des Realistischen liegen, ungleich höhere Motivation auslösen. Dies hat eine weitere Voraussetzung: Die für die Zielerreichung notwendigen Ressourcen müssen dem Mitarbeiter zur Verfügung stehen oder zu beschaffen sein. Und das bedeutet nichts anderes, als dass Ziele selbst erreichbar sein müssen.

Fragen Sie sich für Ihre eigenen Ziele mal ehrlich: Wenn Sie ‚Vollgas' geben und alle Prioritäten auf das Ziel richten, wie viele Monate benötigen Sie, um Ihr Jahresziel zu erreichen? Vielleicht identifizieren Sie jetzt ein enormes, ungenutztes Potenzial. Das ist auch der Grund, warum in manchen Unternehmen, die *am Rande des Abgrunds* stehen, plötzlich ein enormer Energieschub entsteht. Warum eigentlich erst dann?

Auf Distanz sollten Sie allerdings Ihre Mitarbeiter hinsichtlich Überlastung im Blick haben. Erste Studien zeigen, dass die Mitarbeiter im Home Office länger arbeiten. Falls Sie jetzt von einzelnen Mitarbeiter quasi rund um die Uhr eMails bekommen, sollten Sie bezüglich des Arbeitsverhaltens ein Auge darauf haben. Gerade, wenn es herausfordernde Ziele sind, könnte es zu einer Überlastung einzelner Mitarbeiter führen, vor allem bei denen, die sehr gewissenhaft, gehorsam und im Detail sind.

7.4.4. Ziele terminierbar formulieren

Dieses SMART-Kriterium relativiere ich ein wenig. Ein Ziel muss nicht zwingend terminiert sein, wenn es aufgrund der Größe des Zieles vielleicht gar nicht oder noch nicht möglich ist. Wenn es aber darauf ankommt, muss eine gute Zielformulierung auch terminierbar sein.

Im geschäftlichen Umfeld ist die Terminierung (außerhalb von Projekten) meist das Ende des Geschäftsjahres. Ich empfehle, Termine eher knapp und unterjährig zu setzen. Es zeigt sich in verschiedenen Studien, dass ein Terminhorizont von einem Quartal motivierender ist, als ein Jahr. Jahresziele gehen oft zu Lasten der Effizienz. In der ersten Zeit ist die ‚Deadline' noch weit entfernt und Sie bzw. Ihre Mitarbeiter entwickeln nur wenig Motivation. Und am Ende kommt es dann zu Stress und man ist mehr damit beschäftigt, Argumente zu finden, warum das Ziel nicht erreichbar sein wird, anstatt es zu erreichen.

> Jahresziele sind wenig geeignet, zu motivieren. Unserem Gehirn ist das zu langfristig. Besser ist es, Ziele von vier bis maximal 12 Wochen zu definieren

7.4.5. Ziele messbar formulieren

Mit diesem SMART-Kriterium gehen Sie bitte vorsichtig um. Messbare Kriterien in der Zielformulierung dienen dem Zweck, festzustellen, ob Sie oder Ihr Mitarbeiter das Ziel erreicht haben. Hierzu nutzen wir gerne betriebswirtschaftliche Kennzahlen: Umsatzwachstum von 3 Prozent, ein Return on Capital Employed von 13 Prozent oder ein Umsatzziel von 250 Millionen Euro.

Es ist interessant zu sehen, wie das menschliche Gehirn Zahlen verarbeitet. Kleine Zahlen (einstellig, im Bereich des kleinen Einmaleins) verarbeiten wir meist auditiv: In unserem Kopf gibt es eine Tonspur für „Fünf mal Fünf" oder „Drei plus Vier". Größere Zahlen verarbeiten wir im Gehirn visuell: Wir errechnen auf einem virtuellen Blatt Papier im Kopf das Ergebnis für 312 x 273 oder für 2312 + 18 - 322 mit den in der Schule gelernten Algorithmen. Und gleichgültig, wie wir (Kenn-)Zahlen verarbeiten, es findet keine emotionale Aktivierung statt, da die Prozesse linkshirnisch verarbeitet werden. Für Motivation müsste die rechte Gehirnhälfte Bilder oder Filme im Kopf erzeugen, die dann im Limbischen System emotional aufgeladen werden. Zahlen erzeugen diese Bilder nicht und motivieren deshalb Sie und Ihre Mitarbeiter nicht.

Für eine gute Zielformulierung nehmen Sie besser das Ergebnis hinter dem Ergebnis. Hier helfen Formulierungen wie

„Unser Wettbewerb ist erstaunt, dass wir unser EBIT um 10 % gesteigert haben."

Oder:

„Unsere Kunden bedanken sich bei uns für eine ausgezeichnete Zusammenarbeit in diesem Geschäftsjahr. Und wir bedanken uns bei ihnen für die Treue mit einer Kundenparty und freuen uns über eine mehr als zehnprozentige Steigerung des EBIT."

Mit geschäftlicher Sachlichkeit erreichen Sie keine Motivation bei Ihnen und Ihren Mitarbeitern. Energetisierende Zielformulierungen haben emotionale Komponenten. Ihr Ziel könnte sein:

„Ich formuliere starke, inspirierende und motivierende Ziele, die die Mitarbeiter vom Hocker reißen und das ganze Team begeistern. Wir erreichen mit diesem Energieschub Dinge, die wir für unmöglich gehalten haben."

Na, wie ist das für Sie?

7.4.6. Ziele für relevante Kommunikationskanäle formulieren

Wir nehmen unsere Umwelt über die fünf Sinneskanäle war: **V**isuell (Sehen), **A**uditiv (Hören), **K**inästhetisch (Fühlen), **O**lfaktorisch (Riechen) und **G**ustatorisch (Schmecken). Den wesentlichen Anteil haben die ersten drei Sinneskanäle. Und auch wenn wir uns eine Situation nur vorstellen, sie also im Moment gar nicht real erleben, repräsentieren wir diese in unserem Gehirn auf diesen fünf Kanälen.

Für eine gute Zielformulierung nutzen wir möglichst viele dieser Wahrnehmungs- bzw. Repräsentationskanäle: Sobald Sie das Ziel erreicht haben, was sehen, hören und fühlen, möglicherweise auch riechen und schmecken Sie?

> „Unsere Kunden bedanken sich bei uns für eine ausgezeichnete Zusammenarbeit in diesem Geschäftsjahr ..."

lässt sich leicht durch visuelle und auditive Vorstellungen ergänzen: Sie sehen Kunden, lesen eMails, in denen Kunden sich bedanken, Sie hören die Telefonate, die Sie am Jahresende mit zufriedenen Kunden führen und vielleicht gibt es auch ein Kundenevent, auf dem Dankesworte fallen. Nutzen Sie in der Zielformulierung auf jeden Fall die ersten drei Kanäle, um Ihre Ziele zu formulieren und zu beschreiben.

Und ganz wesentlich ist, wie fühlen Sie sich, sobald Sie dieses Ziel erreicht haben? Es geht um Ihre eigenen Emotionen. Ja, vielleicht gehören Sie zu den Führungskräften, die Emotionen kaum empfinden können. Es geht ja schließlich um eine ernsthafte Angelegenheit. Das Unternehmen ist kein Sandkasten. Wir machen unser Sache seriös, Emotionen haben da keinen Platz.

Emotionen sind der wahre Turbo-Booster. Und falls Sie es noch nicht gemerkt haben: Wir leben in einem Zeitalter, in dem wir mit Seriosität an Grenzen stoßen. Emotionen sind so enorm stark, dass die emotionalen Führungskräfte mit großem Abstand die erfolgreicheren sind und emotionale Intelligenz entscheidend wird. Springen Sie über Ihren Schatten: Gehen Sie mit Spaß an Ihre Ziele, freue Sie sich gemeinsam mit Ihren Mitarbeitern auf das Ergebnis. Wenn Sie mögen, trainieren Sie es doch zu Hause, wenn Sie allein sind, oder in einem meiner Seminare. Sie haben als erfolgreiche Führungskraft allen Grund dazu. Sie gewinnen die Zukunft. Sie sprengen Limits. Ich sehe Sie schon, wie Sie das Grinsen aus dem Gesicht gar nicht mehr weg bekommen, weil Sie etwas erreicht haben, von dem alle sagten, das geht nicht. Und dann kamen Sie und haben es gemacht.

Lernen Sie die Klaviatur der verschiedenen Kommunikationskanäle zu spielen und behalten Sie im Blick, welcher Mitarbeiter bevorzugt über welchen Kanal kommuniziert. Für primär visuelle Mitarbeiter ist es wichtig, dass Sie nicht telefonieren, sondern via Videokonferenz kommunizieren. Zeigen Sie Symbole, Bilder, Diagramme. Damit erreichen Sie den Visuellen. Der Auditive braucht eine markante Stimme, die moduliert, lauter und leiser, langsamer und schneller wird. Üben Sie das.

> **Zielgruppenspezifische Kommunikation auf möglichst vielen Wahrnehmungskanälen erhöht das Verständnis und die emotionale Aufladung von Zielen.**

7.4.7. Ziele und Motivationsfaktoren

Erinnern Sie sich? Ich stellte Ihnen die drei soziogenen Motivationsfaktoren vor: Macht, Leistung und Anschluss. Zielformulierungen sollten die primären Motivationsfaktoren treffen.

Machtmotiv

Der machtmotivierte Mitarbeiter ist darauf bedacht, dass sein Ansehen, sein Einfluss, sein Status durch alles was er tut positiv beeinflusst wird. Seine Motivation ist dann am höchsten, wenn er das Gefühl hat, es ist gut für ihn selbst. Sein Ego, seine Vita, sein eigenes Ich stehen im Zentrum der Überlegungen, etwas zu tun oder nicht.

Das finden Sie jetzt vielleicht gut oder schlecht. Ich empfehle, die Motivlage des Mitarbeiters zu akzeptieren und zu nutzen. Und wie? Nun, formulieren Sie Aufgaben und Ziele so, dass er den Eindruck gewinnt, es erhöhe beispielsweise seine Reputation im Unternehmen. Lassen Sie mich ein ganz einfaches Beispiel nehmen:

> „Bitte fegen Sie den Hof. Das ist eine wirklich wichtige Aufgabe und man wird Sie als jemanden wahrnehmen, dem keine Aufgabe zu klein ist, der sich für nichts zu schade ist und dem der Gesamteindruck des Unternehmens sehr bedeutsam ist. Andere werden es Ihnen nachmachen. Sie werden als Vorbild wahrgenommen."

Zugegeben, vielleicht etwas praxisfremd. Und sicher erkennen Sie die Idee dahinter. Die Aufgabe selbst ist wichtig oder nicht, aber ich stelle sie so dar, als sei sie das Bedeutsamste auf der ganzen Welt.

> „Falls Sie das Konzept bis Mitte nächster Woche fertiggestellt bekommen, stellen Sie es in der Niederlassungsleitersitzung vor und positionieren sich damit als Ansprechpartner und Experte in diesem Thema."

Falls diese Formulierungen Ihnen noch zu fremd sind, überlegen Sie, ob Sie machtmotiviert sind. Falls nicht, ist die Wahrscheinlichkeit sehr hoch, dass Ihnen diese Formulierung missfällt oder in der praktischen Umsetzung schwerfällt. Aber der Wurm muss dem Fisch und nicht dem Angler schmecken. Üben Sie das einfach.

Leistungsmotiv

Und wie formulieren Sie für einen leistungsmotivierten Mitarbeiter?

> „Bitte fegen Sie den Hof. Bislang war der nie richtig sauber. Und bestimmt bekommen Sie das viel besser hin. Zeigen Sie mal, was wirklich sauber ist. Setzen Sie neue Maßstäbe."

Hier spreche ich die Leistungsmotivation an, versuche den Mitarbeiter zu einer besonderen Leistung herauszufordern. Gerade das wird ihn besonders motivieren.

Anschlussmotiv

Und beim Anschlussmotivierten? Vielleicht kommen Sie schon selbst drauf. Stellen Sie ich die Aufgabe oder Leistung als förderlich für die Gemeinschaft dar. Wenn möglich, lassen Sie ihn die Aufgabe gemeinsam mit anderen erledigen. Zusammen geht es schneller.

„Bitte fegen Sie den Hof. Nehmen Sie sich noch zwei weitere Kollegen dazu. Wenn unsere Kunden kommen, sollen sie über einen sauberen Hof laufen und auch Sie und Ihre Kolleginnen und Kollegen freuen sich darüber, mit sauberen Schuhen ins Büro zu gelangen."

Sicher finden Sie viel bessere Formulierungen, während es mir hier nur ums Prinzip geht. Sie kennen Ihre Aufgaben und Ziele. Hof-Fegen gehört vermutlich nicht dazu.

Dem Machtmotivierten dient die Aufgabe seinem Status, der Leistungsmotivierte will seine Genialität und Kompetenz beweisen und besser sein, und der Anschlussmotivierte will es für andere oder mit anderen gemeinsam tun. Das Prinzip ist recht einfach. Probieren Sie es gleich einmal aus.

7.4.8. Ziele und Denkstrategien

Ähnlich der Motivationsfaktoren Macht, Leistung und Anschluss lassen sich auch die Denk- und Motivationsstrategien sinnvoll nutzen, um Mitarbeitern die Möglichkeit zu bieten, eigene Motivation zu entwickeln. Da ich Sie, liebe Leserin, lieber Leser, vermutlich nicht persönlich kenne, bin ich mir nicht ganz sicher, ob es sinnvoll ist, zu den einzelnen Strategien Erklärungen und Beispiele niederzuschreiben. Sie können sicherlich selbst entscheiden, ob Sie die nächsten Abschnitte überspringen oder jede einzelne Strategie bei Ihren Mitarbeitern (und anderen Menschen) ausprobieren. Überhaupt empfehle ich, dies in Ihrem realen Leben zu testen, zu üben und gerade in den Fällen zu versuchen, wo Sie mit Ihrem bisherigen Führungsrepertoire nicht weiterkommen.

Die einzelnen Denk- und Motivationsstrategien stellte ich ausführlich in Kapitel 5.6 vor. Für ein tieferes Verständnis lesen Sie dort noch einmal nach.

Vermeidend - Anstrebend

Wenn Mitarbeiter gerne Dinge vermeiden, ständig auf Probleme schauen und erst dann motiviert sind, wenn der Schmerz groß genug ist, dann folgen sie einer vermeidenden Motivationsstrategie.

Für diese Mitarbeiter formulieren Sie Aufgaben, in dem Sie darstellen, welche Probleme vermieden oder beseitigt werden.

„Bitte entwickeln Sie ein Konzept zur Servicedokumentation. Ständig werden wir von unzufriedenen Kunden beschimpft, weil wir den aktuellen Stand nicht sagen können. Uns fehlen in Reklamationsfällen verlässliche Informationen. Und auch der Geschäftsführung gegenüber können wir uns nur schwer bei entsprechenden Vorwürfen verteidigen."

Hier verwende ich drei Probleme und Schwierigkeiten, die durch eine neue Servicedokumentation vermieden wird. Bei Mitarbeitern, die einer anstrebenden Motivationsstrategie folgen, formuliere ich anders:

„Bitte entwickeln Sie ein Konzept zur Servicedokumentation. Wir können auf Beschimpfungen unzufriedener Kunden qualifiziert etwas zum aktuellen Stand sagen. Auch haben wir in Reklamationsfällen eine sichere Dokumentation und beruhigen den Kunden schneller. Und wir können der Geschäftsführung jederzeit zeigen, dass wir lückenlos dokumentiert haben und

auskunftsfähig sind. Das stärkt unsere Akzeptanz und
Reputation bei der Geschäftsführung."

Ich verwende die gleichen Aspekte, stelle sie aber positiv dar. Was wird durch die zu konzipierende Servicedokumentation möglich? Den letzten Satz der Zielformulierung habe ich übrigens für eher machtmotivierte Mitarbeiter angehängt.

Proaktiv - Reaktiv

Proaktive Mitarbeiter müssen kaum angetrieben werden. Ihre Motivation muss eher gelenkt werden und durch das Ziel exakt spezifiziert sein, im Sinne eines STOP-Schildes.

> „Wir benötigen schnellstmöglich eine Servicedokumentation, die
> exakt folgenden Kritierien entspricht: ... Sie haben dazu ein
> Budget von X Euro zur Verfügung und können selbstständig auf
> Herrn Müller aus dem Bereich Informationsverarbeitung
> zugehen. Bei allen weiteren notwendig werdenden
> Kooperationen sprechen Sie mich bitte zuvor an."

Sie legen klare Regeln fest und bestimmen Kriterien, wann die Aufgabe erfüllt ist.

Der reaktive Mitarbeiter braucht eine klare Aussage, mit der Aufgabe zu beginnen. Das klingt fast etwas lächerlich, gerade für eher proaktive Führungskräfte.

„Wir benötigen schnellstmöglich eine Servicedokumentation. Immer wieder geraten wir mit Kunden und der Geschäftsführung in Konflikt, so dass Sie noch diese Woche mit der Konzeption beginnen sollten. ... (weitere Details)."

Haben Sie es gemerkt? Ich habe einen Startpunkt gesetzt und gleichzeitig eine (unterstellte) vermeidende Motivationsstrategie bedient.

Internal - External

Beginnen wir mit der externalen Motivationsstrategie, weil sie der Normalfall ist. Diese Mitarbeiter benötigen Feedback und Bewertungsmaßstäbe von außen. Häufig sind Referenzen hilfreich und unterstützend.

„Die Geschäftsführung verlangt von uns eine lückenlose Service-dokumentation. Und auch ich erlebe immer wieder, wie unzufriedene Kunden nur schlecht informiert werden und die Bearbeitung von Re-klamationen so schwierig ist. Die meisten erfolgreichen Unternehmen haben eine solche Dokumentation. Ich traue es Ihnen zu, dass Sie ein entsprechendes Konzept erarbeiten und uns vorstellen. Überlegen Sie sich mal, wie Sie vorgehen könnten, diese Aufgabe zu erfüllen. Wir setzen uns nächste Woche Mittwoch dazu noch einmal zusammen."

Hier nutze ich vermeidende, reaktive und externale Motivationsstrategien - eine häufige Kombination. Die Geschäftsführung, ich als Führungskraft und andere werden von mir als externe Referenz herangezogen. Ich biete dem Mitarbeiter an, zu mir zu kommen und über Zwischenergebnisse zu sprechen. Er kann jederzeit Feedback erhalten. Das gibt ihm Sicherheit.

Den internalen Mitarbeiter interessiert das alles nicht. Ihn muss ich mit Informationen versorgen oder möglichst gezielte Informationen suchen lassen.

> „Eigentlich fehlt uns eine vollständige Servicedokumentation. Ich habe das jetzt bei einem unserer Wettbewerber gesehen. Die konnten jederzeit sagen, wie weit die Bearbeitung ... ist. Haben Sie eine Idee, ob das state of the art ist? ... Welchen Vorteile hätte eine solche Dokumen-tation aus Ihrer Sicht?"

Internale Mitarbeiter sind schwirig zu führen. Dennoch habe ich immer wieder erlebt, dass es mit ein wenig Geschick geht. Ich bringe den Mitarbeiter ans Denken, zeige ihm ein Beispiel und frage nach seiner Meinung. Damit *zwinge* ich ihn, in meine Richtung zu denken. Und ich bekomme mit, ob er meiner Idee folgt oder nicht.

Der Internale möchte gerne als Meinungsbildner oder als Experte wahrgenommen werden. Von seiner eigenen Meinung bringe ich ihn kaum ab. Ich kann aber mit gezielten Informationen Einfluss nehmen. Entscheiden wird er schließlich selbst.

Optional - Prozedural

Optional denkende Mitarbeiter sind hoch motiviert, wenn die Aufgabe mit Chancen, Optionen und Wahlmöglichkeiten verbunden wird. Sie freuen sich, wenn sie Wege selbst suchen können und gegebenenfalls auch davon abweichen dürfen. Dabei bedenken Sie aber, dass er eine Aufgabe oft nicht zu Ende führt. Eine lückenlose Servicedokumentation umzusetzen, ist sicherlich keine gute Aufgabe für ihn. Sie aber zu entwickeln und mit Ideen anzureichern, wird ihn sehr motivieren. Genauso ist er die richtige Wahl, wenn es beispielsweise darum geht, Probleme bei der Implementierung der Servicedokumentation zu lösen.

> „Wir benötigen eine lückenlose Servicedokumentation. Machen Sie sich doch mal Gedanken, wie eine solche Dokumentation aussehen könnte und wie wir sinnvollerweise vorgehen. Schauen Sie sich auch an, welche Schwierigkeiten wir damit noch beheben (vermeidend)/welchen Nutzen wir damit noch gewinnen könnten (anstrebend). ..."

Ich gebe dem Mitarbeiter eine eher kreative Aufgabe, binde hier noch vermeidend bzw. anstrebend ein.

Der prozedural denkende Mitarbeiter braucht eine Prozedur. Er muss wissen, wie er vorgehen soll.

> „Wir benötigen eine lückenlose Servicedokumentation. Ich möchte Sie bitten, hierzu ein Konzept und ein Tool zu entwickeln. Am besten gehen Sie in folgenden Schritten vor. Zunächst sammeln Sie alle Probleme, die im Service immer wieder auftreten. Dann bewerten Sie alle Probleme. Gerne können Sie dazu auch auf die Kollegen zugehen, um deren Meinung einzuholen. Und ich stehe für Rückfragen jederzeit zur Verfügung. Dann beginnen Sie einfach mit dem ersten Problem und erarbeiten hierzu ..."

Für optional denkende Menschen, wie mich, ist es schwieriger, Aufgaben für prozedurale Menschen zu formulieren. Diese Motivations-strategie ist aber eine der häufigsten Gründe, warum Mitarbeiter wenig motiviert sind: Sie haben keine Prozedur und optionale Führungskräfte verstehen das nicht. Hier liegt enormes Potenzial für mehr Begei-sterung und Motivation.

Gleich - Verschieden

Der gleich-motivierte Mitarbeiter braucht Sicherheit. Sobald er versteht, dass der neue Zustand quasi identisch ist mit dem bisherigen, wird er sich schneller darauf einlassen.

Beispielsweise soll in einem Autohaus ein Mitarbeiter wegen Umorganisation nicht mehr PKW sondern LKW verkaufen.

> „Diese Aufgabe ist das, was Sie bisher auch getan haben. Ihre Fas-zination für Technik wird genau hier gebraucht. Sie haben direkten Kontakt zu den Kunden, begeistern sie wie bisher für das Fahrzeug (neutral, statt PKW oder LKW, weil das wäre verschieden) Sie nehmen Ihren Schreibtisch mit. Das neue Büro hat die gleiche Größe, wie Ihr bisheriges und Herr Müller ist auch weiterhin Ihr Kollege. Wir sehen uns regelmäßig beim Mittagessen und unsere monatliche Skat-runde führen wir auch unverändert fort."

Für eine verschieden-motivierte Führungskraft wirkt diese Formulierung befremdlich. Aber auch hier muss ja nicht der Wurm dem Angler schmecken. Sie wollen den Mitarbeiter bewegen und ihm gleichzeitig Sicherheit geben.

Mit dem verschieden-motivierten Mitarbeiter haben Sie - vermutlich - weniger Formulierungsschwierigkeiten, wenn Sie selbst genauso motiviert sind. Falls Sie aber eher gleich-motiviert sind: Ihr Mitarbeiter braucht jetzt Informationen, was alles anders ist, obwohl er quasi die gleiche Aufgabe zu erfüllen hat.

Global - Detail

Nehmen wir an, Sie als Führungskraft sind eher global-denkend - was eine gute Idee wäre. Jetzt geben Sie einem Mitarbeiter, der detailorientiert denkt und detailmotiviert ist, eine Aufgabe. Sie tun das in aller Kürze, zumindest aus Sicht des Mitarbeiters. Dieser fragt noch ein oder zweimal nach und verlässt dann das Gespräch. Wird er die Aufgabe gut und motiviert erledigen? Vermutlich nicht.

Ihr detailorientierter Mitarbeiter bekommt von Ihnen eine Aufgabe, zu der er aus seiner Sicht nicht genügend Informationen hat. Detailorientierte Mitarbeiter - insbesondere in der Kombination mit einer reaktiven Motivationsstrategie - verharren jetzt in Erstarrung, einem destruktiven Stresszustand. Ihm ist nicht klar, was er genau zu tun hat. Und um nichts falsch zu machen, macht er erst einmal gar nichts. Haken Sie nach ein paar Tagen nach, stellen sie fest, dass er noch gar nicht begonnen hat. Sprechen Sie ihn darauf an, stellt er Detailfragen, um weitere Sicherheit zu erlangen.

Im vielleicht etwas besseren Fall eines detailorientierten, proaktiven Mitarbeiters nervt dieser Sie noch zigmal mit irgendwelchen Detailfragen. Und Sie denken vielleicht *Warum fängt der nicht einfach erst einmal an?*

Aus diesen oben beschriebenen Beispielen leiten Sie sicher schon ab, wie Sie mit detail- und globalmotivierten Mitarbeitern umgehen.

Der Detailorientierte braucht Details und sie müssen Zeit investieren. Geben Sie ihm die Chance, Fragen zustellen (und verdrehen Sie bitte nicht die Augen dabei). Haken Sie relativ bald nach, ob er noch irgendwelche Informationen braucht. Im Übrigen müssen nicht unbedingt Sie die Details liefern. Vielleicht gibt es einen anderen Mitarbeiter, der das noch viel besser kann.

Für den Globalmotivierten stellen Sie die großen Zusammenhänge dar und vor allem geben Sie ihm Aufgaben, die wenig Details erfordern. Er will dem großen Ganzen dienen.

Gehorsam - Renitent

Die Kommunikation mit gehorsam-motivierten Mitarbeitern stellt in der Regel keine besondere Herausforderung dar. Anweisungen, Vorschläge und Aufgaben werden von ihnen angenommen und umgesetzt. Von Ihnen gesetzte Ziele werden wie selbstverständlich verfolgt und erreicht. Falls Sie eine kreative Diskussion mit möglichst vielen verschiedenen Ansichten suchen, sind die gehorsam-motivierten nicht die richtigen Gsprächspartner. Denn es sind Ja-Sager, die kaum konfliktäre Ideen entwickeln können.

Im Umgang mit renitenten Mitarbeitern bekommen Sie nicht das, worum Sie bitten. Schwächen Sie deshalb Ihre Bitte ab, in dem Sie zum Beispiel sagen:

> „Ich bin mir bei der Fülle Ihrer aktuellen Aufgaben nicht ganz sicher, ob Sie die Aufstellung bis morgen früh hinbekommen."

„Im letzten Projekt hatte Herr X eine super gute und von vielen gelobte Abschlussdokumentation angefertigt, die schon bei Inbetriebnahme der Software allen zur Verfügung stand. Ich weiß, dass Sie dieses Projekt sehr zügig realisiert haben und ich bin Ihnen dafür sehr dankbar. Vielleicht sollte ich die Abschlussdokumentation einem anderen Mitarbeiter übertragen."

Tun Sie das aber bitte nur, wenn Sie ganz sicher sind, dass der Mitarbeiter wirklich renitent ist. Ansonsten wird er Ihnen sagen: *Stimmt!*

Menschen - Aufgaben

In dieser Motivationsstruktur liegt der wesentliche Unterschied zwischen anschluss- und leistungsorientierten Menschen. Die einen interessieren Menschen, die anderen eher Aufgaben.

Für menschen-motivierte Mitarbeiter ist es wichtig, dass Sie Namen verwenden. Sprechen Sie mit *Sie* und nicht mit *man*, stellen Sie die Vorteile für *unser Team* oder *unsere Kunden* (und nicht für das Unternehmen oder den Markt) heraus. Sprechen Sie (ohne sich zu verbiegen) auch über Gefühle und Emotionen. Und: Geben Sie ihnen Aufgaben und stellen Sie heraus, welchen Nutzen es für konkrete andere Menschen bringt. Lassen Sie vorzugsweise Aufgaben gemeinsam mit anderen Mitarbeitern tun.

Aufgaben-motivierten Mitarbeitern geben Sie Aufgaben, die sie gut alleine erledigen können. Sprechen Sie mit ihnen über Dinge, Systeme, Aufgaben, Ziele oder Prozesse. Da sind Aufgaben zu erledigen, Dinge zu bewegen, Herausforderungen zu meistern usw.. Zahlen, Daten,

Fakten sind die motivierenden Gesprächsinhalte. Die Befindlichkeit anderer Menschen interessiert überhaupt nicht. Es geht um die Sache.

7.4.9. Wahrnehmung und Begeisterung

Begeistern Sie Ihre Mitarbeiter!

„Wissen Sie, Herr Hein, ich würde die Mitarbeiter ja gerne begeistern, aber das ist unmöglich. Die sind nicht begeisterungsfähig!" - Solche Aussagen höre ich immer wieder in meinen Seminaren. Beobachte ich diese Führungskräfte, während sie über ihre Ziele sprechen, zeigen sie auch keine Begeisterung. Kann man Begeisterung befehlen oder anordnen?

Wenn ich möchte, dass Sie von diesem Buch begeistert sind, müsste ich selbst begeistert sein. „You go first" oder „Man kann nur andere anzünden, wenn man selbst brennt" sind altbekannte, schlaue Sprüche. Doch sie sind an dieser Stelle wirklich wahr. Begeisterung beginnt bei Ihnen.

> **You go first - Wollen Sie begeisterte Mitarbeiter, müssen zunächst einmal Sie selbst begeistert sein.**

Kleine Kinder haben bis zu 400 Begeisterungsstürme pro Tag in ihrem Kopf. Bei Erwachsenen liegen wir da im niedrigen einstelligen Bereich. Das lässt die Frage stellen, warum das so ist. Und die einfach Antwort ist: Weil man es uns abtrainiert hat. Als wir in den Kindergarten kamen, lernten wir, auf andere Rücksicht zu nehmen. In der Schule mussten wir stillsitzen, in der weiterführenden Schule logisch sein und im Studium analytisch denken. Dann stiegen wir ins Berufsleben ein und mussten auch noch seriös sein. Pure Begeisterung für irgendetwas wurde immer nebensächlicher. Wenn wir heute der seltenen Spezies *Begeisterter Mensch* begegnen, vermuten wir, dass er krank ist oder Drogen nimmt.

Wie schaffen wir Begeisterung, die ansteckt? Zunächst einmal müssen wir das wirklich wollen und immer wieder trainieren. Und dann ist es absolut erforderlich, sich mit dem Ergebnis zu beschäftigen und dieses mit Emotionen aufzuladen. Es bleibt also die Frage, wie sich das Ergebnis anfühlt. Damit diese Emotionen entstehen, stellen wir uns das Ergebnis in allen Facetten vor. Diese Bilder laden wir emotional auf. Sobald Sie dann Gänsehaut bekommen, ist die Begeisterung bei Ihnen angekommen.

Was ist Ihre Leibspeise? Stellen Sie sich vor, Sie sitzen in Ihrem Lieblingsrestaurant und der Kellner bringt Ihnen gerade in diesem Augenblick dieses Gericht, stellt es vor Sie hin und Sie schauen drauf, nehmen den Geruch war, nehmen das Besteck und einen ersten Bissen. Der Geschmack breitet sich im Mund aus und Sie atmen tief durch. Es schmeckt einfach traumhaft. - Haben Sie gerade geschluckt? Erzählen Sie mir von diesem Gericht. Jetzt schaffen Sie es höchstwahrscheinlich, dass ich auch schlucken muss und vielleicht einen ganz ähnlichen Geruch in der Nase empfinde.

Begeisterung ist ansteckend. Und das hat etwas mit den Spiegelneuronen in unserem Gehirn zu tun. Wir Menschen können nicht anders, als auch begeistert sein, wenn andere Menschen, die wir beobachten, es sind und wir sie genügend empathisch beobachten. Als Führungskraft werden Sie beobachtet, man schaut auf Sie.

Jetzt stellen Sie sich eines Ihrer Ziele vor? Sind Sie von diesem Ziel begeistert? Falls nicht, wird es mühsam, es zu erreichen - für Sie und für Ihre Mitarbeiter. Falls Sie nicht begeistert sind, können Sie dafür sorgen, dass Sie sich begeistern? Ja, natürlich und zwar für jedes Ziel, wenn Sie das wollen. Zunächst identifizieren Sie sich mit dem Ziel. Ist es Ihnen wirklich wichtig. (Falls nicht, überlegen Sie ob Sie es wirklich erreichen wollen.) Dann stellen Sie sich das Ergebnis vor. Zugegeben, durch Vokabeln und Grammatik lernen, wöchentlich zum Sprachkurs gehen und spanische Zeitungen lesen, entsteht bei mir keine Begeisterung. Aber sobald ich mir vorstelle, wie ich Spanisch spreche, in Spanien Urlaub mache, dort in der Bodega stehe, mich mit Spaniern in deren Sprache unterhalte, deren Witze verstehe und selbst Witze erzählen kann, die Spanier zum Lachen bringen, entsteht Begeisterung.

Malen Sie sich das Ziel als Ergebnis aus. Stellen Sie sich das Ergebnis in großen, bunten Bildern vor. Bringen Sie Leben in diese Bilder, drehen Sie einen Film. Was sagen andere, sobald Sie das Ziel erreicht haben? Bekommen Sie Applaus? Welche Reputation entsteht? Schauen Sie sich gedanklich Ihre Mitarbeiter an, wie begeistert sie sind, weil sie nicht erwarteten, das Ziel zu erreichen.

Und wenn Sie sich das Ergebnis vorstellen und immer noch keine Begeisterung auftaucht, dann ist das Ziel zu klein. Ziele, von denen Sie relativ sicher sind, dass Sie sie erreichen, schaffen wenig Begeisterung. Wie groß müsste das Ziel sein, damit Sie Begeisterung erleben? Probieren Sie es aus: Legen Sie 10 Prozent drauf, dann 20, dann 50 Prozent. Verdoppeln oder verdreifachen Sie das Ziel. Was passiert mit Ihrer Begeisterung?

Trainieren Sie Begeisterung täglich. Schauen Sie sich um, was ist jetzt toll? Ein kleines Kind findet einen abgerissenen Zettel oder ein Laubblatt und freut sich unbändig. Natürlich, ist ja auch ein kleines Kind. Stimmt. Dann werden Sie wieder ein Stück Kind, das ja noch in Ihnen steckt. Es ist nur verschüttet, weil wir Erwachsenen glauben, seriös und vernünftig sein zu müssen.

Meine Frau schenkte mir zu meinem letzten Geburtstag einen Tag auf einem Männerspielplatz. Da bemerkte ich zwei Dinge: Erstens war ich über mich selbst erschrocken, wie wenig echte Begeisterung da war. Ich musste an dem Tag erst einmal einen genauen Überblick gewinnen, was wo auf dem großen Gelände angeboten wurde. Dann musste ich schauen, wie die Einweisung auf dem Bagger oder dem Unimog ablief. Dann musste ich gedanklich eine Reihenfolge festlegen. Zweitens: Erst am Mittag, als ich aus meinem Planungs- und Strategie-Modus heraus kam, setzte der Spaß ein und ich hätte noch die ganze Nacht durchbaggern können. Schade, dass wir so viel Kind verloren haben.

Schließlich frage ich Sie, wann Sie das letzte Mal echte Begeisterung erlebt haben und stelle Ihnen folgende Fragen:

- War es, als Sie etwas erreicht oder ein Problem beseitig haben?
- Waren Sie dabei eher proaktiv oder abwartend?
- Waren Sie aus sich selbst heraus begeistert oder brauchten Sie den Zuspruch oder Feedback anderer?
- Sind Sie dabei festgelegten Schritten gefolgt oder waren es eher spontane Schritte?
- Waren Sie begeistert, weil etwas neu war oder Sie etwas bekanntes erneut erlebten?
- War es das Detail, das Sie begeistert hat oder war es der Umstand, das größere Ganze zu sehen?
- Sind Sie dabei Vorgaben gefolgt oder vom empfohlenen Weg abgewichen?
- Entstand Begeisterung, weil Sie etwas mit anderen oder für andere Menschen getan haben oder sich mit einer speziellen Aufgabe beschäftigt haben?
- Haben Sie alleine und autark gehandelt oder gemeinsam in einer Gruppe von gleichberechtigten Menschen?

7.5. Planen & Organisieren

Gut organisiert ist halb erledigt.

Es leuchtet ein, dass wirksames Arbeiten gut organisiert sein darf. Ich erlebe Führungskräfte, die ein hoch komplexes System etabliert haben, mit der sie jeden kleinsten Schritt minutiös planen und organisieren. Darunter leidet immer die Wirksamkeit.

> **Kluge Führungskräfte bringen Ergebnisse und organisieren sich nicht zu Tode.**

Ich erlebe auch Organisationen, die sich ständig neu- und umorganisieren. Dies zielt in der Regel auf eine höhere Wirksamkeit. Prozess- und gleich-motivierte Mitarbeiter lieben das überhaupt nicht, so dass sie schnell unmotiviert sind.

Planen & Organisieren muss sich deshalb an drei Aspekten orientieren, die ich in Anlehnung an Fredmund Malik[44] wie folgt formuliere:

- So organisieren, dass der Kundennutzen im Zentrum steht. (Dazu muss man den echten Kundennutzen allerdings kennen.)
- So organisieren, dass Mitarbeiter maximal leistungsfähig sind.

---

[44] Malik, Fredmund (2006): Führen, leisten, leben. Wirksames Management für eine neue Zeit. Campus Verlag, Frankfurt/Main

- So organisieren, dass Geschäftsführung/Vorstand bzw. übergeordnete Führungsebenen bestmögliche Entscheidungen treffen können.

Das klingt den meisten Führungskräften zu trivial. Aber genau das ist so extrem schwierig. Beispielsweise sind die meisten Führungskräfte nicht in der Lage, den Kundennutzen exakt in einem Satz zu formulieren. Viele sind nicht einmal in der Lage zu sagen, wer überhaupt ihr Kunde ist. Sie können das ja gerade mal für sich selbst überlegen: Wer ist Ihr Hauptkunde (ich meine, der Ihres Verantwortungsbereiches und nicht des Unternehmens) und welchen konkreten Nutzen befriedigen Sie mit Ihrem Verantwortungsbereich?

Außerdem besteht die Tendenz, dass Führung beständig die Komplexität erhöht, um dem Umfeld zu zeigen, mit welchen schwierigen Herausforderungen man zu tun hat. (Achtung Ironie:) Mitarbeiter, Unternehmensführung und das ganze Umfeld sind dann sehr dankbar und begeistert, dass man selbst in der Lage ist, diese Komplexität zu beherrschen. (Ironie Ende) Doch diese Herausforderung gibt es nicht.

Ein Ziel von Führung ist es, Komplexität zu reduzieren. Und das ist ein Ziel guter Planung und Organisation.

Auch besteht die Tendenz, vergleichbare Mitarbeiter zu haben. Damit sind Mitarbeiter austauschbar und können sich gegenseitig ersetzen. Sollen aber alle alles können, kann keiner irgendetwas richtig. Expertise wird unmöglich. Das wiederum hält Mitarbeiter klein, lässt sie nicht übermütig werden und Sie können dem Mitarbeiter ständig vorwerfen, dass er ja noch gar nicht so weit ist und noch viel zu lernen hat. Alles zu können, widerspricht dem Job Fit, auf den wir nachfolgend noch eingehen.

Die Forderung nach bereichsübergreifendem, vernetztem Arbeiten reduziert die Wirksamkeit ebenfalls. Aber, darf man das als moderner Leadership-Trainer und Autor für zukunftsfähige Führung überhaupt schreiben? Nun, ich denke schon. Vernetztes Arbeiten erfordert Kompetenzen der Zusammenarbeit und Kommunikation, auch in konfliktären Situationen. Und solange Egoismus, individuelle Zielvereinbarungen und Leistungsbeurteilungen sowie bereichsbezogene Erfolgsmessung vorherrschen, ist dem Mitarbeiter die Jacke näher als die Hose. Das macht Kollaboration schwer. Silodenken ist ganz sicher nicht zukunftsfähig. Im Vordergrund sollte deshalb nicht bereichsübergreifendes, vernetztes Arbeiten stehen, sondern gefragte, nutzenorientierte Expertise, kombiniert mit ausgeprägter Kommunikations- und Kollaborationsfähigkeit. Die Incentivierung von Einzel- oder Teamleistung ist unbedingt aufzugeben.

Schaue ich mir Stellenanzeigen an, sucht man oft die eierlegende Wollmilchsau. Wirksame Führungskräfte beschäftigen Experten und koordinieren deren Ergebnisse. Das bringt in der Regel den Experten zum Aufblühen und schafft extrem bessere Ergebnisse. In einem meiner früheren Verantwortungsbereiche realisierte ich genau das: Jeder Mitarbeiter entwickelte in einem oder zwei Themen Expertenwissen. Hier war sie oder er wichtig und gefragt, hier brachte er überdurchschnittliche Ergebnisse.

Gerade, wenn Mitarbeiter zum Beispiel durch Home Office getrennt sind, ist es hilfreich, wenn jeder an seiner Stelle Experte ist. Denn jetzt kann er oder sie von Ihnen oder den Kollegen/innen gezielt angesprochen werden. Er erlebt sich als bedeutsam und als wichtiges Teil der Gesamtheit. Allerdings muss er jetzt auch Sichtbarkeit für seine Expertise herstellen. Diese Kompetenz fehlt den meisten Experten. Hier muss Führung unterstützen.

Planen & Organisieren haben keinen Selbstzweck. Sie müssen immer der Vision und den Zielen des Verantwortungsbereiches dienen. Dazu müssen Ziele klar formuliert und aus einer übergeordneten Vision abgeleitet sein. Alles andere ist Organisitis, die sich um sich selbst dreht und ineffizient macht. Betrachten wir deshalb einige wichtige Aspekte eingehender.

7.5.1. Kennzahlen - zukunfts- oder vergangenheitsorientiert

Es sind zahlreiche Bücher darüber geschrieben worden, wie man mit Kennzahlen Unternehmen und Verantwortungsbereiche führt. Und ganz sicher ist in Ihrem Unternehmen ein mehr oder weniger komplexes System etabliert, mit der sie die Performance steuern. Das will ich hier weder wiederholen noch ergänzen.

Und dennoch ist mir ein Hinweis sehr wichtig. Wir steuern Unternehmen und Verantwortungsbereiche überwiegend mit vergangenheitsbezogenen Kennzahlen. Wir schauen uns Umsatz, Deckungsbeiträge, Marktanteile, Auftragseingang, Reklamationen oder Stückzahlen an. Diese sind alle vergangenheitsorientiert. Am Umsatz oder Auftragseingang des letzten Quartals können Sie dann nichts mehr ändern. In meiner Zeit bei ThyssenKrupp gab es große Bemühungen, diese Kennzahlen möglichst schnell zur Verfügung zu stellen. Das nannte sich Fast Close und erzeugte einen extremen Reporting-Stress. Doch so schnell man das auch vollbrachte, es war eine ex post-Betrachtung.

Ich sage nicht, dass diese Betrachtung falsch ist. Ganz im Gegenteil. Ihr fehlt aber die zukunftsbezogene Komponente. Tobias Beck sagte einmal in einem Vortrag, dass er in seinem Unternehmen nicht die Früchte, sondern das Säen feiert. Er feiert den Versand von Akquisemails, Direktansprachen, Pressemitteilungen, Fachartikeln etc. Dazu muss man deren Wirksamkeit kennen. Sie müssen beispielsweise wissen, wieviele eMails Sie verschicken müssen, um einen Auftrag zu gewinnen. Jetzt können Sie über diese ex ante-Kennzahlen Verhalten und damit Ergebnisse steuern. Jetzt reden wir über echte Führung.

7.5.2. Effektivität vs. Effizienz

Ich habe fast dreißig Jahre im Thyssen-, später im ThyssenKrupp-Konzern gearbeitet. In dieser Zeit erlebte ich geschätzt etwa zwanzig konzernweite Effizienz-Steigerungs-Programme. In der Regel tauchte eine Unternehmensberatung auf, versprach dem Vorstand eine gewisses Potenzial, das zu heben sei. Danach wurden Prozesse effizienter gemacht und Personal abgebaut - natürlich sehr vereinfacht dargestellt.

Diese Programme identifizierten Aufgaben, die ineffizient erledigt wurden und erklärten, wie man das effizienter machen kann. Das orientierte sich immer am aktuellen Handlungsprogramm. Selbst in Phasen der Zentralisierung oder des Outsourcing von Aufgaben, sind selten die Aufgaben hinterfragt worden. Häufig kamen sogar Aufgaben hinzu, die dann aber hoch effizient, mit deutlich reduzierter Qualität irgendwo im Ausland erledigt wurden. In meiner Darstellung spüren Sie vielleicht, dass damit viel Frust verbunden war, der auch heute noch nachwirkt. Und wenn ich mir heute diesen Konzern und einige andere anschaue, sehe ich die Folgen dieser Effizienzsteigerungsprogramme. Im Fall von ThyssenKrupp macht mich das sehr traurig.

Effizienz ist die Frage, ob Sie die Dinge richtig machen. Nehmen wir einen Haufen Sand, der von hier nach dort zu bewegen ist. Sie könnten das von Hand mit einem kleinen Schäufelchen machen. Effizienter wären Sie, wenn Sie eine große Schaufel nehmen. Und noch effizienter wäre es, wenn ein Schaufelradlader mit zwei Hüben den ganzen Haufen wegbewegt. Bei richtig großen Mengen wäre möglicherweise ein Fließband noch effizienter.

Effektivität ist die Frage, ob Sie die richtigen Dinge tun. Jetzt stellen Sie die Frage, ob es zieldienlich ist, den Sandhaufen zu bewegen. Vielleicht würden Sie sogar die Frage stellen, ob Sand überhaupt nötig ist.

Während Effizienzfragen kleine, oft kaum nachweisbare Erfolge bringen, liegt der Quantensprung, in Effektivitätsfragen. Wir fragten vor der Corona-Krise, wie wir den PKW-Verkehr effizienter machen und die Innenstädte vom Feinstaub in der Rushhour entlasten. Da wurden Park & Ride-Optionen diskutiert, Anlagen zur Verkehrssteuerung installiert. Wir entwickeln das Autonome Fahren. In dieser ganzen Diskussion stellten wir kaum die Frage, ob man überhaupt von A nach B fahren muss. Das wäre eine Effektivitätsfrage mit erheblichem Potenzial. Corona zeigt jetzt, dass viele Menschen von zu Hause aus arbeiten können und gar nicht in die Innenstadt fahren müssen. Ein Virus zeigt uns, was Effektivität bedeutet.

Für Effektivitätsfragen ist es erforderlich, dass die Ziele klar formuliert sind. Die Kern-Effektivitäts-Frage lautet nämlich: **Bringt mich diese Aufgabe, dieses Tun, dieser Prozess meinem Ziel näher.** Erst wenn dies eindeutig mit Ja zu beantworten ist, schließt sich die Frage nach Effizienz an, aber erst dann. Tut sie das nicht, ist sie zu eliminieren. Lässt sich das nicht eindeutig sagen, ist die Zielsetzung nicht klar.

Meine Empfehlung: Legen Sie pro Jahr routinemäßig eine **Aufgaben-Inventur** fest. Fragen Sie bei jeder einzelnen Aufgabe, ob diese Sie Ihrem Ziel näher bringt. Besprechen Sie dies vorzugsweise gemeinsam mit Ihren Mitarbeitern. Und seien Sie in dieser Frage konsequent. Es gibt drei Optionen:

- **Führt zum Ziel.** Dann ist zu fragen, wie sie digitalisiert oder delegiert oder möglichst effizient (in dieser Reihenfolge!) erledigt werden kann.

- **Führt nicht zum Ziel.** Dann ist zu fragen, ob es ein Gesetz, eine Verordnung o. ä. gibt, das vorschreibt, dass diese Aufgabe zu erfüllen ist (z. B. Fehlzeitenmeldung der Personalabteilung an das Statistische Landesamt). Ist die Aufgabe unumgänglich, ist zu fragen, wie sie digitalisiert oder delegiert oder möglichst effizient erledigt werden kann.

- **Führt nicht zum Ziel.** Wenn es keine zwingenden Gründe gibt, diese Aufgabe zu erledigen, dann Aufgabe ersatzlos aufgeben.

Gerade der Wechsel ins Home Office und ggf. neuer Aufgabenzuschnitt sind gute Gelegenheiten, über die Effektivitätsfrage noch einmal intensiv nachzudenken. Und ich empfehle dies einmal im Jahr zu tun. Bei einer erstmaligen Durchführung investieren Sie ein bis drei Tage. Bei Wiederholung geht das erheblich schneller.

7.5.3. Gesunde Aufgabengestaltung

Bezüglich gesunder Aufgabengestaltung verweise ich auf die oben dargestellten neun Grundprinzipien Neuro*logischer* Führung. Darüber hinaus halte ich es für wichtig, dass die Arbeitsschutzbestimmungen auch im Home Office prinzipiell eingehalten werden. Manche Mitarbeiter arbeiten mobil, vielleicht im Straßenkaffee oder einer Bibliothek. Nicht überall lässt sich ein optimaler Arbeitsplatz sicherstellen. Dennoch sollte für eine möglichst große Zeit der täglichen Arbeit ein ergonomischer und gut ausgestatteter Arbeitsplatz zur Verfügung stehen. Um dies zu kontrollieren, können Sie sogar den Mitarbeiter besuchen. Sprechen Sie das im Unternehmen und mit dem Mitarbeiter ab.

Klug sind Unternehmen, die im Intranet eine Seite mit Anregungen zur Arbeit im Home Office anbieten. Hierzu gibt es inzwischen zahlreiche frei verfügbare youtube-Videos unterschiedlichster Länge und Qualität.

Als Führungskraft verantworten Sie auch, dass Ihre Mitarbeiter gesund bleiben. Sie brauchen für Ihren Erfolg die volle Leistungsfähigkeit der Mitarbeiter. Oft erlebe ich allerdings Führungskräfte, die über hohe Krankenquoten ihrer Mitarbeiter klagen, gleichzeitig aber nichts dafür tun, dass sie gesund bleiben. Hier lasse ich Sie, liebe Leser, nicht aus der Verantwortung.

Planen & organisieren Sie Ihren Verantwortungsbereich so, dass die Grundprinzipien Neuro*logischer* Führung möglichst gut umgesetzt sind.

Auf einen Aspekt gehe ich hier noch ganz gezielt ein. Oft vermuten wir, dass Mitarbeiter, die nicht ständig beobachtet werden, nicht genug leisten. Sicher gibt es Einzelfälle. Der überwiegende Teil arbeitet im Home Office aber eher länger. Mitarbeitern fällt es oft schwer, klare Grenzen zu ziehen. Inzwischen habe ich sehr unterschiedliche Zahlen gelesen und vielleicht ist es für belastbare Daten auch noch zu früh. Ich möchte Sie an dieser Stelle dringend bitten, dass Sie gewissenhaft ein Auge darauf haben. Bereits vor Corona zeigte eine AOK-Studie, dass psychische Belastungen durch Home Office erheblich zunehmen.

Das führt zu höheren Ausfallzeiten, allerdings zeitversetzt. Manchmal braucht es ein paar Monate, ein, zwei oder vielleicht fünf Jahre. Da die Berufsgenossenschaft und die Krankenkassen inzwischen auch die Möglichkeit haben, Arbeitgeber in Regress zu nehmen, rate ich sehr zur Vorsicht und Obacht.

7.5.4. Job Fit

In Kapitel 5.6 stellte ich Ihnen die neuro*logischen* Denk- und Motivationsstrategien vor. Wenn es darum geht, zu planen und zu organisieren, betrachten wir auch die Personalplanung: wer macht was in Ihrem Team oder Verantwortungsbereich. Dies gilt ganz grundsätzlich für die Aufgabenverteilung, aber auch speziell für Sonderaufgaben und Projekte.

Anfänglich scheint das Vorgehen sehr aufwändig und mit ein wenig Übung gelingt Ihnen das sehr schnell. Darin etwas Routine zu entwickeln, bedeutet, dass Aufgaben extrem viel effizienter und leichter bewältigt werden und Sie damit freie Ressourcen für liegengebliebene Ideen und Aufgaben schaffen.

> **Wenn jeder das macht, was seinen Stärken und Talenten entspricht, wächst jeder - Mitarbeiter wie Führungskraft - über sich hinaus.**

Erstellen Sie zunächst für eine Aufgabe ein neuro*logisches* Anforderungsprofil. In meinem Buch Neuro*logische* Personalauswahl gehe ich darauf ausführlich ein. Aber lassen Sie uns schon einmal konkret werden. Ich nehme die Aufgabenbeschreibung einer

Stellenanzeige, die ich zufällig bei Stepstone fand: Systemingenieur (m/w/d).

- Verantwortung für Auslegung und Entwurf elektromechanischer Baugruppen und deren Betreuung bis zur Serienreife
- Erstellung von Systemkonzepten für komplexe mechatronische Antriebssysteme
- Verantwortung für das Systems Engineering in enger Zusammenarbeit mit dem Kunden und internen Ansprechpartnern
- Dokumentation von Lastenheften und Überführung in Pflichtenhefte
- Verantwortung für die technische Leitung der Kundenprojekte in enger Zusammenarbeit mit dem Vertriebsinnendienst
- technische Kundenbetreuung bei anspruchsvollen Projekten

Diese sicherlich spannende und herausfordernde Aufgabe profilieren wir nun hinsichtlich der Denk- und Motivationsstrategien. In der Praxis haben Sie viel mehr Informationen über die Stelle, gerade wenn Sie deren Vorgesetzte/r sind. Hier begnügen wir uns mit dieser Stellenanzeige.

Gemäß der Aufgabenbeschreibung handelt es sich eher um eine anstrebende Aufgabe. *Entwurf, bis zur Serienreife, Erstellung* und *Leitung* sind grundsätzliche Indizien, dass etwas zu erreichen ist. Vermeidende Strategien lassen sich nicht unmittelbar in der Beschreibung erkennen.

Leitungsaufgaben sind immer Aufgaben, die tendenziell proaktives Denken und Handeln erfordern. Das ist in dieser Stellenbeschreibung schlecht formuliert, da die Tätigkeiten substantiviert bezeichnet sind.

Die Stellenbeschreibung nennt optionale Aspekte, nämlich *Entwurf*, *Erstellung* und auch *Leitung*. Daneben sollte der Stelleninhaber gleichermaßen global- und detail-motiviert und sowohl Menschen- als auch Aufgabenmotiviert sein.

Diese Aufgabe ist keine Einstiegsstelle, in den Anforderungen wird das auch entsprechend formuliert. Allerdings sollte der Stelleninhaber ein Ingenieurstudium absolviert haben. Menschen mit sehr erfolgreichen Abschlüssen technischer Disziplinen, sind meist detail- und aufgabenmotiviert sowie stärker prozessorientiert.

Angenommen, Sie finden einen Mitarbeiter oder Bewerber, der sehr exakt arbeiten kann, aber weniger begabt ist, Ideen vorwärts zu bringen. Er ist ein typischer Problemlöser, kreativ, detailorientiert und ein typischer Tüftler, der weniger Kontakt zu anderen Menschen sucht. Er löst gewissenhaft Probleme. Vielleicht macht er aufgrund seiner bisherigen Leistungen einen guten Eindruck und Sie stellen ihn schließlich ein.

Dieser neue Mitarbeiter kann sehr exakt arbeiten und vermeidet Fehler, er hat aber wenig Motivation, Dinge vorwärts zu bewegen. Und das wäre - vermutlich - auf dieser Stelle wichtig. Er muss mit internen und externen Stellen zusammenarbeiten, gemeinsame Konzepte entwickeln. Natürlich kann er mit Menschen sprechen, löst aber lieber Probleme, als dass er mit anderen Menschen kommuniziert. Die Bedürfnisse seiner Kooperationspartner nimmt er nur wenig wahr. Dadurch entstehen Probleme in der Zusammenarbeit, die er versucht, aufgabenorientiert zu lösen. Das Zwischenmenschliche liegt ihm nicht, es strengt ihn sehr an und belastet ihn.

Der Bewerber passt fachlich sehr gut auf die Stelle. Hinsichtlich seiner Denk- und Motivationsstrategien ist er eher eine Fehlbesetzung. Der Bewerber wird diesen Job erfüllen können, er bringt aber keine brilliante Leistung. Er muss sich sehr anstrengen, was ihn belastet. Er bringt unterdurchschnittliche Leistungen. Damit ist er selbst unzufrieden. Das nagt an seiner Selbstwirksamkeitsüberzeugung, einem wesentlichen Resilienzfaktor. Die Gefahr besteht, dass er unter dieser Fehlbesetzung krank wird. Das lässt sich vermeiden, wenn die Führungskraft (und die Personalabteilung) gewissenhaft darauf schaut, welche neuro*logischen* Anforderungen die Stelle mit sich bringt und er dann einen Bewerber einstellt, der darauf möglichst exakt passt. Vergessen Sie bitte, dass der Bewerber seine Denk- und Motivationsstrategien im Laufe der Zeit anpasst. Das wird nicht passieren.

Hinsichtlich dieser Stelle sei noch etwas ergänzt. Die Stellenbeschreibung nennt vielfältige Aufgaben, die sehr unterschiedliche neurologische Strategien anspricht. Einerseits werden eher kreative (optionale) Aufgaben genannt (Entwurf, Erstellung von Systemkonzepten oder auch Leitung), andererseits aber auch sehr exakte, strukturierte (prozedurale) Aufgaben, wie z. B. das ganze Thema Dokumentation. Ein optimaler Mitarbeiter müsste beides gleichermaßen gut können. Doch das sind dann die eierlegenden Wollmilchsäue, die alles, aber nichts richtig können. Exzellente Leistung können wir nicht erwarten. An genau dieser Stelle geht meines Erachtens enormes Potenzial verloren. Was ist die Lösung? Spalten Sie die Stelle auf in einen optionalen und einen prozeduralen Anteil und ordnen Sie Mitarbeiter dann entsprechend zu. Haben Sie Mut, Aufgaben auch neu zu verteilen.

Eierlegende Wollmilchsäue, die Sie in Ihrem Verantwortungsbereich beschäftigen, blockieren sich in der Mittelmäßigkeit.

Sicherlich können Sie aus dem zuvor Beschriebenen ableiten, wie Sie Ihre Mitarbeiter auf Sonderaufgaben und Projekte verteilen. Bei Projekten brauchen Sie beispielsweise am Anfang einen kreativen Kopf, der Ideen zum Vorgehen entwickeln kann. Dann müssen Sie aber die Projektleitung einem eher prozeduralen Mitarbeiter anvertrauen. Ein optionaler Mitarbeiter wird am Projektziel nicht ankommen, sondern unterwegs neue Ideen entwickeln. Lassen Sie sich das von mir gesagt sein - ich weiß, wovon ich rede ;-).

Und was bedeutete das für Remote Leadership? Hier nenne ich zwei Aspekte.

Zum Einen ist es jetzt noch entscheidender, dass Mitarbeiter das tun, was sie - auch neuro*logisch* - am besten können. In den Aufgaben, die ihren kognitiven, motivationalen und sozialen Talenten entsprechen, sind Mitarbeiter überdurchschnittlich motiviert. Das ist intrinsische Motivation, die bei räumlicher Trennung elementar ist.

Zum Anderen bringen Mitarbeiter, die das tun, was sie am besten können, überdurchschnittliche Leistungen. Damit werden sie mit dem, was sie tun, sichtbarer. Sie helfen Ihren Mitarbeitern, auch auf Distanz zu leuchten, sichtbar und gefragt zu sein, was ein großartiges Mittel gegen die Isolation ist.

> **Mitarbeiter, die das tun, was sie am besten können, wachsen über sich hinaus und sind auch auf Distanz sichtbar.**

7.5.5. Delegieren

Delegieren bedeutet, Aufgaben so zu übergeben, dass die Führungskraft mit der Qualität der Aufgabenerledigung, zufrieden ist. Boris Grundl sagt in seinem Buch Leading Simple©, dass Aufgaben nicht auf einer zu hohen Ebene erledigt werden dürfen.[45] Das betrifft einerseits die Führungskraft selbst, die Freiräume für Führungsaufgaben, Strategie und Unvorhergesehenes behalten muss. Das betrifft aber auch einzelne Mitarbeiter, deren Zuverlässigkeit nicht zur Überlastung durch Kleinigkeiten führen darf. Delegieren Sie eine Aufgabe immer an den Mitarbeiter, dem die Aufgabe leicht fällt, ohne über- oder unterfordert zu sein.

Die Einstellung *Bis ich das erklärt habe, habe ich es gleich selbst erledigt. Und dann weiß ich auch, dass es vernünftig gemacht ist.* ist eine Bankrotterklärung an das eigene Team, aber auch an sich selbst. Mit dieser Einstellung schwächen Sie Ihre Mitarbeiter und vor allem sich selbst.

> Wer - mit welchen Ausreden auch immer - nicht konsequent delegiert, erklärt sich und seinen Verantwortungsbereich für bankrott

Delegieren funktioniert gut, wenn Sie ein paar Prinzipien beachten. Grundsätzlich gilt das Prinzip, immer **direkt auf die richtige Ebene** zu delegieren. Damit übergehen Sie zwar Führungskräfte auf den Hierarchieebenen dazwischen. Stellen Sie deshalb sicher, dass die übergangenen Führungskräfte informiert sind.

---

[45] Grundl, Boris (2010): Leading Simple: Führen kann so einfach sein. GABAL Verlag, Offenbach.

Ein weiteres Prinzip ist, dass grundsätzlich **an den fähigsten Mitarbeiter** delegiert wird. Hiervon wird in der Praxis oft abgewichen. Man folgt dem Prinzip *Management by Champion*: Der erste, der den Kopf heraus streckt, der bekommt die Aufgabe. Kennen Sie Ihre Mitarbeiter? Kennen Sie deren Kompetenzen, Talente und Stärken? Dann nehmen Sie den Fähigsten. Oft wird auch an den sympathischsten oder - ganz beliebt - an die Gehorsamen, die Ja-Sager delegiert. Das ist ein blinder Fleck der meisten Führungskräfte. Machen Sie sich das bewusst und handeln Sie konsequent.

Sie delegieren mit der Aufgabe **auch die Verantwortung.** Der Mitarbeiter muss deshalb in der Lage sein, die volle Verantwortung für die Aufgabe zu übernehmen. Beachten Sie den Reifegrad der Mitarbeiter. Mitarbeiter, die kurz nach dem Berufseinstieg noch nicht viel Erfahrung haben, brauchen mehr Unterstützung, als langjährige Mitarbeiter. Dennoch können Sie auch an junge oder unerfahrene Mitarbeiter verantwortlich delegieren. Lassen Sie Ihre Mitarbeiter wachsen.

Und was ist, wenn es schief geht? Grundsätzlich stellen Sie sich als Vorgesetzter nach außen hin vor die Mitarbeiter. Sie wehren Angriffe ab. Intern sprechen Sie mit dem Mitarbeiter und rügen ihn (falls notwendig und mit aller Wertschätzung). Ihr Mitarbeiter darf wissen, dass Sie **hinter ihm stehen und ihm den Rücken freihalten.** Falls das dauerhaft nicht geht, trennen Sie sich.

Und dann noch ein Prinzip, das vielen Führungskräften schwer fällt: Loslassen. Wie oft hat man mir eine Aufgabe übertragen und eine halbe Stunde später fragt mein Chef, ob ich klar komme oder er mich unterstützen solle. Delegieren heißt Loslassen. Lassen Sie Ihre Mitarbeiter laufen - die können in der Regel mehr, als Sie glauben. Vereinbaren Sie, wann Sie einen ersten Bericht erwarten oder sich wieder zu diesem Thema zusammensetzen.

> Delegieren bedeutet, klare Ergebnisse zu formulieren, dem Mitarbeiter vertrauen und loszulassen.

Loslassen ist beim Führen auf Distanz eine der schwierigsten Herausforderungen, die sogar Führungskräfte krank macht. Sie müssen für das Ergebnis gerade stehen, haben aber keinen unmittelbaren Zugriff auf Ihre Mitarbeiter. Sie müssen Ihren Mitarbeitern etwas zutrauen und sich darauf verlassen, dass diese gewissenhaft ihre Arbeit erledigen. Trainieren dürfen Sie das.

Für das Loslassen sollten Sie ein funktionierendes Erinnerungssystem haben. Delegierte Aufgaben und vereinbarte Termine behalten Sie unbedingt im Blick. Wenn ein Mitarbeiter mehr als einmal erlebt, dass Sie ihm eine Aufgabe gegeben haben und nie wieder danach fragen, empfindet er dies als Beschäftigungstherapie und wird weniger motiviert sein, weitere Aufgaben zu erledigen.

Und ein letztes Prinzip, das vielleicht sogar das schwierigste ist: Vertrauen und Zutrauen. Vertrauen Sie Ihrem Mitarbeiter. Das ist besonders dann schwierig, wenn dieses Vertrauen einmal enttäuscht wurde. Ich nehme gerne eine Anleihe beim Aktienkauf. Sie kaufen eine Aktie im Vertrauen, dass der Kurs steigt und das Unternehmen eine gut Dividende auszahlt. Wir alle wissen, dass das nicht immer aufgeht. Wer sich aber entschieden hat, mit Aktien zu handeln und damit Geld zu verdienen, wird wieder investieren. Sobald Sie sich entschieden haben, nicht nur Vorgesetzter zu sein, sondern auch zu führen, investieren Sie Vertrauen in Ihre Mitarbeiter. Wird dieses Vertrauen enttäuscht, analysieren Sie, woran es gelegen hat und was Sie besser machen können - und investieren wieder Vertrauen. Gibt es einen nachhaltigen Vertrauensbruch, sehe ich keine Chance auf eine fruchtbare Zusammenarbeit. Dann sollten Sie sich trennen. Bis dahin investieren Sie Vertrauen - auch und gerade auf Distanz.

Zu Vertrauen gehört auch Zutrauen. Trauen Sie Ihren Mitarbeitern etwas zu, vielleicht im Home Office einmal mehr, als Sie es eigentlich würden. Ein Betreiber einer Hotelkette überlegt ein Hotel wieder zu eröffnen, das geschlossen wurde, weil es sich nicht trug. Er spricht mit einer Praktikantin, die Marketing studierte und für ein paar Wochen im Unternehmen ist. Er ermutigt sie, das Hotel wieder zu eröffnen. Nach einigen schlaflosen Nächten sagt sie zu, schaut sich in anderen Hotels an, wie man das macht, stellt 30 Mitarbeiter ein und eröffnet das Hotel. Inzwischen fahren die anderen Hoteldirektoren zu ihr und fragen, wie sie so erfolgreich sein kann. Der Unternehmer hat sicherlich nicht leichtsinnig entschieden, aber er hat vor allem dieser (eigentlich temporären) Mitarbeiterin etwas zugetraut.

Zutrauen ist die beste Investition, die Führungskräfte tätigen können.

Interne Weiterdelegation ist nicht erlaubt. Die Führungskraft kennt ihre Mitarbeiter und entscheidet, wer eine Aufgabe bestmöglich erledigt. Jeder Mitarbeiter trägt die Verantwortung für seine Aufgaben gegenüber seinem Vorgesetzten. Deswegen wird nicht weiterdelegiert.

Abschließen möchte ich dieses Kapitel mit einem wichtigen Aspekt von Vertrauen, dem Selbstvertrauen. Stephen M. R. Covey nennt in seinem Buch „Schnelligkeit durch Vertrauen" als Basis für Vertrauen das Selbstvertrauen.[46] Eine von mir sehr geschätzte Führungskraft sagte mir in einem Interview, dass mangelndem Vertrauen in die Mitarbeiter immer ein Mangel an Selbstbewusstsein vorausgeht. Vertrauen Sie sich selbst? Können Sie sich absolut auf sich selbst verlassen? Falls Sie nur eine Rolle spielen, wenig authentisch sind und

---

[46] Covey, Stephen M. R. (2009): Schnelligkeit durch Vertrauen. Die unterschätzte ökonomische Macht. GABAL Verlag GmbH, Offenbach.

taktisch agieren, fällt Vertrauen in andere ebenfalls schwer. Hierzu stelle ich in Anlehnung an Stephen M. R. Covey vier Fragen:

- Sind Ihre Werte, Ihr Reden und Ihr Handeln deckungsgleich?
- Ist es Ihre ehrliche Absicht, dass alle Beteiligten zu Gewinnern werden?
- Entwickeln Sie stets Ihre eigenen Fähigkeiten weiter und sind kompetent auf Ihrem Gebiet?
- Bringen Sie echte Ergebnisse?

Mit Ihrem nachweisbarem Ja zu diesen Fragen schaffen Sie die Basis für Vertrauen in sich selbst. Andere werden Ihnen vertrauen. Und dann fällt es Ihnen leicht, Ihren Mitarbeitern zu vertrauen. Beginnen Sie also, sich selbst anhand dieser Fragen zu reflektieren und zu entwickeln.

7.6. Entscheiden

In meiner Funktion als Leiter der Personalentwicklung stellte ich eine junge Dame ein, die ziemlich intelligent, jedoch auch relativ unerfahren war. Weil sie direkt von der Hochschule kam und sich in die Bedürfnisse von Hochschulabsolventen gut hineindenken konnte, gab ich ihr die Aufgabe, ein Traineeprogramm für unser Unternehmen zu entwickeln. Mit großem Engagement setzte sie sich an diese Aufgabe. Sie recherchierte, was andere Unternehmen innerhalb und außerhalb des Konzerns anboten, sie sprach mit anderen Trainees und entwickelte ein Konzept. Eines Tages sagte sie mir, dass wir über ihr Konzept jetzt sprechen könnten und wir vereinbarten uns für den nächsten Tag. Dann legte sie mir einen kleinen Stapel Powerpoint-Folien vor die Nase und ging mit mir diese Präsentation durch.

Am Ende ihrer Präsentation zeigte sie drei Optionen auf, die aus ihrer Sicht möglich waren. Ohne lange zu hinterfragen oder zu diskutieren richtete ich mich in meinem Chefsessel auf, schaute mir die drei Optionen an und entschied: Variante B. Ich merkte sofort, dass etwas komisch war und sie hinterfragte noch einmal: „Variante B?". „Ja, Variante B." Ihr Gesicht verfinsterte sich, sie packte ihre Unterlagen zusammen und verließ mehr oder weniger kommentarlos mein Büro. Irgendetwas stimmte nicht. Aber ich kam nicht drauf. Ich hatte entschieden - eine von den drei Optionen. Das war ihre Erwartung. Und damit war doch gut. Schließlich war ich der Chef.

Am nächsten Morgen betrat die Mitarbeiterin mein Büro, grüßte halbwegs freundlich und sagte: „Marcus, wir müssen reden!" Auf die Frage, wann sie mit mir reden wolle, kam spontan die Antwort „Jetzt". Das klang entschlossen und ich stellte gar nicht die Verbindung zu ihrer Trainee-Präsentation her. Also sagte ich ihr: „Okay, komm rein, setz Dich, wir nehmen uns die Zeit." und ich fühlte mich als gütiger Chef, der ihr sofortige Gesprächsbereitschaft anbot.

Dann folgte etwas, was ich in meinem ganzen Leben nie wieder erleben möchte. Und während ich das schreibe, stehen mir immer noch die Nackenhaare zu Berge. „Marcus, nach diesem Gespräch kannst du mich rauswerfen. Das würde ich akzeptieren. Aber ich muss dir das jetzt sagen. - Gestern habe ich dir meine Ideen zum Traineeprogramm vorgestellt. Und ich habe schon mitbekommen, dass du dich am Ende in deinem Chefsessel aufgerichtet hast und hochherrschaftlich entschieden hast, dass wir Variante B umsetzen. Hättest du mir in der Stunde meiner Präsentation nur fünf Minuten wirklich zugehört, hättest du gewusst, dass Variante B die schlechteste aller drei war. Aber du wolltest entscheiden, schließlich warst du ja der Chef. Und das steht dir auch zu. Aber du hast mir eine Stunde lang nicht zugehört, weil du gerade dabei bist, deinen neuen Firmenwagen zu konfigurieren. - Und jetzt kannst du mich rauswerfen." Sie stand auf und wollte das Büro verlassen. Ich bat sie, zu bleiben.

Ehrlich gesagt, mir ging das quer runter. Was bildete sich eigentlich diese kleine Zicke ein, mir solche Vorwürfe zu machen. Wenn B so schlecht ist, warum schlägt sie es dann überhaupt vor. Und warum versucht sie nicht, mich von Variante A oder C zu überzeugen. Aber eigentlich hatte sie Recht. Ich versuchte gerade das Problem zu lösen, dass eine bestimmte Ausstattungsvariante mit einer bestimmten Motorisierung meines neuen Firmenwagens nicht zu kombinieren war. Und Autos sind mir schon wichtig.

Nachdem ich mich etwas gefangen hatte, gab ich ihr Recht. Ja, ich hatte ihr kaum zugehört und das versuchte ich durch Chef-Allüren zu kompensieren. Es wäre fair gewesen, ehrlich zuzugeben, dass ich mit dem Kopf woanders war. Vielleicht hätten wir die Präsentation noch einmal durchgehen sollen. Vielleicht hätte ich sie fragen sollen, was ihr Vorschlag ist, welche Variante sie nehmen würde, wenn sie frei entscheiden könnte. Mit Sicherheit hätte sie eine Idee gehabt. Ich hätte ihren Vorschlag hinterfragen können. Ich hätte … vielleicht … Hätte, wenn und aber helfen hier nicht weiter.

Ich bin dieser Mitarbeiterin heute noch unendlich dankbar, dass sie so ehrlich war und sogar ihren Arbeitsvertrag (sie war noch in der Probezeit) auf's Spiel setzte. Ja, sie war unerfahren. Das mit den drei Varianten hätte man anders machen können. Alles das wusste ich. Und trotzdem bin ich in die Falle gegangen.

Immer, wenn ich diese Geschichte in meinen Seminaren und Vorträgen erzähle, sagen mir Führungskräfte: „Ja, das ist aber auch ungeschickt von ihr. Sie hätte eine weitere Folie machen sollen und die drei Varianten bewerten können und schlussfolgernd eine Variante empfehlen sollen." - Alles richtig. Sie war noch keine 21 Jahre alt, hatte noch kaum berufliche Erfahrung, dafür aber ihr Studium mit Bestnoten unterhalb der Regelstudienzeit abgeschlossen. Sie war wirklich richtig gut, und noch etwas unerfahren. Und ich war dumm. Denn für mich war mein Auto wichtiger als die dreiwöchige Arbeit meiner Mitarbeiterin. Ich glaubte, dass ich entscheiden müsste, weil ich der Chef bin. Ich richtete mich im Chefsessel auf. Ich entschied: „B". Nicht nur, dass ich 25 Jahre älter, als die Zielgruppe des Traineeprogramms war. Ich war abgehoben, arrogant und glaubte, die absolute Entscheidungsmacht zu besitzen. Chef ist, wer entscheidet. - Und das ist dumm und falsch.

Ich habe mir die Frage gestellt, wer eigentlich der Entscheidungsträger ist bzw. sein soll. Und die Antwort darauf ist aus meiner Sicht fürchterlich einfach:

> **Entscheidungsträger ist immer der, der die höchste Kompetenz hat.**

Damit ist schon mal eines klar: Das ist eher selten der Chef. Zugegeben, dem Ego gefällt das nicht.

Es gibt Entscheidungen, die muss der Chef treffen. Dazu gehören beispielsweise alle Personalentscheidungen. Und dazu gehört auch, welche Ziele handlungsleitend sein sollen. Auch entscheidet der Chef über die Vision, das *Warum* des Verantwortungsbereichs. Alle anderen Entscheidungen stehen mindestens in Verdacht, dass sie besser vom Mitarbeiter getroffen werden. Allerdings gibt es dazu eine wesentliche Voraussetzung.

Ein Freund betreibt ein kleines Agentur-Büro mit ca. 25 Mitarbeitern. Er stellte eine neue Mitarbeiterin ein, die in den ersten Tagen irgendwann zu ihm kam und fragte: „Thomas, sollen wir X oder Y machen?" - Er hätte das entscheiden können. Stattdessen stellt er die Frage: „Du kennst unsere Ziele? - Bringt uns X oder Y den Zielen näher?" Die Antwort kam wie aus der Pistole geschossen. Darauf hin sagte er: „Wenn du die Ziele kennst und entscheiden kannst, was uns diesen Zielen näher bringt, musst du mich nicht fragen." Schon in den ersten Beschäftigungstagen dieser Dame machte er klar, dass bei Zielklarheit der Mitarbeiter entscheidet. Wichtig ist aber, dass die Ziele klar sind. Und hier sehe ich das eigentliche Defizit, das gerade auf Distanz, wenn die Mitarbeiter im Home Office sind, noch sichtbarer wird.

Oft sind nicht nur den Mitarbeitern die Ziele unklar. Selbst der Chef ist orientierungslos, kompensiert das aber mit seiner formalen Rolle. Das erzeugt wenig Akzeptanz und Überzeugung bei den Mitarbeitern.

Meine Empfehlung aus neuro*logischer* Sicht ist deshalb: Schaffen Sie Zielklarheit und lassen Sie das meiste unmittelbar von Ihren Mitarbeitern entscheiden. Notfalls stellen Sie zu Ihrer Sicherheit ein paar - möglichst wenige - Regeln auf.

Ein Unternehmen, das Mess- und Präzisionsinstrumente herstellt, schafft die zweite Unterschrift ab. Hier entscheiden und verantworten die Mitarbeiter selbst. Und sie sammeln beste Erfahrungen damit. Viele von meinen Lesern bekommen an dieser Stelle feuchte Hände. Und die Lösung ist nicht, mehr Regeln einzuführen, sondern absolut konsequent für Zielklarheit zu sorgen. Wie das geht, habe ich bereits ausführlich beschrieben.

Gerade, wenn Mitarbeiter im Home Office sind, erzeugen Sie bitte Klarheit darüber, wer was entscheidet. Wenn Mitarbeiter nicht wegen jeder Kleinigkeit bei Ihnen anrufen müssen, entlastet das auch Ihren Arbeitsalltag.

7.6.1. Strategien für gute Entscheidungen

1. Fragen Sie nach dem höchsten Ziel

Jedes Problem birgt eine große Chance. Es geht also nicht nur um eine Problemlösung, sondern auch darum, nach dem höchsten Ziel zu fragen. Was wäre, wenn Sie nicht nur ein Problem lösen, sondern eines Ihrer großen Ziele mit der Problemlösung gleich auch ein Stück näher rückt?

2. Integrieren Sie Bauchentscheidungen

Wie oft haben Sie gelesen, dass gute Führungskräfte schnelle Entscheidungen treffen? Das sind häufig sogenannte Bauchentscheidungen. Entscheiden Sie selbst, ob eine Bauchentscheidung im jeweils vorliegenden Fall gut ist oder ob es besser ist, das Problem analytisch abzusichern. Nahezu alle Entscheidungen werden dadurch aber nicht besser. Auch analytisch hinterfragte und begründete Entscheidungen haben einen enorm hohen unbewussten Anteil - mehr als wir glauben wollen.

3. **Verantwortung dahin, wo sie hingehört**

Nicht, weil das Problem bei Ihnen aufschlägt, ist es auch Ihre Verantwortung. Prüfen Sie immer erst die Verantwortung und bringen Sie ggfs. das Problem dorthin, wo es hingehört.

4. **Übernehmen Sie bewusst die Verantwortung**

Falls es Ihre Verantwortung ist, übernehmen Sie diese auch. Zu oft habe ich erlebt, dass Führungskräfte nicht zu ihrer Verantwortung stehen. Das rettet vielleicht im Moment Kopf und Kragen. Auf Dauer ruinieren Sie jedoch damit Ihre Reputation. Denn die anderen sind nicht dumm und werden schnell merken, ob Sie verlässlich sind und zu Ihren Entscheidungen stehen.

5. **Beobachten Sie, ohne sofort zu entscheiden**

Aktionismus ist selten ein guter Ratgeber. Viele Male habe ich mir Probleme zunächst angeschaut, obwohl ich gerne sofort entschieden hätte. Nach mehr oder weniger kurzer Zeit hat sich das Problem entweder schärfer konkretisiert, so dass ich dann eine gute Entscheidung treffen konnte. Oder das Problem hat sich aufgelöst, ohne dass ich eine - im Zweifel falsche - Entscheidung getroffen habe.

6. **Rückendeckung und Ressourcen klären.**

Zu Punkt 4. gehört auch, dass Sie zu Ihrer Entscheidung stehen und nicht Ihre Mitarbeiter oder Kollegen auflaufen lassen. Geben Sie Rückendeckung und klären Sie die erforderlichen Ressourcen. Seien Sie eine Führungskraft, auf die sich Mitarbeiter verlassen können. Dann folgen Ihre Mitarbeiter gerne und engagiert.

7.6.2. Partizipation

Sie sind der Chef. Sie treffen Entscheidungen. Damit ist die Rollenverteilung klar. Doch ist das sinnvoll?

Ellen J. Langer (Harvard-Professorin) und Judith Rodin führten in den 1970er Jahren in einem Altenheim eine Studie durch[47]. Ihre Frage war, ob sich der Alterungsprozess der Bewohner beeinflussen lässt. Sie bildeten zwei Gruppen, eine Versuchsgruppe und eine Kontrollgruppe. Die Kontrollgruppe hatte keinen gestalterischen Einfluss auf den Alltag, ihnen wurden alle Entscheidungen abgenommen. Die Bewohner wurden darauf hingewiesen, dass ausschließlich das Personal über den Alltag bestimmen würde. Die Versuchsgruppe hingegen erhielt den Auftrag, sich selbstständig um die Pflege und Versorgung der Zimmerpflanzen zu kümmern. Auch sonst konnten sie selbst über die Gestaltung des Alltags und ihres Zimmers bestimmen und waren nur an ganz wenige Vorgaben gebunden. Sie hatten einen gewissen Entscheidungsspielraum.

---

[47] Langer, Ellen J./Rodin, Judith (1976): The effects of choice and enhanced personal responsibility for the aged. A field experiment in an institutional setting. In: Journal of Personality and Social Psychology, Aug 1976, 34(2):191-8.

Der Versuchszeitraum von 18 Monaten war genügend lang, um kurzfristige Schwankungen des individuellen Wohlbefindens auszuschließen. Bei der Versuchsgruppe zeigten sich in diesem Zeitraum dramatische Veränderungen. Diese Bewohner lebten länger, waren aktiver und nahmen an mehr Aktivitäten des Hauses teil. Sie waren geistig wacher und erlebten eine größere Lebenszufriedenheit. Darüber hinaus ging der Medikamentenkonsum deutlich zurück. Am deutlichsten wurde der Unterschied zwischen Versuchs- und Kontrollgruppe, als man die Sterblichkeit der Bewohner verglich. Nach 18 Monaten waren 30 Prozent der Bewohner aus der Kontrollgruppe gestorben, jedoch nur 15 Prozent aus der Versuchsgruppe.

Gestalten wollen und über sich hinaus wachsen wollen, gehört zu den neurobiologischen Grundbedürfnissen eines jeden Menschen.

In zwei großen Studien[48] mit jeweils über 10.000 Teilnehmern zeigte sich, dass ein geringer Anteil an Gestaltungs- und Einflussmöglichkeiten die Wahrscheinlichkeit dramatisch steigert, an einer Herzerkrankung zu erkranken.

In einer Studie, deren Ergebnisse 1978 veröffentlicht wurden[49] zeigt Michael Marmot, der Leiter der Studie, dass Staatsbedienstete auf niedrigen Hierarchiestufen dreimal so häufig an einem Herzinfarkt sterben, als Beamte der obersten Hierarchiestufen. Als man die Lebensgewohnheiten betrachtete, stellte sich heraus, dass Mitarbeiter unterer Hierarchien beispielsweise häufiger rauchten oder sich ungesund ernährten. Als man diesen Effekt herausrechnete, blieb dennoch eine doppelt so hohe Sterblichkeit unterer Ebenen bestehen. Raucher auf einer unteren Hierarchieebene hatten also ein deutlich

---

[48] *Marmot, Michael Gideon et al. (1984): Inequalities in death – specific explanations of a general pattern? Lancet 8384, 1003-1006.*
[49] *Marmot Michael Gideon et al. (1991): Health inequalities among British civil servants. The Whitehall II study. Lancet 337:1387-1393.*

höheres Herzinfarktrisiko, als Raucher oberer Hierarchieebenen. Die zweite Studie sollte das erklären.

In der Studie Whitehall II waren wieder über 10.000 Bedienstete involviert. Jetzt beteiligte man jedoch zahlreiche Ärzte und Soziologen, Biologen und Psychologen. Man maß Ernährungsgewohnheiten, Stressaktivitäten sowie zahlreiche Blutwerte, Herzfrequenz und Blutdruck. Außerdem wurden zahlreiche psychosoziale Aspekte beobachtet und befragt.

Das Ergebnis von Whitehall II: Je weiter unten jemand in der Hierarchie angeordnet ist, umso höher ist sein Stresslevel. Der Grund liegt an den wahrgenommenen, geringeren Kontroll- und Einflussmöglichkeiten. Selbstbestimmung ist ein hoher Wert des Menschen, der durch Einengung, Vorgaben und Reglementierung gefährdet wird. Das löst Stress aus.

Diese Studien sind eindeutig. Vermutlich wird die Kontrollgruppe des Seniorenheims nicht über Stress geklagt haben. Sie wurden versorgt und ihnen fehlte es an nichts. Sie hatten nur keine Chance, ihren Alltag mitzubestimmen. Man könnte vermuten, dass die Versuchsgruppe mehr Stress erlebte. Sie musste sich Gedanken machen, wo die Pflanze am besten steht, wann sie wie häufig zu gießen und zu pflegen ist. Und auch sonst musste sie sich Gedanken zur Gestaltung ihres Zimmers und ihres Alltags machen. Dennoch war die Versuchsgruppe gesünder, wacher und vitaler als die Kontrollgruppe.

Ähnliches gilt für die Whitehall-Studien. Mitarbeiter oberer Hierarchieebenen haben risikoreichere, weittragendere Bedeutung und Konsequenzen. Zu vermuten wäre, dass sie deutlich mehr Stress ausgesetzt sind. Und tatsächlich ist zu beobachten, dass Top-Manager sehr viel häufiger Stressoren ausgesetzt sind, diese aber kaum noch wahrnehmen. Es ist so, dass Führungskräfte weniger häufig krank sind, als deren Mitarbeiter.

Schauen wir uns den Stressverarbeitungsprozess an. Stress führt zu drei verschiedene Stressreaktionen: Angriff, Flucht oder Resignation. Diese waren früher lebensbedeutend für den Menschen. Im Altenheim sind diese Reaktionen sinnlos. Dennoch bedeutet diese Aktivierung der Hypothalamus-Hypophysen-Nebennieren-Achse, dass der Organismus mit diesem Zustand umgehen muss. Wichtig wäre, dass der Parasympathikus möglichst schnell den Stresszustand beruhigt. Hierzu gibt es drei Wege:

1. Überzeugung, dass ich selbst eine Lösung für das Problem finde.
2. Darauf vertrauen, dass andere mir bei der Lösung des Problems helfen.
3. Überzeugt sein und zu wissen, dass es eine gute Lösung geben wird, ohne sie bereits zu kennen.

Was leitet sich daraus für den Führungsprozess ab? Je intensiver eine Führungskraft die Mitarbeiter mitgestalten lässt, Denkprozesse an sie auslagert und sich damit auf weniger Dinge konzentrieren muss, desto mehr hat sie Zugriff auf das eigene Potenzial und desto mehr fördert sie die Selbstbestimmtheit der Mitarbeiter.

Führungskräfte beschleunigen den Umsetzungsprozess, sobald Mitarbeiter das Was (Mission) und das Wie (Strategie) mitgestalten können. Und hier wiederhole ich mich. Viel zu oft haben mir meine Vorgesetzten gesagt, was und wie ich etwas zu tun hatte. Ich konnte kaum noch selbst gestalten und meine Motivation hielt sich in Grenzen. Kaum einer hat mir das Ergebnis und den dahinter liegenden Sinn erklärt und mich das Was und das Wie selbst finden lassen.

Ich halte vor dem Hintergrund der Erkenntnisse zur Partizipation den Hinweis für wichtig, Mitarbeiter kollaborativ in Entscheidungsprozesse einzubeziehen. Im Zweifel haben Sie als Verantwortlicher von oben Ziele vorgegeben bekommen oder mit Ihrem Vorgesetzten vereinbart. Reichern Sie diese Ziele mit den weiteren Zielen an, die Sie sich selbst (für den kommenden Zeitraum) vorgenommen haben. Und dann rufen Sie Ihre Mitarbeiter zusammen, legen alles auf den Tisch und diskutieren, wer welchen Beitrag zur Zielerreichung leisten wird. Machen Sie damit Ihre Ziele zu einem gemeinsamen Anliegen.

> **Machen Sie Ihre Ziele in Form von klar formulierten Ergebnissen zu einem gemeinsamen Anliegen.**

Begründen Sie die (vorgegebenen und selbstgewählten) Ziele nachvollziehbar. Vermitteln Sie den Mitarbeitern, *warum* das Erreichen der Ziele wichtig ist. Bedenken Sie dabei, dass Sie macht-, leistungs- und anschlussmotivierte Mitarbeiter haben. Nennen Sie in Ihrer Zielbegründung für jede Gruppe hinreichend gute und sinnstiftende Argumente.

Legen Sie gemeinsam fest, wer welche Entscheidungen selbst treffen kann und welche Regeln dabei gelten. Grundlage hierzu ist maximales Vertrauen. Bedenken Sie, dass die Verantwortung für das Ganze bei Ihnen als Führungskraft bleibt. Sind klare Regeln und Ziele vereinbart, organisieren sich Ihre Mitarbeiter gut selbst, entscheiden selbst und übernehmen auch einen Teil der Kontrolle. Auf den letzteren Aspekt gehen wir im nächsten Kapitel ein.

7.7. Kontrollieren

Es gibt wohl kein Buch über Führung ohne das Thema Kontrolle. Und an keiner Stelle gehen die Meinungen so weit auseinander, wie hier.

Unstrittig ist, dass Kontrolle nötig und erwünscht ist. Studien zeigen, dass Motivation und Leistungsanstrengungen deutlich sinken, wenn das Ergebnis nicht gewürdigt wird. Menschen brauchen Feedback, um zu wachsen. Dazu gehören sowohl Kontrolle, als auch Feedback.

Erinnern Sie sich an Ihre Kindheit. Wir hatten ein Zentimetermaß an der Wand hängen, an dem die Entwicklung der Körperlänge abzulesen war. Mein Vater machte von Zeit zu Zeit einen Bleistiftstrich auf die Tapete und schrieb ganz fein das Datum daneben. Und ich freute mich, schon wieder einen Zentimeter gewachsen zu sein.

Für die Gewichtskontrolle gilt ähnliches: Wer abnehmen will, wird sich regelmäßig wiegen, um den Erfolg seiner Anstrengungen wahrzunehmen und beurteilen zu können, ob die Methode noch das gewünschte Ergebnis bringt.

> Kontrolle ist Feedback über den Führungsprozess - eine Perspektive, die Sie als Führungskraft wachsen lässt.

Kontrolle dient auch der Sicherheit. Wir kontrollieren beim Autofahren unsere Geschwindigkeit - spätestens dann, wenn es geblitzt hat.

Im Führungsalltag nimmt dies bisweilen absurde Formen an und bringt Chefs und Kontrolle in Misskredit. Da werden Mitarbeiter per Video überwacht, Telefongespräche und eMails abgehört und mitgelesen, Detekteien angesetzt, um herauszufinden, ob ein Mitarbeiter wirklich krank ist oder noch einer weiteren Beschäftigung nachgeht. Gerade in Zeiten von Home Office steigt die Frage nach Tools und Möglichkeiten, die Mitarbeiter zu überwachen und zu kontrollieren.

Das Ludwigshafener Institut für Beschäftigung und Employability befragte 665 Chefs.[50] Dabei erkannten sie, dass Chefs zwar gerne weniger kontrollieren und mehr vertrauen würden, ihnen das in der Praxis aber nicht gelingt.

Wozu dient Kontrolle?

> **Überzogene Kontrolle und mangelndes Vertrauen dienen dem Selbstschutz der Führungskraft, getrieben aus Angst, Unsicherheit und mangelndem Selbstwertgefühl.**

Deshalb wird weit überwiegend das *Was* und das *Wie* kontrolliert. Ob der Nutzen aus dem *Warum* erreicht wird, ist oft schon deshalb unmöglich, weil er nicht formuliert ist.

---

[50] *Rump, Jutta et al. (2014): Schwerpunkt Führung. In: HR-Report 2014/15. Hays plc, Mannheim.*

Aus neuro*logischer* Sicht stellen sich zwei entscheidende Fragen:

- *Wer kontrolliert?*
- *Was sind die Kriterien?*

Die erste Frage ist in der Praxis schnell beantwortet: Der Chef. Dabei ist eigentlich klar, dass der Mitarbeiter meist selbst beurteilen kann, ob ein Ergebnis erreicht ist. In einer immer komplexer und dynamischer werdenden Wissensgesellschaft wird Kontrolle durch den Chef schnell unmöglich.

Damit verbunden ist die zweite Frage: *Nach welchen Kriterien soll kontrolliert werden? Wer oder was ist die Norm?* Hier rächt sich - vor allem auf Distanz - Nachlässigkeit in der Zielformulierung. Denn meist wird der Prozess und nicht das Ergebnis beschrieben. Beschreiben wir das Ergebnis, dann muss damit die Frage beantwortet sein: *Woran erkenne ich (oder ein anderer), dass das Ziel erreicht ist?* Sobald das eindeutig formuliert ist, kennt der Mitarbeiter das Ergebnis und kann beurteilen, ob er das Ziel erreicht hat.

> **Sobald das Ergebnis glasklar und unmissverständlich formuliert ist, kann der Mitarbeiter selbst kontrollieren.**

Wenn Sie auf Distanz führen, wird es nahezu unmöglich, den Prozess zu kontrollieren. Deshalb wiederhole ich hier noch einmal die Notwendigkeit, das Ziel als Ergebnis mit den oben genannten Gütekriterien zu beschreiben. Stellen Sie das sicher und übertragen Sie den überwiegenden Teil der Kontrolle an Ihre Mitarbeiter.

7.7.1. Anleitung zur Selbstkontrolle

Zahlreiche Studien weisen nach, dass Selbstkontrolle der Fremdkontrolle vorzuziehen ist. Sie ist gesundheitsförderlicher und motivierender. In der salutogenetischen Forschung wird Selbststeuerung und Selbstkontrolle als Ganzheitlichkeit formuliert und positiv bewertet. Hat ein Mitarbeiter die Chance, seine Arbeit selbst zu planen und selbst zu kontrollieren, so identifizieren sie sich deutlich stärker mit ihren Aufgaben und sind deutlich angstfreier. Die Mitarbeiter erleben sich als selbstwirksam. Und das fördert das Selbstvertrauen und damit Motivation und Gesundheit. Darüber hinaus steigt die Bereitschaft der Mitarbeiter deutlich an, mehr Verantwortung für das eigene Handeln zu übernehmen.

7.7.2. Grenzen der Selbstkontrolle

Vertrauen ist gut, Kontrolle ist besser.

Dieser flach anmutende Spruch wird oft von Führungskräften zitiert, die Macht über ihre Mitarbeiter zum Ausdruck bringen wollen. Mit der Corona-Krise sind viele Mitarbeiter ins Home Office entschwunden. Gerade selbst überkontrollierte Führungskräfte befürchten zu über 50 Prozent, dass ihre Mitarbeiter im Home Office weniger arbeiten, als man von ihnen erwartet.

In meinen Augen sagt deshalb das übermäßige Kontrollieren mehr über die Schwäche der Führungskraft, als über die Unfähigkeit der Mitarbeiter und deren tatsächlichem Arbeitsverhalten aus. Vertrauen ist die Basis für wirksame und effiziente Zusammenarbeit - übrigens nicht nur auf Distanz. Misstrauen und Kontrolle machen langsam und steigern die Kosten deutlich.[51]

Ob das *Warum* noch im Fokus steht und alle Bemühungen darauf ausgerichtet sind, ist bei fast allen Führungskräften außerhalb der Kontrolle. Weil es oft gar kein *Warum* gibt, muss die Führungskraft das *Was* und *Wie* kontrollieren.

Neuro*logische* Führung fordert, dass Sie ein klare Vision und sehr klare Ziele kommunizieren. Und genau dort liegt die Grenze der Selbstkontrolle. Selbstverständlich können Sie Ihre Mitarbeiter anleiten, alle Aktivitäten stets daraufhin zu überprüfen, ob sie der Vision und Zielerreichung dienen. Doch Sie müssen auch selbst kontrollieren, ob sie auf Zielkurs sind. Hierzu ein Beispiel aus dem Offshore-Segeln.

Führen Sie eine Segelyacht und stehen am Ruder, bekommen Sie vom Navigator einen Kurs vorgegeben. Sie achten auf den Kompass und versuchen, diesen Kurs konsequent zu halten. Je nach Wellengang ist das nicht einfach. Nach einiger Zeit ruft Ihnen der Navigator einen neuen, leicht veränderten Kurs, zu. Obwohl Sie ständig Ihren Kurs kontrollieren, müssen Sie jetzt den Kurs korrigieren. Warum? Abdrift durch Wind und Strömung versetzen das Schiff seitlich. Es gibt also Einflüsse, die sich der Kontrolle entziehen. Der Navigator gleicht von Zeit zu Zeit die aktuelle Position des Schiffes mit dem angestrebten Ziel ab und nimmt eine Kurskorrektur vor.

Es ist Führungsaufgabe, kontinuierlich zu kontrollieren, ob Sie auf Zielkurs sind. Je nach Reifegrad des Mitarbeiters ist dies mehr oder weniger häufig notwendig. Dabei ist zu bedenken, dass die Mitarbeiter häufig im Detail des Tagesgeschäfts abtauchen und nicht immer den

---

[51] Covey, Stephen M. R. (2009): *Schnelligkeit durch Vertrauen. Die unterschätzte ökonomische Macht.* GABAL Verlag GmbH, Offenbach. Seite 17ff.

Blick auf das Ziel haben. Umso mehr ist es Ihre Aufgabe, die Zielannäherung im Auge zu behalten.

> **Sie stellen sicher, dass Sie jederzeit auf Zielkurs sind. Die Kontrolle selbst können Sie delegieren, nicht aber, dass die Kontrolle stattfindet.**

Um dieser Verantwortung gerecht zu werden, benötigen Sie Informationen. Dem dient ein gutes Management-Informations-System, das so schmal ist, dass Sie Sicherheit haben. Die meisten Systeme sind erheblich überdimensioniert, dennoch fehlen oft die entscheidenden Fakten.

Der Kapitän auf unserer Segelyacht kann minütlich die Wassertiefe und die Wassertemperatur messen. Die Wassertemperatur ist in der Regel irrelevant. Die Wassertiefe wäre relevant beim Segeln in Küstennähe oder flachen Gewässern, aber nicht bei einer Atlantiküberquerung. Wann welche Informationen relevant sind, entscheidet der Kapitän. Die Überwachung bestimmter Informationen ist in bestimmten Situationen sehr relevant, muss jedoch konsequent wieder abgeschaltet werden, falls sie bedeutungslos wird. Ansonsten entstehen Datenfriedhöfe, die zu Gleichgültigkeit und Oberflächlichkeit erziehen. Dies ist ein ständiger Balance-Akt in der Führung.

Versagt Selbstkontrolle oder reicht diese nicht aus, und wird deshalb Fremdkontrolle durch den Vorgesetzten notwendig, beachten Sie einige Gebote. Das oberste Gebot ist Gerechtigkeit und Nachvollziehbarkeit. Kontrolle demotiviert, wenn es keinen nachvollziehbaren Grund für die Kontrolle gibt. Und das ist schnell geschehen. Wir alle sind von Sympathie und Antipathie getrieben und neigen dazu, Mitarbeiter stärker zu kontrollieren, die uns unsympathisch sind. Wir misstrauen ihnen und kontrollieren deshalb engmaschiger. Dies dient dazu, unsere negative Meinung durch festgestellte Fehler zu untermauern. Sympathischen Mitarbeitern vertrauen wir eher.

Zugegeben ist dies nur schwer zu ändern. Früher war es existenziell, unsympathischen Menschen zu misstrauen und eine Gefahr zu vermuten. Das sicherte unser Überleben, als wir noch in Höhlen lebten. Und dieses urmenschliche Programm läuft heute noch. Dagegen müssen wir ankämpfen. In meinen Seminaren gibt es dazu ein paar Übungen, über die wir transparent machen, wie Sympathie und Antipathie von unserem Gehirn gemacht werden. Sobald wir das wissen, können wir es bewusst ändern.

Ein weiteres Gebot ist die Gestaltung von Freiraum. Inzwischen ist klar, dass größere Entscheidungs- und Gestaltungsspielräume die Motivation und Zufriedenheit steigern. Oft sind diese aber nicht klar definiert. Je unklarer sie sind, umso häufiger müssen Sie kontrollieren. Definieren Sie diesen Freiraum möglichst eindeutig. Legen Sie Budgets, Ressourcen und Regeln fest, innerhalb derer Mitarbeiter selbstständig entscheiden und handeln können. Kontrollieren Sie nur die Einhaltung dieser Rahmenbedingungen, aber nicht mehr die Ausgestaltung innerhalb der Regeln.

Klare Zielsetzung entsprechend der zuvor vorgestellten Gütekriterien fördert die Identifikation mit den getroffenen Vereinbarungen. Leiten Sie den Mitarbeiter an, den eigenen Fortschritt selbst zu kontrollieren.

Zu wenig Kontrolle bedeutet für den Mitarbeiter oft auch zu wenig Interesse.

Legen Sie deshalb vorher gemeinsame Reviewtermine fest, falls es sich um eine größere Aufgabe handelt. Gerade auf Distanz ist das ein sehr empfehlenswertes Vorgehen.

Ein aus meiner Sicht extrem wichtiger Punkt ist die Frage: Wozu dient Kontrolle? Dient Kontrolle dazu, den Mitarbeiter eines Fehlers zu überführen, ihn abzuqualifizieren und die eigene Position als Chef zu bestärken? Dann ist Kontrolle abzulehnen.

Es ist Ihre Aufgabe als Führungskraft, Ziele zu erreichen, Ergebnisse zu bewirken. Kontrolle muss der Zielerreichung dienen. Hat der Mitarbeiter das Gefühl, dass es Ihnen als Führungskraft wichtig ist, ein definiertes Ziel zu erreichen und sich die Kontrolle im Zweifel gleichermaßen gegen den Mitarbeiter und die Führungskraft richtet, wird sie akzeptiert. Sie dokumentieren damit Zielfokussierung und machen Prioritäten transparent. Das stärkt Ihre Führungsposition.

Als letzte, in der Theorie selbstverständliche und in der Praxis selten vorgefundene Basis für gelingende und akzeptierte Kontrolle, hängt mit dem zuvor genannten zusammen: Vertrauen und positive Einstellung. Jede methodisch noch so ausgeklügelte Kontrolle wirkt beim Mitarbeiter demotivierend, wenn sie von Misstrauen getragen wird. Fragen Sie sich stets, wie Sie Ihren Mitarbeiter sehen. Ist es Ihr Anliegen, ihn zum Leuchten zu bringen? Wollen Sie dafür sorgen, dass er im besten Licht dasteht? Wollen Sie, dass Ihr Mitarbeiter über sich hinaus wächst? Dann ist das eine gute Basis für Kontrolle und dann wird sie nie destruktiv, beliebig oder bevormundend empfunden.

7.7.3. Feedback-, Beurteilungs-, Kritikgespräch

Mein Eindruck ist, dass auf Distanz deutlich weniger persönliche Feedback- und Kritikgespräche geführt werden. Ich selbst halte es für sehr sinnvoll, diese Gespräche in einer persönlichen Begegnung zu führen. Falls das nicht möglich ist, sollten sie möglichst per Video geführt werden, damit Sie die Reaktion Ihres Mitarbeiters mitbekommen.

Viele Trainer und Coaches empfehlen heute immer noch die sogenannte Sandwich-Technik. Vermutlich ist sie Ihnen bekannt. Dann können Sie den nächsten Abschnitt überspringen. Für die anderen sei die Technik kurz erläutert.

Einer Ihrer Mitarbeiter (oder Ihr Ehepartner, Kind oder Nachbar) hat etwas getan, das Sie so nicht akzeptieren wollen. Sie gehen also ins Gespräch, um Feedback zu geben und dafür zu sorgen, dass das nicht noch einmal vorkommt. Also kommen Sie zusammen und Sie beginnen, eine positive Gesprächsatmosphäre zu schaffen, in dem Sie über grundlegend gute Zusammenarbeit, Ehe, Nachbarschaft sprechen. Sie stellen positive Aspekte heraus. Danach äußern Sie Ihren Kritikpunkt, stellen den kurz, aber so detailliert wie nötig dar. Dabei sprechen Sie in Ich-Botschaften und geben dem Mitarbeiter (Ehepartner, Nachbarn) die Chance, sich dazu zu äußern. Wenn alles gut läuft, nimmt der andere die Kritik an und Sie schließen das Gespräch positiv ab, in dem sie die ansonsten sehr gute Zusammenarbeit herausstellen.

Sie packen also die Kritik zwischen positive Aspekte, oft in der Hoffnung, dass die Kritik dann positiver aufgenommen wird und es zu weniger Auseinandersetzung kommt.

Ich rate aus neurobiologischer Sicht von dieser Sandwich-Technik dringend ab und will Ihnen auch erklären, warum. Sobald unser Gehirn Lob, Anerkennung und Positives über uns selbst hört, aktiviert sich das Belohnungszentrum. Wir fühlen uns gut und das dopaminerge System schüttet Glücksbotenstoffe sowie andere Hormone und Neurotransmitter aus, die unser Gehirn in einen positiven und vor allem sehr lernbereiten Zustand versetzen.

Und jetzt kommt die Keule. Da das Gehirn jetzt extrem schnell lernt, verknüpft es diese beiden Erfahrungen: *Auf Lob folgt Kritik*. Wenn das von Ihnen so praktiziert wird, lernt das Gehirn diese unabdingbare Reihenfolge.

Dann endet das Gespräch positiv und unser Gehirn ist völlig verwirrt. Darüber hinaus wird das positive Ende kaum wahrgenommen, weil das Gehirn nach der Kritik im Stress-Modus ist und nur noch Kampf, Flucht oder Resignation kennt. Eine Antilope, die vor dem Tiger wegläuft, interessiert es nicht, wenn Sie ihr sagen, wie toll sie aussieht oder wie graziös sie sich fortbewegt. Jetzt interessiert nur, schneller zu sein.

Die Sandwich-Technik beinhaltet auch den sogenannten pawlow'schen Effekt: Sobald Sie in den nächsten Tagen etwas positives sagen, wird der Mitarbeiter sofort den Kopf einziehen, weil er auf die Keule wartet (die dann vielleicht gar nicht kommt). Ihr Mitarbeiter sagt auf Ihre positive Aussage mit fragendem Blick: ... *aber?* Daran erkennen Sie, dass die Schlussfolgerung, auf Lob folgt Kritik, bereits fest programmiert ist.

Falls Sie Kritik äußern, dann sortenrein. Falls Sie etwas zu kritisieren haben, kritisieren Sie das als Ich-Botschaft und konsequent auf das Verhalten bezogen. Schließen Sie das Gespräch ab, in dem Sie gemeinsam überlegen, was zu tun ist, damit der Vorfall nicht noch einmal vorkommt (Lessons learned). Diese Lösungsorientierung ist entscheidend. Und bitte halten Sie das aus, wenn der Mitarbeiter anschließend bedröppelt drein schaut. Er darf verstehen - sortenrein - dass sein Verhalten von Ihnen weder gewünscht noch geduldet wird.

Entscheidend für ein gutes Feedbackgespräch ist, dass der Mitarbeiter während des ganzen Gesprächs wahrnimmt, dass Sie immer hinter ihm stehen.

Sie können das sanfteste Kritik-Gespräch führen. Solange Sie keine Wertschätzung Ihrem Mitarbeiter gegenüber empfinden, nimmt er negatives und sogar positives Feedback nicht an. Wenn Sie jedoch Ihren Mitarbeiter positiv und wertschätzend wahrnehmen, wird selbst harte Kritik als konstruktiv empfunden. Und darin liegt der eigentliche Unterschied.

Noch ein Wort zur Sandwich-Technik, falls Sie ein Freund dieser Technik sind. Aus meiner Sicht ist diese Technik nicht so sehr wegen des Mitarbeiters sondern eher wegen der Führungskraft bzw. Feedback-Gebers so populär geworden. Gute Kritik zu üben, ohne den Mitarbeiter zu verlieren, ist schwierig und erfordert einen *A... in der Hose*. Die Sandwich-Technik harmonisiert das Gespräch, macht es sanfter und gaukelt vor, dass ja eigentlich alles in Ordnung ist. Am liebsten würden Sie den Mitarbeiter zwar rauswerfen, was aber nicht so einfach geht. Also lullen Sie ihn ein.

Halten Sie Ihre Mitarbeiter nicht für Kohlköpfe - die merken das schneller, als Sie glauben.

Für Feedback werden häufig sogenannte Feedback-Regeln aufgestellt. Möglicherweise haben Sie hier Ihre eigenen. Ich will abschließend ein paar aus neuro*logischer* Sicht beleuchten. Einiges davon habe ich zuvor schon genannt.

Feedback-Regeln

Beschreiben Sie, konkret. Achten Sie darauf, dass Sie Ihre eigene Wahrnehmung nur beschreiben und nicht bewerten. Das braucht Übung und Erfahrung. Seien Sie dabei konkret, ausschließlich bei Ihren eigenen Beobachtungen und lassen Sie Vermutungen oder Interpretationen weg.

Formulieren Sie klar und exakt. Der Feedback-Empfänger versteht sehr klar und eindeutig, was genau Sie kritisieren. Vermischen Sie nicht verschiedene Vorgänge. Und schaffen Sie für sich Klarheit, in dem Sie das Umfeld des Verhaltens betrachten: Was hat dazu geführt? Warum hat der Mitarbeiter sich so verhalten?

Bleiben Sie bei der Wahrheit. Das ist sehr schwierig. Wir nehmen sehr subjektiv wahr und konstruieren einen großen Teil unserer Wahrnehmung. Das sollten Sie bedenken. Es ist also immer erst einmal nur Ihre Wahrnehmung und sie muss nicht richtig und nicht vollständig sein.

Verurteilen Sie nicht. In dubio pro reo. Das gilt auch hier. Es ist ein Unterschied, ob Sie ein bestimmtes Verhalten als katastrophal, unangemessen oder destruktiv bezeichnen, oder ob Sie lediglich eine Beobachtung beschreiben.

Berücksichtigen Sie Bedürfnisse. *Jeder handelt nach seiner besten Option.* Dieser Satz geht mir in vielen Situationen heute noch sehr sperrig runter. Doch er ist richtig. Das zu kritisierende Verhalten war in der betreffenden Situation für den Feedback-Empfänger die beste Option. Jeder Angriff wird also unmittelbar auch auf die Person bezogen.

Seien Sie empathisch. Was heißt das? Wir können uns trefflich streiten über die Frage, ob die Klosterstraße auf die Immermannstraße stößt und das gerade dort ein tolles japanisches Restaurant ist. Solange Sie die Kölner und ich die Düsseldorfer Straßenkarte betrachten, werden wir aus dem Streit nicht heraus kommen. Wenn Sie aber gemeinsam mit Ihrem Mitarbeiter auf seine Straßenkarte schauen und ihn anschließend einladen, gemeinsam auf Ihre zu schauen, entsteht wechselseitiges Verständnis und Vertrauen. Jetzt geht es um das Treffen im Restaurant und nicht darum, dass der andere zu dumm ist, eine Straßenkarte zu lesen.

Kritisieren Sie möglichst zeitnah. Je länger ein *Vorfall* entfernt liegt, umso schwieriger können sich beide daran erinnern. Am besten ist also zeitnahes Feedback. Bedenken Sie aber bitte auch, dass es sein kann, dass die Gemüter noch zu erregt sind, so dass Feedback an dieser Stelle unangebracht ist. Manchmal ist es sinnvoll, eine Nacht darüber zu schlafen - aber eben nur eine.

Gehen Sie ins persönliche Gespräch. Feedback über Dritte zu verteilen, ist völlig unangebracht. Gehen Sie ins persönliche Gespräch und stellen Sie sich dem Konflikt. Nur so haben Sie eine Chance, auch etwas vom Feedback-Nehmer zu erfahren. Alles andere ist feige.

Sprechen Sie über veränderbare Dinge. Kritisieren Sie nur Dinge, die wirklich veränderbar sind. Fehlen einem Mitarbeiter bestimmte Kompetenzen, können Sie zwar dafür sorgen, dass er sie erwirbt. Sie sollten ihn dafür jedoch nicht kritisieren.

Vermeiden Sie Projektion. Projektion bedeutet in der Psychologie, dass wir in einem anderen bevorzugt das kritisieren und *bestrafen*, was wir selbst als Defizit haben. Das ist nicht immer ganz offen-sichtlich. Hinterfragen Sie sich selbstkritisch. Sollten Sie nicht kritisieren, solange Sie selbst genau dort ein Defizit haben? Doch, und es ist ein großartiger Weg, mit dem Mitarbeiter einen Schulterschluss zu erzeugen und einen gemeinsamen Entwicklungsprozess zu beginnen. Das macht gemeinsam stark.

Keine Aufmerksamkeit auf unerwünschtes Verhalten. Diese ist vielleicht die bedeutsamste Feedback-Regel, die kaum vermittelt wird. Menschen streben nach Aufmerksamkeit. Dabei sind sie sehr kreativ und flexibel. Die einen versuchen es mit Leistung. Und oft wird die nicht wahrgenommen, weil der Chef selbst im Micromanagement versinkt. Ein anderer Mitarbeiter versucht es möglicherweise mit destruktivem Verhalten. Und jetzt schenken Sie ihm Aufmerksamkeit. Ziel erreicht! Meine Empfehlung ist, nur dann Kritik zu üben, wenn es wirklich so nicht geht und Sie einschreiten müssen. Darüber hinaus empfehle ich, (positives) Feedback bei dem Verhalten zu zeigen, das Sie sich wünschen. Es reicht oft aus, dass der Mitarbeiter wahrnimmt, dass Sie es wahrgenommen haben.

Wie gehen Sie mit Kritik um, wenn Ihre Mitarbeiter auf Distanz arbeiten? Wenn es nicht nur ein marginales Feedback, sondern ein wirkliches Kritikgespräch ist, sprechen Sie bitte möglichst in einer persönlichen Begegnung miteinander. Sie wollen jede Reaktion des Mitarbeiters wahrnehmen, um ggf. nach- oder gegenzusteuern. Selbst gute Video-Konferenztechnik kann das nicht leisten. Überhaupt halte ich es für sinnvoll, gelegentliche persönliche Begegnungen einzurichten. Das muss nicht im Büro sein. Manches Restaurant mit einer stillen Ecke, ein gemeinsamer Spaziergang oder eine Parkbank eignen sich dazu ganz hervorragend.

7.8. Mitarbeiter auswählen & entwickeln

Ziele zu setzen, gehört zu den hoheitlichen Aufgaben einer Führungskraft. Gleiches gilt auch für Mitarbeiter auswählen & entwickeln. Diese fünfte Aufgabe wirksamer Führungskräfte ist nicht delegierbar.

Was ist nun Gegenstand Ihrer Aufgabe, Mitarbeiter auszuwählen und zu entwickeln? Auf diese Aufgaben und deren Gestaltung gehe ich in den beiden folgenden Kapiteln ein.

7.8.1. Mitarbeiterauswahl

Mitarbeiter auszuwählen ist eine zentrale und hoheitliche Führungsaufgabe. Diese Aufgabe kann und darf nicht delegiert werden. Gelegentlich werden Mitarbeiter, also zukünftige Kolleginnen und Kollegen in den Recruiting-Prozess involviert. Das ist okay, entbindet jedoch die Führungskraft nicht, ein eigene Entscheidung zu treffen.

Manchmal erlebe ich, dass die Führungskraft über die Mitarbeiterauswahl nicht entscheiden darf, weil dies übergeordnete Stellen tun. Das ist keine gute Idee. Sie als Führungskraft müssen selbst bestimmen können, mit welchen personalen Ressourcen Sie die von Ihnen erwartete Leistung erbringen. Sonst sind Sie nach meinem Verständnis keine Führungskraft.

> **Recruiting muss sicherstellen, dass die richtigen Qualifikationen rechtzeitig dem Unternehmen zur Verfügung stehen.**

Ich selbst war über 25 Jahre mit der Gewinnung von Mitarbeitern, dem Recruiting, beschäftigt. Ich habe viele hundert Arbeitsverträge angebahnt und abgeschlossen, war darüber hinaus auch elf Jahre im Personalmarketing tätig, habe Imagekampagnen und (heute würden wir sagen) das Arbeitgeber Branding mitgestaltet.

In der Personalauswahl haben wir damals nichts anderes getan, als heute auch getan wird. Wir schauen auf formale Qualifikationen, Zusatzkenntnisse und -fähigkeiten sowie Erfahrungen. In einigen Fällen führten wir Assessment Center durch, teilweise sogar mit Intelligenztests, um gute Personalentscheidungen zu treffen. Die Auswahlinstrumente haben sich nicht wesentlich verändert, wohl aber die Quellen und Wege, potenzielle Mitarbeiter anzusprechen. Doch auch, wenn beispielsweise heute verstärkt über Social Media-Kanäle das Arbeitgeber-Image gepflegt und potenzielle Mitarbeiter direkt angesprochen werden, hat sich das inhaltliche und methodische Vorgehen nicht elementar geändert. Denn der Kern ist geblieben und wird immer bleiben:

Bereits in der Führungsaufgabe Planung und Organisation (siehe Kapitel 7.5.) sprach ich über die Planung und Auswahl personaler Ressourcen. Wenn Personalauswahl exzellent sein soll, braucht es ein Paradigmenwechsel.

Markus Buckingham und Curt Coffman publizierten eine große, internationale Studie, an der viele zigtausend Führungskräfte teilnahmen. Die Kernfrage war: *Was unterscheidet die Top-Führungskräfte von den durchschnittlich guten Führungskräften?*[52]

Sie identifizierten wider Erwarten nur vier Kriterien, in denen sich die Top-Führungskräfte vom Durchschnitt unterschieden. Eines der

---

[52] Buckingham/Coffman (2005): *Erfolgreiche Führung gegen alle Regeln. Wie Sie wertvolle Mitarbeiter gewinnen, halten und fördern.* Campus Verlag Frankfurt/Main.

Kriterien ist die Personalauswahl, ein anderes die Karriereorientierung. Und die ist auf Distanz nicht anders, als im regulären Office.

Talente vs. Ausbildung und Erfahrung

Die Top-Führungskräfte wählen ihre Mitarbeiter nicht primär nach Ausbildung, Erfahrung und Intelligenz aus. Mangelnde Ausbildung und Erfahrung lassen sich in nahezu allen Themen lernen. Intelligenz ist nachweislich nur zu 5 Prozent relevant. In den allermeisten Jobs können wir das vernachlässigen. Exzellente Führungskräfte wählen Mitarbeiter nach deren Talenten aus. Für einen tieferen Einstieg in diese Materie empfehle ich das von mir vor zwei Jahren erschienene Buch Neuro*logische* Personalauswahl.[53]

Talente sind Begabungen, von denen wir umgangssprachlich sagen, sie seien angeboren. Mehr und mehr bin ich davon überzeugt, das sie nicht angeboren sind, auch wenn sie vielleicht einen kleinen genetischen Anteil haben. Für unsere Zwecke können wir sagen, dass die wesentlichen Anteile an Talenten frühkindlich erworben sind. Dabei unterscheiden wir, wie die beiden Autoren Buckingham und Coffman motivationale, kognitive und soziale Talente.

Ich beobachte meine inzwischen dreijährige Enkelin auf dem Spielplatz und sie mit anderen Kindern verglichen. Sie betritt den Spielplatz, schaute sich um und geht zielstrebig auf eine kleine Gruppe von anderen Kindern zu. Ich habe auch andere Kinder beobachtet. Die gingen als erstes auf die freie Rutsche oder das Klettergerüst. Meine Enkelin ging zu den anderen, kam mit denen in Kontakt und schnell spielten sie miteinander - was sie spielten, war scheinbar egal.

---

[53] *Hein, Marcus (2019): Neurologische Personalauswahl. Mitarbeiter gewinnen, die nicht nur können, sondern auch wollen. Books on Demand, Norderstedt.*

Das ist **soziales Talent**, in frühester Kindheit bereits erkennbar, geprägt von ihren Eltern.

Kognitive Talente sind ebenfalls spannend zu beobachten: Sie beantworten die Frage, wie Informationen verarbeitet werden. Am Abend, bevor ich diese Zeilen schreibe, sitze ich mit einer befreundeten Führungskraft zusammen, die eine große Verantwortung innerhalb eines Chemieunternehmens trägt. Wir sprachen über die ihm unterstellten Führungskräfte. Und er beklagt, dass es da einen Mitarbeiter gibt, der absolut im Detail ist und die großen Zusammenhänge nicht mitbekommt. Fürchterlich. Er sollte eine erste Kalkulation für eine Anlagenerweiterung machen. Eigentlich war das ganz einfach: Kessel 300 T€, Rührwerk 80T€, Anschlüsse und Steuerung 20 T€, Diverses 40T€. Fertig. Doch dieser Mitarbeiter wollte das exakt kalkulieren. Der Kessel kostet nämlich 297.314,72 €, dazu kommen noch Dichtungen von 211,93 €, Spezialschrauben von 606,54 € usw. Sie verstehen, dass diese erste Kalkulation nie fertig wird, weil immer noch eine Schraube fehlt. Dieser Mitarbeiter hat das Talent, im Detail zu sein und es sehr genau zu nehmen. Wir reden über kognitive Talente.

Motivationale Talente hingegen beschreiben die Art und Weise, wie sich jemand motiviert. Dem einen fällt es leicht, Probleme, Schwierigkeiten und Gefahren zu sehen. Der andere sieht große Ziele und will sie unbedingt erreichen. Beide denken darüber nicht nach. Es sind gedankliche Autobahnen im Gehirn.

Für Sie ist es entscheidend, diese Talente zu erkennen und sie zu nutzen. Hier wiederhole ich mich gerne. Diese Führungskraft, die die erste Kalkulation machen soll, kann natürlich kalkulieren. Aber es fällt ihr für diese Zwecke nicht leicht. Klare Fehlbesetzung. Exzellente Führungskräfte sorgen dafür, dass die Mitarbeiter exakt das tun, was sie am besten können. Das ist optimale Mitarbeiterauswahl.

Stellen Sie sich Ihren Verantwortungsbereich vor, in dem jeder Mitarbeiter möglichst überwiegend das tun kann, was ihm leicht fällt und was er am besten kann. Sie sind plötzlich von hoch motivierten und super effizienten Mitarbeitern umgeben - falls das für Sie ein erstrebenswerter Zustand ist. Tatsächlich tun dies nur 20 Prozent der Mitarbeiter weltweit. Nutzen Sie dieses Potenzial! Gerade auf Distanz wäre das ein elementarer Vorteil.

Karriere- vs. Job-Fit-Orientierung

Durchschnittlich gute Führungskräfte entwickeln Mitarbeiter anhand von Karrierepfaden. Auch das ist Mitarbeiterauswahl. Es geht um den nächsten Karriereschritt. Einerseits werden Hierarchien immer flacher, Karrieremöglichkeiten fallen weg. Andererseits ist Karriere ein Faktor der extrinsischen Motivation, der nicht nachhaltig wirkt. Ist der nächste Karriereschritt erreicht, verschwindet der Antrieb.

Ist jedoch der nächste vertikale oder horizontale Schritt damit verbunden, dass der Mitarbeiter jetzt viel mehr seiner motivationalen, kognitiven und sozialen Talente zeigen kann, erhöht das dauerhaft die Motivation. Jetzt kann er (noch mehr) von dem tun, was ihm leicht fällt. Jetzt kommt die Motivation aus der Arbeit. Das ist intrinsische Motivation, die Mitarbeiter dauerhaft motiviert.

An diesen beiden Schlüsseln exzellenter Führung sehen Sie, dass es für Führungserfolg nicht um Begabung, Charisma oder Persönlichkeit geht, sondern um Tun. Wir haben kein Erkenntnisproblem sondern ein Umsetzungsproblem. Jetzt entscheiden Sie.

Mitarbeitergewinnung und Onboarding

In Zeiten von Home Office und Führen auf Distanz fällt vielen Unternehmen und Führungskräften die Mitarbeitergewinnung und das Onboarding deutlich schwerer. Für mich ist das nicht nachvollziehbar. Gehen wir die Recruiting-Schritte kurz durch:

Die Besprechung des Anforderungsprofils zwischen Personalabteilung und Fachvorgesetztem findet möglicherweise über Videokonferenzen statt. Inhaltlich und prozedural bleiben sie unverändert. Dasselbe gilt für das Bewerbermanagement. Viele Unternehmen unterbinden, dass Bewerber postalisch Bewerbungen zusenden. In Zeiten der Digitalisierung ist das für mich selbstverständlich, vor allem für Jobs, die auch im Home Office oder mobil möglich sind.

Auswahlgespräche sind telefonisch und per Video durchführbar. Ich halte vorgeschaltete, halbstrukturierte Telefoninterviews per se als ein sehr effizientes Auswahlinstrument. Auch Assessment Center lassen sich inzwischen prima online durchführen - falls man diesem Auswahlinstrument vertrauen möchte. Ich persönlich halte sie in den meisten Fällen für ineffizient.

Was vielleicht anders und etwas schwieriger ist, ist das Onboarding, also den Mitarbeiter an Bord zu holen und ins Team zu integrieren. Doch zu diesem Thema finden sich zahlreiche Bücher, Checklisten und Internetbeiträge. Nach meiner Beobachtung ist nicht das Onboarding in Zeiten von Home Office, sondern generell das Onboarding die Herausforderung. Man lässt den neuen Mitarbeiter antreten, nichts ist vorbereitet, schnell wird ein Schreibtisch besorgt und ein ausrangierter Laptop und schon kann es losgehen. Es gibt keinen Einarbeitungsplan, keine regelmäßigen, gegenseitigen Feedbackgespräche in den ersten Tagen.

Meine Empfehlung ist, dass Sie gemeinsam mit in letzter Zeit neueingestellten Mitarbeitern (wegen ihrer negativen oder positiven Erfahrung) und der Personalabteilung einen Onboarding-Prozess festlegen. Darin beschreiben Sie die Schritte zwischen Vertragsunterzeichnung und erstem Arbeitstag. Dann definieren Sie, was genau am ersten und in den ersten Arbeitstagen erfolgen soll. Welche Gespräche sind zu führen? Wen soll der Mitarbeiter in welcher Reihenfolge kennenlernen? Welche Unterlagen, Ausstattung und Informationen erhält der neue Mitarbeiter wann und von wem? ... und vieles mehr. Dazu zählt aus meiner Sicht auch die Regelung von Feedbackgesprächen bis hin zur rechtzeitigen Überlegung bezüglich einer Kündigung vor Ende der Probezeit.

Ich glaube nicht, dass sich das virtuelle Onboarding so sehr vom regulären unterscheidet. Ich bin eher überzeugt, dass ein schlechtes Onboarding in Home Office-Zeiten die bisherigen Fehler sichtbarer macht. Und darin sehe ich eine große Chance von Remote Leadership.

7.8.2. Mitarbeiterentwicklung

Als ich 2005 konzernintern in eine operative Gesellschaft mit 850 Mitarbeitern wechselte, übertrug man mir die Aufgabe, dort die *Personal- und Führungskräfteentwicklung* aufzubauen. Bis dahin kümmerte man sich leidlich um das Thema Berufsausbildung. Eine systematische Entwicklung, Karriere- und Nachfolgeplanung, Traineeprogramm und weitere Instrumente der Personalentwicklung gab es nicht. Bereits kurz vor meinem Start wurde ich zum Management-Meeting nach Bad Dürkheim eingeladen. Dort durfte ich mich vorstellen und kam mit den Führungskräften ins Gespräch. Man rief mir ein großes Willkommen entgegen und freute sich, dass sich endlich jemand um *Personalentwicklung* kümmert.

Ein paar Monate später war der Jubel verklungen und mir wehte Widerstand entgegen. Warum? Nun, ich verstand mich zwar als Personalentwickler, jedoch in der institutionellen Funktion lediglich als Koordinator, Moderator und Initiator. Ich stellte Methoden und Instrumente zur Verfügung, um die eigentliche Führungsaufgabe *Personalentwicklung* systematisch und nachhaltig zu gestalten. Wir führten *Mitarbeitergespräche* ein und alle stöhnten: „Wann sollen wir das denn noch machen?"

> **Mitarbeiter auswählen & entwickeln ist nach der Zielsetzung die zweite Hauptaufgabe einer Führungskraft und sie ist nicht zu delegieren.**

Nicht an einen Mitarbeiter und schon gar nicht an die Personalabteilung. Ich gehe noch einen Schritt weiter:

> **Personalentwicklung ist zuvorderst Aufgabe jedes einzelnen Mitarbeiters.**

Als ich diesen Satz einmal in einer Vorstandssitzung äußerte, erhielt ich harsche Kritik. Hintergrund dieser Kritik war, dass gerade die Top-Führungskräfteentwicklerin gekündigt hatte, um eine operative HR-Funktion zu übernehmen. Der Vorstand meinte, sie wäre gegangen, weil „wir zu blöd sind, ihr einen Dreier-BMW vor die Tür zu stellen." Falsch! Ich kannte diese von mir sehr geschätzte Dame seit einigen Jahren, war selbst für ein paar Jahre ihr Mitarbeiter. Sie hatte immer wieder davon gesprochen, dass sie eine operative HR-Funktion übernehmen wolle. Doch man hatte ihr nicht zugehört. Jetzt übernahm sie Verantwortung für ihre eigene Entwicklung.

Sie, liebe Leserinnen und Leser, werden am Ende Ihrer beruflichen Laufbahn nicht entschuldigend sagen können: *Aus mir ist nichts geworden, weil man mich nicht entwickelt hat.* - Das wird immer Ihre Verantwortung bleiben.

Natürlich gebe ich Ihnen recht, wenn Sie sagen, dass die Entwicklung von Mitarbeitern für das Unternehmen immer bedeutsamer wird. Unternehmen sind auch deshalb so erfolgreich, weil sie systematisch in ihre Mitarbeiter investieren. Aber Sie können Mitarbeiter nicht zwangsentwickeln. Ihr Unternehmen wird Angebote und Systeme schaffen, in denen Leistungsträger und Führungspotenziale erkannt und gefördert werden, möglichst auch ohne Sympathiefaktor des jeweiligen Vorgesetzten.

Leider erlebe ich immer wieder Führungskräfte, die über ihre Personalabteilung schimpfen. Dabei werden Verantwortlichkeiten dorthin delegiert, die eigentlich bei der Führungskraft liegen. Da führen Führungskräfte keine Mitarbeitergespräche, weil es dieses Instrument im Unternehmen nicht gibt. Da incentiviert man keine Leistungen (und ich glaube, dass es ein dummes Instrument ist), weil es das System nicht gibt. Da dürfen Mitarbeiter nicht zu Weiterbildungsveranstaltungen, weil der Anmeldeprozess nicht systematisiert ist. Hoffentlich ist das in Ihrem Unternehmen anders. Dennoch bleibe ich bei meiner Frage: *Wie oft schimpfen Sie wegen mangelnder Unterstützung bei der Entwicklung Ihrer Mitarbeiter über die Personalabteilung?* - Die Wahrheit ist: Es ist Ihre Aufgabe! Und deshalb widme ich dieser Aufgabe dieses umfangreiche Kapitel. Denn auf Distanz wird diese Aufgabe noch viel schneller vergessen. Als Trainer und Coach erfahre ich gerade, dass Weiterbildung deutlich zurückgefahren wird, was aus meiner Sicht fahrlässig ist. Sie als verantwortliche Führungskraft sollten das ändern.

Als Führungskraft brauchen Sie rechtzeitig und bedarfsgerecht personale Ressourcen. Sie sind im Unternehmen verantwortlich, als verlängerter Arm des Inhabers eine bestimmte Leistung sicherzustellen. Falls Sie das alleine könnten, wären Sie nicht Führungskraft und würden von morgens bis abends mehr oder weniger viel zu tun haben. Jetzt ist es aber so, dass Sie damit qualitativ und quantitativ überfordert sind. Also beschäftigen Sie Mitarbeiter, die Ihnen bei der Leistungserstellung helfen.

Nein, Mitarbeiterauswahl ist Ihre hoheitliche Aufgabe. Sie selbst müssen festlegen, mit welchem Personal Sie in der Lage sind, die geforderte Leistung zu erbringen. Immer wieder höre ich Führungskräfte sagen: „Ich würde ja gerne …, aber mit den Mitarbeitern ist das einfach nicht möglich." - Dann ändern Sie das. - Geht nicht? - Dann geben Sie Ihre Führungsaufgabe auf. Ja, das ist brutal. Und ich will Ihnen ein Beispiel sagen. In einem großen Versicherungskonzern ist es, laut Aussage von Führungskräften, nicht möglich, Mitarbeiter abzumahnen oder zu kündigen. Spätestens der Vorstand lehnt diesen Schritt ab. Demzufolge können Mitarbeiter tun und lassen, was sie wollen. Führungskräfte haben keine Chance, sich dagegen zu wehren. Ich habe diesen Führungskräften empfohlen, das Unternehmen zu verlassen, falls sie wirklich führen wollten.

Für die Entwicklung von Mitarbeitern gilt, dass dies zuvorderst Aufgabe des Mitarbeiters ist. Sie werden aber niemals sagen können, dass Sie die vereinbarte Leistung nicht erbringen konnten, weil Ihre Mitarbeiter sich nicht entwickelt haben und die Personalabteilung nicht für die entsprechende Entwicklung gesorgt hat. Es ist und bleibt - auch auf Distanz - Ihre Aufgabe.

Was genau? Hätten Sie eine Produktionsanlage in Ihrem Verantwortungsbereich, würden Sie vermutlich darauf bedacht sein, dass diese optimal genutzt wird. Sie würden schauen, welche Möglichkeiten die Anlage zu bieten hat und wie - falls erforderlich - die Kapazität erweitert werden kann. Vielleicht würden Sie auch über Tuning nachdenken. Darüber hinaus werden Sie für eine regelmäßige Wartung und bei Bedarf für die Reparatur sorgen.

Wie ist das mit Ihren Mitarbeitern? Schauen Sie hin, was genau möglich ist? Ergründen Sie, wie Mitarbeiter effektiver und effizienter werden? Liegt es in Ihrem Interesse, wie Möglichkeiten und Kompetenzen der Mitarbeiter erweitert und verbessert werden können? Fragen Sie sich, was Mitarbeiter motivierter sein lässt und was sie herausfordert? Sprechen Sie mit Mitarbeitern über Job Enrichment und Job Enlargement? Ziehen Sie Mitarbeiter rechtzeitig zurück, bevor sie verbrennen oder *kaputt* gehen? Viele Führungskräfte bejahen das und verweisen sofort wieder auf die Personalabteilung, den eigenen Vorgesetzten oder noch allgemeiner das Unternehmen. Sie selbst als Führungskraft entschuldigen sich, weil Sie ja eh nichts tun können. Das ist aber ein Offenbarungseid und disqualifiziert Sie als Führungskraft.

Mein oberstes Ziel ist, Sie wieder in Ihre Verantwortung zu bringen. Sätze, die mit „Ich würde ja gerne, aber ..." beginnen, deklassieren Sie als Führungskraft. Kommen Sie ins Handeln und übernehmen Sie volle Verantwortung. Und falls Sie Unterstützung brauchen und diese nicht bekommen, müssen Sie für Unterstützung sorgen - oder gehen.

Ganz oft erlebe ich, dass pauschale Programme über die Mitarbeiter ausgebreitet werden. Kürzlich hörte ich: „Unser Unternehmen will agiler werden. Deswegen werden jetzt alle Mitarbeiter in agilen Methoden geschult." Das kann man tun, wenn das Unternehmen gut verdient und wirtschaftliches Handeln nicht oberstes Ziel ist. Ansonsten gilt für Mitarbeiterauswahl und -entwicklung, dass diese immer nur möglich sind, wenn die Ziele für den Verantwortungsbereich glasklar sind. Ansonsten entwickeln Sie in den blauen Dunst hinein, ohne zu wissen, welche Auswirkungen das auf die Wirksamkeit und damit auf die Zielerreichung hat. Also: Erst Ziele klären, dann Mitarbeiter auswählen und entwickeln.

Energy flows where attention goes

Ziel der Entwicklung von Mitarbeitern ist es, vorhandene Kompetenzen auszubauen und nicht vorhandene Kompetenzen zu entwickeln. Aus neuro*logischer* Sicht gehört dazu nicht, Schwächen zu beseitigen. Hier schließe ich mich unbedingt der Empfehlung von Buckingham und Coffman an, die sagen: „Die Menschen sind weniger veränderbar, als wir glauben. Verschwende nicht deine Zeit mit dem Versuch, etwas hinzuzufügen, das die Natur nicht vorgesehen hat. Versuche herauszuholen, was in ihnen steckt. Das ist schwer genug."[54] Wenn Sie Schwächen beim Mitarbeiter beseitigen, haben Sie anschließend weniger schwache Mitarbeiter - wenn's gut läuft.

Kluge Köpfe setzen auf die Stärken ihrer Mitarbeiter. Und diese Stärken versuchen sie zur Geltung zu bringen und weiter zu entwickeln. Ich konstruiere dazu noch ein einfaches Beispiel:

Sie haben einen Mitarbeiter, der mit dem Programm Excel besonders gut umgehen kann. Powerpoint und Word gehen nicht so gut. Sie werden verleitet sein, seine Kompetenzen in diesen anderen beiden Programmen auszubauen, damit er darin genauso gut wird. Ich tue das nicht. Ich schicke ihn zu einem Excel-Experten-Kurs, damit er diese Kompetenz weiter ausbaut. Erstens wird er in Excel viel leichter lernen und viel schnellere Fortschritte machen. Zweitens wird er in Powerpoint und Word nie wirklich gut werden und in Folge dessen immer

---

[54] Buckingham, Marcus & Coffman, Curt (2005): *Erfolgreiche Führung gegen alle Regeln. Wie sie wertvolle Mitarbeiter gewinnen, halten und fördern.* Seite 50. Campus Verlag, Frankfurt/Main

wieder frustriert sein. Das zerstört den eigenen Entwicklungswillen und nebenbei auch die Selbstwirksamkeitsüberzeugung.

In der Regel geht es um mehr, als diese Formalqualifikation. Sie wollen das Verhalten zieldienlich weiterentwickeln. Als Führungskraft wollen Sie Verhalten steuern. Wir Menschen folgen leicht neuronalen Programmen, die in einer Zeit sinnvoll waren, als wir noch in Höhlen wohnten und auf den Säbelzahntiger aufpassen mussten. Unsere Wahrnehmung war primär auf (drohende) Gefahren gerichtet. Wir haben schnell und leicht Probleme erkannt. Wären wir damit leichtfertig umgegangen, gäbe es uns heute nicht mehr.

Das ist der Grund, warum wir immer noch primär auf die *Gefährdungen* durch den anderen (z. B. den Mitarbeiter) achten. Überall, wo er Schwächen hat, droht eine Gefahr. Natürlich ist das längst nicht mehr real, aber unser Neuro-Programm funktioniert noch so. Das hat sich in den letzten 70.000 Jahren nicht verändert.

Außerdem müssen wir noch ein Programm berücksichtigen, das die Psychologie *Projektion* nennt. Vereinfacht ausgedrückt funktioniert das wie folgt: Wir sehen bei einem anderen (z. B. einem Mitarbeiter) etwas, was uns missfällt. Vielleicht sagen wir uns: So etwas tut man nicht. Oder: Das hätte ich mir mal erlauben sollen. Oder ähnliche Sätze. Zahlreiche Studien zeigen, dass wir Schwächen gerne bei einem anderen abstrafen, bei denen wir selbst schwach sind.

Mich regt beispielsweise Unpünktlichkeit sehr auf. Ich verstehe Pünktlichkeit als eine Frage von Wertschätzung und wenn jemand zu spät zu einem vereinbarten Termin kommt, fühle ich mich wenig wertgeschätzt. Gleichzeitig bereitet es mir großen Stress, pünktlich zu sein. Ich bin lieber eine Stunde zu früh zu einem Geschäftstermin vor Ort, als erst zehn Minuten vorher. Erklärt mir mein Navi, dass sich aufgrund von Stau die Ankunftszeit vermutlich hinter die vereinbarte

Zeit verschiebt, spannt mich das enorm an. Ich würde damit eigentlich gerne gelassener umgehen. Ich würde gerne einfach mal zu spät kommen und dabei gelassen bleiben. Aber das tut man nicht.

Gerade bei Führungskräften ist genau das zu beobachten: Als sie noch Mitarbeiter waren, haben sie sich das eine oder andere erlaubt, was man als gewissenhafter Mitarbeiter nicht tut (ich weiß, das ist eine böse Unterstellung). Sind sie dann Führungskraft erheben sie den moralischen Finger und kritisieren genau dieses Verhalten bei ihren Mitarbeitern.

Menschen suchen nach Aufmerksamkeit. Sie möchten wahrgenommen werden und dazu gehören. Und das setzen Sie sehr gut und effizient zur Entwicklung Ihrer Mitarbeiter ein. Gewiss, das neuro*logische* Programm ist auf Schwächen, Gefahren und projektive Wahrnehmung gerichtet. Doch das stört die zielgerichtete Entwicklung von Mitarbeitern. Sehr vereinfacht folgt die Entwicklung von Mitarbeitern folgendem Muster:

Sie definieren ein Ziel. Jetzt schauen Sie, ob ein bestimmtes Verhalten Ihres Mitarbeiters der Zielerreichung dient. Falls nicht, ignorieren Sie es (darauf komm ich noch zu sprechen). Dient es der Zielerreichung, geben Sie dem Mitarbeiter ein Signal, dass sie dieses Verhalten wahrgenommen haben und es unterstützen. Damit steuern Sie Aufmerksamkeit. Der Mitarbeiter bekommt Aufmerksamkeit auf erwünschtes Verhalten.

Beobachten Sie ein kleines Kind, das gerade hingefallen ist. Häufig schaut das Kind erst einmal um sich herum, um zu sehen, ob die Chance besteht, Aufmerksamkeit und Zuwendung zu erhalten. Gibt es diese Chance nicht, steht es auf und spielt weiter. Besteht aber die Chance, beginnt es zu schreien. Falls das immer noch nicht erreicht, wird das Schreien lauter. Das sind exakt die Strategien Ihrer

Mitarbeiter, nur dass diese nicht schreien. Aber der Mitarbeiter zeigt irgend ein Verhalten, von dem sein Gehirn - unbewusst - glaubt, dass es Aufmerksamkeit erhält. Gelingt das nicht, probiert das Gehirn ein neues Verhalten aus. Gelingt auch das nicht, wird die Strategie erneut geändert - oft im Sekundentakt.

Richten Sie Ihre Aufmerksamkeit auf unerwünschtes Verhalten? Dafür müssen Sie sich nicht entschuldigen, weil es Ihrem archaischen Programm folgt. Allerdings bestätigen Sie damit ein Verhalten, dass Sie nicht haben wollen. Das ist destruktiv.

Nehmen wir an, Sie haben drei Mitarbeiter. Zwei sind engagiert und bringen gute Leistung, einer ist oft destruktiv, versucht sich vor der Ver-antwortung zu drücken, bringt schlechte Leistung und ist oft krank. Um welchen Mitarbeiter kümmern Sie sich am häufigsten? Die meisten Führungskräfte kümmern sich um den Underperformer. Und die meisten Führungskräfte kümmern sich bei diesem *schlechten* Mitarbeiter um die destruktiven Anteile des Verhaltens. Sie beklagen das Zuspätkommen, das Pünktlichsein bekommt aber keine Aufmerksamkeit.

Folgen Sie mutig folgender Regel:

Zeigt ein Mitarbeiter ein Verhalten, das ganz offensichtlich provokativ und ermahnungs- oder abmahnungrelevant ist, dann folgen Sanktionen, hart und herzlich. Jedes andere Verhalten ignorieren Sie, es sei denn, genau dieses Verhalten bringt Sie und Ihr Team den Zielen näher. Nur dieses Verhalten erhält Ihre Aufmerksamkeit.

Lenken Sie die Aufmerksamkeit auf Stärken und erwünschtes Verhalten. Nichts lenkt das Verhalten und die Kompetenz Ihrer Mitarbeiter wirksamer, als genau das.

Geht das auch auf Distanz? Aber sicher. Dazu müssen Sie aber Kontakt zum Mitarbeiter halten. Sprechen Sie mit ihr oder ihm, fragen Sie, was er getan und erreicht hat. Sprechen Sie die positiven Aspekte besonders an. Damit verstärken Sie das erwünschte Verhalten. Damit sind Sie mitten in Ihrer Verantwortung, Ihre Mitarbeiter zu entwickeln.

Ihr Bild vom Mitarbeiter

Unsere Wahrnehmung ist eine Konstruktion der Realität und nicht die Realität selbst. Die wahrgenommenen Reize erzeugen ein gefiltertes und eingefärbtes Scheinbild in unserem Kopf. Unser Bild vom Mitarbeiter entspricht nur sehr eingeschränkt der Realität. Wir können also nicht sagen *Mayer ist so und so.*, sondern müssen sagen *Ich nehme Mayer so und so wahr.*

In diesem Zusammenhang empfehle ich - insbesondere den Skeptikern - folgende Übung:

Nehmen Sie in Gedanken mal einen Mitarbeiter, den Sie für engagiert und sympathisch halten. Vielleicht ist das Ihr Lieblingsmitarbeiter oder jemand, mit dem Sie wirklich sehr gerne zusammenarbeiten. Stellen Sie sich ihn vor Ihrem inneren Auge vor. Beschreiben Sie das Bild, das Sie sehen. Ist die Person eher groß oder eher klein, ist die Person auf dem Bild sehr nah oder sehr weit entfernt, ist es ein bewegtes Bild, ist das Bild scharf oder verschwommen, wie farbig oder eher schwarz-weiß ist das Bild, hat es einen Rahmen oder füllt das Bild Ihren gesamten sichtbaren Bereich randlos aus. Fragen Sie sich auch, ob es dazu Töne und Geräusche gibt. Spricht diese Person, wenn ja, wie laut oder leise, angenehm oder unangenehm, schnell oder langsam ist die Stimme des Mitarbeiters. Nehmen Sie (angenehme oder unangenehme) Gerüche wahr. Lassen Sie sich ein wenig Zeit für diese Übung, vielleicht sogar mit geschlossenen Augen.

Und dann machen Sie die gleiche Übung mit einem Mitarbeiter, den Sie nicht mögen, der Ihnen unsympathisch ist, den Sie vielleicht am liebsten los würden. Wie ist das Bild Ihrer inneren Vorstellung von diesem Mitarbeiter. Lassen Sie sich auch dazu etwas Zeit.

Die meisten Leser sprechen an dieser Stelle von sehr unterschiedlichen Repräsentationen im Gehirn. Und jetzt ist es spannend zu sehen, ob sich der Mitarbeiter, der Ihnen unsympathisch ist oder mit dem Sie nicht so gerne umgehen, in Ihrer Wahrnehmung verändert, wenn Sie dieses innere Bild verändern. Rücken Sie das Bild etwas näher, drehen Sie mehr Schärfe und mehr Farbe hinein, verändern Sie seine Stimme hinsichtlich Höhe, Schärfe und Schnelligkeit. Wie verändert sich jetzt Ihre Sympathie zu diesem Mitarbeiter? Die meisten erkennen, dass Sympathie tatsächlich *nur* von dieser innere Repräsentation abhängig ist.

Wenn Sie sagen, dass Sie diesen Mitarbeiter gar nicht sympathisch finden wollen, dann ist das Ihre Entscheidung. Und daran will ich nichts ändern. Aber das hätten Sie jetzt in Ihrer Hand.

Ich gebe zu bedenken, dass Sie und Ihr (unsympathischer) Mitarbeiter unter Ihrer Entscheidung, wie Sie ihn sehen wollen, leiden. Die Zusammenarbeit gestaltet sich schwierig. Die Leistung des Mitarbeiters bleibt immer hinter Ihren Erwartungen zurück. Sie haben niemals Freude daran, Ziele gemeinsam zu erreichen. Und das nur, weil Sie entschieden haben, dass Ihr Mitarbeiter Ihnen unsympathisch ist. Aus dieser Verantwortung entlasse ich Sie nicht - schon gar nicht mir Ihrem jetzigen Wissen.

Wieviel befriedigender und wirksamer könnte es sein, wenn Sie ein Team haben, in dem alle miteinander verbunden sind, gemeinsam an einem Strang ziehen und über sich hinaus wachsen? Wollen Sie ein solches Team formen? Wollen Sie ein Hochleistungsteam führen und deswegen bewundert werden? Es ist Ihre Entscheidung.

Helfen Sie mit positiven Bildern von Ihren Mitarbeitern und Ihrem Team das zu werden, was Sie gerne hätten.

> **Mitarbeiter und Teams sind nicht das, was sie sind, sondern was Sie (in Ihrem Kopf) daraus machen. Und das lässt sich verändern.**

Sind Ihre Mitarbeiter im Home Office, verstärkt sich die Gefahr von Spekulationen. Sie denken darüber nach, was Ihr Mitarbeiter jetzt wohl tut. Bei unsympathischen Mitarbeitern entsteht schnell ein Bild in Ihrem Kopf, dass er jetzt auf dem Sofa sitzt und Netflix schaut. Vielleicht telefoniert er auch mit seinem Freund und lästert über Sie mal richtig ab. Ich wette, dass Ihr Gehirn an dieser Stelle unglaublich kreativ ist. Und das hat mit der Realität nichts zu tun. Ihr ganzes Verhalten wird sich jetzt aber an dieser negativen Gedankenkonstruktion orientieren. Erwarten Sie nicht, dass Ihnen positives Verhalten des Mitarbeiters auffällt.

Ich sage nicht, dass Sie das Bild von Ihrem Mitarbeiter ganz einfach im Kopf verändern können. Und es geht mit ein wenig Übung. Das ist Personalentwicklung, die in Ihrem Kopf stattfindet und die Sie selbst in der Hand haben.

> Wenn wir die Menschen nur nehmen, wie sie sind, so machen wir sie schlechter; wenn wir sie behandeln, als wären sie, was sie sein sollten, so bringen wir sie dahin, wohin sie zu bringen sind.
> (Johann Wolfgang von Goethe)

Schlüssel exzellenter Führungskräfte

Bereits im Kapitel über die Personalauswahl habe ich zwei der vier Schlüssel exzellenter Führungskräfte aus der Studie von Buckingham und Coffman vorgestellt. Hier stelle ich Ihnen nun noch die anderen beiden Schlüssel vor.

Schwächen- vs. Stärkenorientierung

Auf diesen Aspekt ging ich bereits verschiedentlich ein. Durchschnittlich gute Führungskräfte suchen nach Schwächen beim Mitarbeiter und versuchen, diese zu beheben. Als Personal- und Führungskräfteentwickler habe ich das jahrelang versucht - mit sehr mäßigem Erfolg. Und auch Sie, liebe Leser, werden darin viel Mühe, aber wenig Erfolg finden.

Exzellente Führungskräfte suchen nach den Stärken der Mitarbeiter. Und dann sorgen sie dafür, dass der Mitarbeiter diese Stärken möglichst oft unter Beweis stellen kann. In einer Studie desselben Instituts zeigt sich, dass weltweit nur 20 Prozent der Mitarbeiter das tun können, was sie am besten können und was ihren Stärken entspricht. Nehmen wir an, Sie hätten ein durchschnittliches Team und könnten diese zwanzig auf dreißig oder gar 40 Prozent anheben. Was wäre dann in Ihrem Verantwortungsbereich möglich?

Meine Empfehlung ist, dass Sie Buchführung machen. Schreiben Sie über einen längeren Zeitraum für jeden Mitarbeiter einzelnen auf, welche Stärken Ihnen aufgefallen sind. Schreiben Sie auch auf, welche Ausbildung, Weiterbildung und Erfahrung jemand in seinem Berufsleben gesammelt hat. Das alleine ist schon Stoff für ein mehrstündiges, echt interessiertes Mitarbeitergespräch. Und dann schreiben Sie auf, was dem Mitarbeiter leicht fällt, was also seinen Talenten entspricht. Schließlich überlegen Sie, welche Aufgaben aus Ihrem Tätigkeitsbereich am besten zu dem jeweiligen Mitarbeiter passt. Sortieren Sie ggf. die Aufgaben neu. Ich verspreche Ihnen, dass Ihre Mitarbeiter aufblühen und deutlich über sich hinauswachsen.

Erwartungsmanagement

Durchschnittlich gute Führungskräfte formulieren die Erwartungen an den Mitarbeiter über abzuarbeitende Schritte. Diese Prozessorientierung resultiert aus der Industrialisierung. Da ging es um exakt definierte Prozessschritte. Eine Leistungssteigerung war nur möglich durch Incentivierung (Bonus, Prämien, Akkordzuschläge etc.) oder durch Prozessoptimierung.

Exzellente Führungskräfte formulieren die Erwartungen in Form von Ergebnissen und geben den Weg dorthin frei - soweit das irgend möglich ist. Das ist in den Unternehmen ungeübt. Doch darin liegt ein enormes Potenzial.

Da ich in den Kapiteln über Vision & Ziele darauf bereits eingegangen bin, fasse ich mich hier kurz. Gerade auf Distanz sind Sie nicht mehr in der Lage, Prozesse zu kontrollieren. Falls Sie jetzt nicht auf eine Ergebnisorientierung umstellen, scheitern Sie kläglich.

Vertrauen

Es gibt Aufgaben, die müssen Sie kontrollieren. Sicher kennen Sie das Vier- oder Mehr-Augen-Prinzip bei buchhalterischen Aufgaben, wie zum Beispiel der Kassenprüfung bei einer Bank oder einem Verein.

Wenn ich hier über Vertrauen spreche, ist es nicht mein Ziel, Kontrolle abzuschaffen. Grundsätzlich sei mir aber eine Vorbemerkung gestattet. **Kontrolle geht immer von Misstrauen aus.** Nehmen wir das Beispiel Kreditprüfung. Hier wendet man ein Mehr-Augen-Prinzip an. Würde man unterstellen, dass alle Handelnden nach bestem Wissen und Gewissen handeln und dass keiner zu seinem individuellen Vorteil handelt, möglicherweise auftretende Fehler gewissenhaft und ohne Vorteilnahme korrigiert, bräuchte es keine Kontrolle.

Wir sind alle mehr oder weniger Ego-getrieben. Es liegt in der Natur des Menschen, gerne seinen eigenen Vorteil zu suchen und er ist bestrebt, Fehler zu vertuschen. Unter dieser Maßgabe ist der Verzicht auf Kontrolle, mindestens in kritischen Situationen, unvernünftig. Vertrauen ist sicher gut. Doch in diesem Fall ist Kontrolle besser.

Die Corona-Pandemie brachte es mit sich, dass zahlreiche Mitarbeiter ins Home Office versetzt wurden. Im anfänglichen Notfall- oder Abenteuer-Modus gelang das wider Erwarten sehr gut. Inzwischen fragen sich immer mehr Führungskräfte, ob die Mitarbeiter wirklich arbeiten oder eher anderen Tätigkeiten nachgehen. Dieser Verdacht erhärtete sich zwischenzeitlich, als die ersten Mitarbeiter wieder zurück an den regulären Schreibtisch beordert wurden - aber nicht wollten.

> **Vertrauen zu investieren lässt Sie schneller werden und senkt die Kosten.**

Kontrolle braucht Zeit und verursacht Kosten. Allein aus betriebswirtschaftlichen Gründen ist zu überlegen, ob Kontrolle nötig ist, und wenn ja, in welchem Umfang.

Bisher konnten Sie die Arbeit Ihrer Mitarbeiter ganz gut überblicken und nebenbei auch kontrollieren. Jetzt sind die Mitarbeiter im Home Office und Ihrem Blick entschwunden. Aus den Augen, aus dem Sinn - und außer Kontrolle. Für viele Führungskräfte ist das eine der größten Schwierigkeiten.

Stephen M. R. Covey zeigt, dass Vertrauen ihre Basis im **Selbstvertrauen** hat.[55] Menschen, die sich selbst nicht vertrauen, neigen zu übermäßigem Misstrauen und damit zu übermäßigem Kontrolieren anderen gegenüber.

Wollen Sie Ihren Mitarbeitern mehr vertrauen? Dann fragen Sie sich, wie es um Ihr Selbstvertrauen steht. Können Sie sich auf sich selbst absolut verlassen? Hierzu vorab ein Hinweis, der mich selbst sehr nachdenklich machte. Oft nehme ich mir Dinge vor, schreibe sie in meine To-Do-Liste, und dann tue ich sie nicht. Im Nachhinein relativiere ich dann oft meinen Plan. Schließlich war es ja doch nicht so wichtig oder mir sind einfach wichtigere Dinge dazwischen gekommen oder mir fehlte Unterstützung von Anderen oder oder oder ... Die Liste der Entschuldigungen ist lang und genauso wenig glaubwürdig - falls ich ehrlich zu mir bin.

Menschen mit hohem Vertrauen und vor allem hohem Selbstvertrauen stehen zu ihren Plänen und Zusagen. Damit schaffen sie die Grundlage, dass sie sich auf sich selbst verlassen können. Covey nennt vier Voraussetzungen, aus denen Selbstvertrauen entsteht:

---

[55] *Covey, Stephen M. R. (2009): Schnelligkeit durch Vertrauen. Die unterschätzte ökonomische Macht. GABAL Verlag GmbH, Offenbach. Seite 57ff.*

- Menschen mit hohem Selbstvertrauen handeln in Übereinstimmung mit ihren eigenen Werten und Überzeugungen. Wir nennen das **Integrität.** Das Gegenteil ist: Wasser predigen und Wein trinken. Allein diese Voraussetzung erfüllen die meisten Führungskräfte nicht.

- Menschen mit hohem Selbstvertrauen haben ehrliche Absichten, die **Win-Win-Situationen** schaffen. Sie sind stets bestrebt, Nachteile für andere zu vermeiden. Hier kommt meist der Ego-Trieb durch: Im Zweifel geht es erst einmal um mich.

- Menschen mit hohem Selbstvertrauen arbeiten beständig an ihren Talenten, Überzeugungen, Einstellungen, Fertigkeiten und Fähigkeiten, ihrem Wissen und ihrem persönlichen Stil. Sie geben sich nicht zufrieden, sondern sind bestrebt, selbst **zu wachsen und stets besser zu werden.**

- Menschen mit hohem Selbstvertrauen bewirken Ergebnisse. Sie versprechen diese nicht nur. Sie liefern auch. **Sie stehen zu ihren Zusagen**, auch sich selbst gegenüber.

In diesem Kapitel geht es primär nicht um Ihre persönliche Entwicklung. Dennoch ist sie die Grundlage, damit Sie Vertrauen zu anderen Menschen entwickeln können. Umgangssprachlich drücken wir das manchmal so aus: *Der kontrolliert alles und jedes, dreht jeden Stein um. Er traut seinem eigenen Hintern nicht.*

Sie selbst werden feststellen, sobald Sie an Ihrem Selbstvertrauen arbeiten, dass gleichzeitig das Vertrauen zu Ihren Mitarbeitern wächst. Ihr Vertrauen in Ihre Mitarbeiter ist das Spiegelbild Ihres Vertrauens in sich selbst.

Covey nennt 13 Regeln für **Beziehungsvetrauen**[56], von denen ich einige nachstehend nenne. Gleichzeitig betone ich aber auch noch einmal, dass alleine die gewissenhafte Arbeit an den Grundlagen für das Selbstvertrauen Ihr Vertrauen zu Mitarbeitern (und anderen Menschen) wachsen lässt.

Vertrauen zwischen zwei Menschen entsteht, wenn

- die Menschen ehrlich miteinander umgehen.
- sie sich gegenseitig Respekt zollen.
- sie für Transparenz sorgen und nicht mit verdeckten Karten spielen.
- sie Fehler wieder gut machen und nicht vertuschen.
- sie Ergebnisse liefern und ihre Versprechen halten.
- sie loyal sind, auch wenn mal ein Fehler passiert ist.
- sie bestrebt sind, sich stets zu verbessern.
- sie sich der Realität stellen und nicht ausweichen.
- sie Verantwortung übernehmen und sich nicht ständig herausreden.
- sie zuhören und echt am anderen interessiert sind.

Anderen Vertrauen zu schenken formulierte Albert Bandura einmal als den **Glauben an die Selbstwirksamkeit**.[57] Und Sie kennen das vielleicht aus eigenen Beobachtungen. Wenn wir uns etwas zutrauen, wenn wir unseren eigenen Möglichkeiten, unserer eigenen Selbst-

---

[56] Covey, Stephen M. R. (2009): Schnelligkeit durch Vertrauen. Die unterschätzte ökonomische Macht. GABAL Verlag GmbH, Offenbach. Seite 133ff.
[57] Bandura, Alfred (1997): Self-efficacy: The exercise of control. Freeman, New York.

wirksamkeit, vertrauen, gelingt uns eine Aufgabe eher und besser, als wenn wir überzeugt sind, dass wir scheitern werden.

Bereits in Kapitel 3.7 über das neuro*logische* Grundprinzip Zutrauen und Vertrauen zeigte ich, dass Menschen, die sich etwas zutrauen und denen man vertraut, überdurchschnittliche Leistungen bringen. Diese und ähnliche Forschungsergebnisse werfen ein Schlaglicht auf Möglichkeiten und Verantwortlichkeiten der Führungskräfte. Sie, als Führungskraft, sollten schon aus ökonomischen Gründen an Ihre Mitarbeiter glauben und Ihnen vertrauen. Sie sollten sie aber auch ermutigen, sich selbst zu vertrauen. Dabei müssen Sie gegen ein urmenschliches Instinkt ankämpfen, das uns anleitet, primär Gefahren, Probleme und Fehler zu sehen. Deshalb fallen uns an unseren Mitarbeitern eben genau diese Fehler und Schwächen am ehesten auf. Trainieren Sie, vermehrt auf die positiven Dinge zu achten und den Mitarbeiter zu ermutigen, auch sich selbst zu vertrauen. Entwickeln Sie Ihr Selbstvertrauen und seien Sie darin wirklich ehrlich. Dann entwickeln Sie starke Mitarbeiter, auf die Sie sich verlassen können.

Herausforderungen

Stress, Überlastung und Burnout nehmen in unserer Gesellschaft seit Jahren kontinuierlich zu. Mir scheint, dass das in den Unternehmen zu zwei Lagern führt. Das eine Lager ignoriert die Überlastung und fordert mehr Leistung von den Mitarbeitern. Das andere Lager reduziert die Beanspruchung der Mitarbeiter. Viele Führungskräfte leiden darunter, dass sie die Mitarbeiter nicht so sehr und immer weniger belasten können und erledigen viele Aufgaben gleich selbst.

Inzwischen gewinne ich den Eindruck, dass viele Mitarbeiter unterfordert sind. Sie ziehen sich auf ihre angestammten Aufgaben zurück und vermitteln der Führungskraft den Eindruck, überfordert zu sein.

Der Mitarbeiter lernt schnell, dass der Chef die Aufgabe selbst erledigt, wenn er nur laut genug über das Arbeitspensum stöhnt. Jetzt beginnt eine Abwärtsspirale. Der Vorgesetzte arbeitet immer mehr (Micromanagement), ist schnell selbst überlastet, findet für seine eigentlichen Führungsaufgaben keine Zeit und bekommt deshalb nicht mit, dass Mitarbeiter deutlich unter ihrem Leistungsniveau bleiben. Der Mitarbeiter vermittelt taktisch den Eindruck der Überlastung, der Chef übernimmt noch mehr Aufgaben.

STOP! - Einen Augenblick bitte!

Welche Aufgabe haben Sie gerade vor sich (außer das Lesen dieses Buches)? Wem *gehört* diese Aufgabe? Muss sie wirklich erledigt werden? Stellen Sie die Effektivitätsfrage! Delegieren Sie, wenn nötig, die Aufgabe an die richtige Stelle.

Hören Sie jetzt Stöhnen und Jammern? Dann zeigen Sie Verständnis und eliminieren Sie im Gegenzug ineffektive[58] Aufgaben des Mitarbeiters.

Dies ist zunächst eine quantitative Betrachtung. Lassen Sie uns das noch qualitativ anschauen. Mitarbeiter sagen gerne, dass sie diese neue Aufgabe noch nie gemacht haben und dafür nicht qualifiziert sind. Das hat etwas mit unserem Gehirn zu tun. Es will Energie sparen. Der Mitarbeiter drückt sich nicht vorsätzlich.

Je nach Motivationskonformität (gehorsam - renitent) wählen Sie die entsprechenden Strategien in der Kommunikation. Der gehorsam motivierte Mitarbeiter stimmt Ihrer Aufgabenstellung zu und erledigt die Aufgabe. Behalten Sie im Blick, ob der Mitarbeiter überfordert ist. Er kann nämlich nicht Nein sagen.

---

[58] *Die Effektivitätsfrage lautet: Bringt mich diese Aufgabe meinen Zielen näher?*

Der renitente Mitarbeiter opponiert. Deshalb delegieren Sie die Aufgabe mit folgenden Worten:

„Ich weiß, Sie sind schon sehr belastet und haben den Schreibtisch voll. Und ich weiß auch, dass Sie in diesem Thema möglicherweise zu wenig Erfahrung haben. Und ich bin mir nicht ganz sicher, ob Sie es trotzdem schaffen, die Reklamation des Kunden XYZ bis zum ... zu bearbeiten."

Gegen Ihre latent geäußerten Zweifel oppuniert der Mitarbeiter. Er fühlt sich an der eigenen Ehre gepackt und motiviert, die Aufgabe doch zu erfüllen. Menschen wachsen an ihren Herausforderungen. Das ist ein ganz ursprüngliches mentales Programm des Menschen.

Achten Sie darauf, welche Mitarbeiter unter- und welche überfordert sind. Wenn Mitarbeiter wirklich überfordert sind, stellen Sie konsequent die Effektivitätsfrage, eliminieren Sie ineffektive Aufgaben, eliminieren und delegieren Sie mutiger effektive und herausfordernde Aufgaben an Ihre Mitarbeiter. Denn, Ihre Mitarbeiter sind leistungsfähiger, als Sie glauben.

Gibt es Nebenwirkungen? - Ja, starke Mitarbeiter!

Entwicklungsmöglichkeiten anbieten

Führungskräfte behaupten oft, ihren Mitarbeitern keine Entwicklungsmöglichkeiten anbieten zu können, außer den eigenen Stuhl. Bedeutet Entwicklung immer Karriere?

In den 1980er Jahren sprach man noch von einer idealen Führungsspanne von 1 zu 7 (eine Führungskraft führt sieben Mitarbeiter direkt).

Aktuell liegt die Führungsspanne in Deutschland bei 1 zu 26.[59] Ist das eine gute Tendenz?

Einige Stimmen behaupten, dass die optimale Führungsspanne im einstelligen Bereich liegt[60]. Sie untermauern das mit gruppendynamischen Aspekten. Mir scheint die optimale Führungsspanne eine müßige Diskussion zu sein. Kollaborative Zusammenarbeit über Organisationsgrenzen hinweg werden zur Normalität. Es ergeben sich immer weniger Karrieremöglichkeiten.

> **Bieten Sie Ihren Mitarbeitern Entwicklungsmöglichkeiten on the job und horizontal an. Unternehmen werden immer besser, wenn sich ihre Führungskräfte und Mitarbeiter entwickeln.**

Sie müssen im Job immer besser werden, ihre Kompetenzen ausbauen und ihre Kollaborationsfähigkeit entwickeln. Dies bietet genügend attraktive Möglichkeiten der persönlichen und beruflichen Entwicklung.

Die Entwicklung in andere Verantwortungs- und Tätigkeitsbereiche ist eine gute Option. Einige Unternehmen unterstützen dies bereits tatkräftig. Bei meinem alten Arbeitgeber gab es eine Konzernbetriebsvereinbarung für die Transparenz offener Stellen und die Möglichkeit, intern zu wechseln. Der abgebende Vorgesetzte konnte den Mitarbeiter nicht länger halten, als dessen individuelle Kündigungsfrist. Kluge Führungskräfte unterstützen diesen Wechsel aktiv, falls der Mitarbeiter sich weiterentwickeln will. Das ist bei guten Mitarbeitern immer auch schmerzhaft. Aber bedenken Sie bitte, dass

---

[59] *https://www.haufe.de/media/fuehrungsspannen-im-laendervergleich_410060.html* mit Bezug auf statista (29.11.2019)
[60] *https://www.mehr-fuehren.de/fuehrungsspanne/* (28.01.2021)

der gute Mitarbeiter auf dem Arbeitsmarkt ebenfalls gute Chancen hat. Warum ihn dann nicht im Unternehmen halten?

Ich sprach mit der Hoteldirektorin meines Lieblingshotels in Hamburg. Mir war aufgefallen, dass sie überdurchschnittlich gutes Personal hat und ich wollte wissen, wie sie es macht. In diesem Gespräch sagte sie mir unter anderem, dass sie den Mitarbeitern nach ein paar Jahren nahelegt, das Unternehmen zu wechseln, um sich weiterzuentwickeln. Oft kehren Mitarbeiter nach einiger Zeit dann wieder in das Hotel zurück und haben sich menschlich wie fachlich deutlich weiterentwickelt.

Mich hat dieses Prinzip sehr beeindruckt, da es noch etwas anderes zeigt. Diese Hoteldirektorin hätte ego-getrieben versuchen können, die besten Mitarbeiter zu binden. Aber ihr ging es nicht um das eigene Ego. Sie hatte das Wohl des Mitarbeiters im Blick. Und das wiederum führte zu überdurchschnittlichen Leistungen des Mitarbeiters. Sie wollte einfach das beste für den Mitarbeiter. Und sie sagte mir, dass sie den einen oder anderen aus dem Nest schubsen muss. Das ist eine großartige Einstellung.

Spielräume anbieten

Werden Mitarbeiter eingeschränkt und reglementiert, verlieren sie die Lust an der Arbeit. „Wenn der Chef eh alles vorgibt, kann er es ja auch gleich selbst machen." Mitarbeiter brauchen Freiräume, in denen sie sich bewegen können. Stimmt das? Sollen Ihre Mitarbeiter sich auf der Spielwiese austoben?

Schauen wir in die Motivationspsychologie, konkret in das Reife-Grad-Modell von Paul Hersey und Ken Blanchard sowie in die Denk- und Motivationsstrategien der Neuro*logischen* Führung.

Sie haben einen Mitarbeiter, der erfahren ist, bereits lange seinen Job macht und gerne selbstständig arbeitet. Ihn oder sie werden Sie an der langen Leine führen, um nicht zu frustrieren. Sie wissen, was und wie etwas zu tun ist. Selbst bei Sonderaufgaben oder Unvorhergesehenem reagieren die Mitarbeiter routiniert und effektiv.

Mitarbeiter mit wenig Erfahrung brauchen Anleitung, Hilfestellung und klare Regeln. Aber auch die haben einen Kopf zum Denken. Machen Sie enge Vorgaben, gewöhnen Sie ihm das Denken ab. Er achtet jetzt nicht mehr auf Fehlentwicklungen, überlegt nicht mehr selbst, wie vorzugehen ist oder welche Alternativen es noch gäbe. Sein kreatives Potenzial kommt zum Erliegen.

> **Gewähren Sie genügend große Spielräume, schalten Sie die Gehirne Ihrer Mitarbeiter ein.**

Die meisten Führungskräfte wünschten sich, dass Ihre Mitarbeiter mitdenken. Schaffen Sie bewusst etwas größere Spielräume. Nehmen Sie Ihre Mitarbeiter ernst, trauen Sie ihnen etwas zu und lassen sie mitgestalten und mitentscheiden. Auch das hat mit Vertrauen zu tun.

Mitarbeiter, die im Home Office oder auf Distanz zu führen sind, haben automatisch mehr Spielraum. Erzeugt das in Ihnen ein unsicheres Gefühl? Dann sprechen Sie mit Ihren Mitarbeitern darüber. Klären Sie neue Freiräume, Grenzen und Regeln.

Ist das Unternehmen eine Spielwiese? Oder hat der Freiraum Grenzen? Gewiss. Und diese Grenzen sind meist weiter, als Sie denken. Unternehmen Sie den Versuch und beobachten Sie, was geschieht.

Aber ...

Wir sprachen über die Motivationsstrategie prozedural - optional. (siehe Kapitel 5.6.4.) Sie wissen längst, dass ein prozedural denkender Mensch mehr Motivation, Sicherheit und Geborgenheit empfindet, wenn er sich für seine Aufgaben auf definierte Prozeduren verlassen kann. Fehlen diese Prozeduren, bleibt er sicherheitshalber inaktiv. Sobald aber diese Prozeduren definiert sind, kann er selbstständig handeln.

Für einen optional motivierten Mitarbeiter sind Prozeduren demotivierend. Behalten Sie den Optionalen im Blick. Er hat viele Ideen, was er alles tun könnte, verheddert sich in seinen Ideen und ist schnell unwirksam. Definieren Sie sehr klare Ziele, insbesondere wenn er zudem proaktiv ist.

Sie sehen, dass Spielräume motivierend sind und Eingrenzungen demotivierend. Und das gilt nicht generell sondern individuell.

Soziale Unterstützung

Sie lasen, dass die Motive Leistung und Anschluss individuell sehr unterschiedlich sind (siehe Kapitel 5.4.). Dies gilt auch für die Motivationsstrategie Menschen- und Aufgabenorientierung (siehe Kapitel 5.6.8.).

Grundsätzlich möchte jeder Mensch dazugehören. Menschen, die sich ausgegrenzt fühlen, erleben Schmerzen, als wären es körperliche. Sie tun häufig alles, um wieder verbunden zu sein - sogar illegale oder kriminelle Dinge.

> **Soziale Unterstützung bedeutet, Mitarbeitern das Gefühl zu geben, dass sie dazu gehören.**

Sie können Mitarbeiter scharf kritisieren oder sogar anschreien, was ich nicht empfehle. Hat der Mitarbeiter das Gefühl, dass er dennoch dazu gehört, erträgt er das besser, als wenn er sich ausgegrenzt fühlt.

Wenden Sie sich auch den unsympathischen und schwierigen Mitarbeitern zu. Sie gewinnen loyale Menschen, sobald Sie diese Menschen integrieren und einbinden. Manchmal hängen diese dann *wie eine Klette* am Bein. Man wird sie gar nicht los. Und da habe ich einen guten Tipp für Sie: Integrieren Sie diese Mitarbeiter ins Team und beschäftigen Sie sie mit sinnvollen Aufgaben. Stellen Sie im Team die Beiträge von solchen Mitarbeitern heraus. Sie erleben, dass Sie leistungsstarke Mitarbeiter gewinnen, die über sich hinauswachsen.

Zu sozialer Unterstützung gehört, Erfolge gemeinsam zu feiern. Das muss kein 7-Gänge-Menü beim Edel-Italiener sein. Ich erinnere mich an eine kritische Reklamation. Diese hätte viele Millionen an Schadenersatz bedeutet. Nachdem die Reklamation vom Tisch war, rief die Geschäftsführung alle (!) Mitarbeiter im Foyer zusammen. Sie bedankte sich mit einem Glas Sekt und ein paar gelungenen Dankesworten. Noch heute fühle ich diesen Dank, obwohl ich in meiner Funktion gar nichts zur Lösung beigetragen habe. Aber ich spürte, WIR hatten es geschafft. Das energetisierte das ganze Unternehmen.

Große Events sind dazu nicht nötig. Und lassen Sie gerne auch den Alkohol weg. Geben Sie den Mitarbeitern das Gefühl, Erfolge gemeinsam zu erreichen. Zeigen Sie, dass jeder an seinem Platz wichtig ist. Wertschätzen Sie die Leistung des Einzelnen als Beitrag zum Ganzen. Der Zusammenhalt wächst, sobald Mitarbeiter erleben, dass die anderen unterstützen und in der Not einspringen. Geben Sie regelmäßig aufrichtiges Feedback.

Gerald Hüther erzählt von einer Studie mit Kleinkindern, die mich sehr nachdenklich machte. Man setze Kinder vor einen Zeichentrickfilm. In diesem Film erklimmt eine blaue Figur einen Berg. Eine andere, grüne Figur unterstützt, indem sie die blaue nach oben schiebt. In der zweiten Sequenz drückt eine rote Figur die blaue nach unten. Schließlich bot man dem Kind eine grüne und eine rote Figur als Stofftier zum Spielen an. Die Kinder griffen nach dem grünen Stofftier, dem Unterstützer. Einige Lebensmonate später griffen bei der gleichen Studie bereits einige Kinder nach dem roten Stofftier.

Solidarisierung und Verbundenheit sind angeboren. Wettbewerb lernen wir erst später. Wir lernen, uns durchzusetzen und unser eigenes Ego in den Mittelpunkt zu rücken. Wir wollen *besser als ...*, *größer als ...*, *schöner als ...* oder *intelligenter als ...* sein. Schulnoten und individuelle Leistungsbeurteilungen unterstützen diese Entwicklung. Wir orientieren uns an den Superlativen, mit Randgruppen wollen wir nichts zu tun haben.

Es geht um Egoismus. Ich beobachte aber auch eine Gegenbewegung. Dazu gibt es sogar einen Hashtag **#gemeinsamistdasneueego**. Nicht erst seit Greta Thunberg schließen sich die Menschen zusammen, um gemeinsam etwas zu bewegen. Großen Veränderungen gelingen nur so!

Die Corona-Pandemie 2020 treibt viele Menschen in die Isolation. Der Austausch mit anderen wird schwieriger. Wir trafen Kolleginnen und

Kollegen auf dem Flur, in der Kantine oder im Meeting. Jetzt vereinbaren wir Termine, um miteinander zu sprechen. Wir reduzieren die Zusammenarbeit auf kollaborative Tools. Menschliche Begegnung und Unterstützung fehlen.

Führungskräfte sagen, dass Meetings per Video sehr viel effizienter sind. Sie verlieren aber Ihre Mitarbeiter, wenn Sie jetzt nicht den Unterschied machen. Sorgen Sie für ein wöchentliches Meeting, in dem es um die Art der Arbeit und die Zusammenarbeit geht. Fragen Sie jeden Mitarbeiter, was Sie tun können, damit er sich wohler und integrierter fühlt. Fragen Sie, was Sie und das Team besser machen können.

Integrieren Sie die stillen Mitarbeiter. Geben Sie allen das Gefühl, dass sie dazugehören. Auf Distanz verlieren Sie sehr schnell die emotionale Bindung. Entlasten Sie sich konsequent von fachlichen Aufgaben. Wenden Sie sich Ihren Mitarbeitern zu und integrieren Sie jeden Einzelnen.

Mitarbeitergespräche

Auf die verschiedenen Arten von Mitarbeitergesprächen gehe ich hier nicht ein. Dazu gibt es genügend Literatur. Mich beschäftigt eine anderen Frage: Können Sie auf Distanz überhaupt gute Mitarbeitergespräche führen?

Ein Teil der Führungskräfte glaubt, dass das nicht möglich ist. Viele verschieben die Gespräche auf die Zeit nach Corona - wann immer das sein wird. Doch gerade jetzt sind Gespräche wichtig, in denen es nicht um Fachliches geht. Gerade jetzt haben Ihre Mitarbeiter Sorgen, Ängste und sind orientierungslos. (Im Übrigen geht es den meisten

Führungskräften genauso.) Jetzt stellen sich Fragen der Zusammenarbeit. Sie müssen wissen, wie es dem Mitarbeiter geht und wo Sie sinnvoll unterstützen können.

> **Führen Sie diese regelmäßigen Mitarbeitergespräche. Gut durchgeführt, sind sie ein starkes Führungsinstrument.**

Ich führte bei meinem letzten Arbeitgeber jährliche Mitarbeitergespräche ein. Dieses Gespräch war verpflichtend zu führen und zu protokollieren. Ich stellte fest, dass einige Führungskräfte das längst taten. Andere sahen darin eine zusätzliche Belastung und schoben die Gespräche vor sich her. Für sie war es eine unliebsame Pflichtübung. Heute stehe ich diesen formalen Mitarbeitergesprächen sehr kritisch gegenüber. Solange es nicht Ihr Bedürfnis ist, mehr über Ihren Mitarbeiter, sein Empfinden, seine Erwartungen und Befürchtungen zu erfahren, werden Sie niemals eine gute Führungskraft sein. Daran ändert auch ein jährliches Mitarbeitergespräch nichts.

Es ist aus meiner Sicht wirkungslos, nur einmal im Jahr dieses Gespräch zu führen. In Krisenzeiten sind viel häufiger Gespräche zu führen, möglicherweise wöchentlich, mit einigen Mitarbeitern täglich. Wir sollten deshalb keine Regel schaffen, sonst erfüllen sie eine Pflicht. Ziel dieser Gespräche ist, einen möglichst aktuellen Informationsstand darüber zu gewinnen, wie es Ihrem Mitarbeiter geht. Kennen Sie seine Ziele, seine Erwartungen und Befürchtungen? Wissen Sie tagesaktuell, wie es ihm geht, welche Sorgen er sich macht? Interessieren Sie sich wirklich für Ihren Mitarbeiter und Ihre Mitarbeiterin? Nur dann führen Sie individuell. Nur so entwickelt Ihr Mitarbeiter das Gefühl, bedeutsam und wichtig zu sein. Nur so weiß er, dass er dazu gehört.

Auf Distanz sind diese Gespräche sicherlich herausfordernd. Sobald es Ihnen aber ein wirkliches Bedürfnis ist, diese Gespräche zu führen, werden sie einfacher. Ihnen fallen zahlreiche Möglichkeiten ein, wie und wo Sie diese Gespräche führen können. Gerne gebe ich Ihnen an dieser Stelle ein paar Anregungen und Ideen mit auf den Weg.

Vereinbaren Sie einen Termin, zu dem Sie und der Mitarbeiter ungestört sind. Ein Telefonat ist eine gute Möglichkeit, ein Video-Call eine bessere und ein persönliches Treffen die beste. Das persönliche Treffen kann auch in einem Café oder Restaurant, bei einem Spaziergang oder auf der Parkbank stattfinden. Häufig ist auch ein Treffen im regulären, verwaisten Büro möglich.

Wichtig sind zwei Dinge: Sorgen Sie für eine störungsfreie, vertrauliche Atmosphäre. Ihr Redeanteil liegt bei 10 Prozent und besteht aus guten Fragen, Nachfragen, Verständnisfragen. Es geht nicht um Sie, um Ihre Genialität und auch nicht um das Unternehmen. Ich sage nicht, dass das unwichtige Themen sind. Doch sie gehören nicht in diese Art von Gespräch. Geben Sie keine Ratschläge und Tipps. Regen Sie durch Fragen zum Denken an.

Führen Sie das Gespräch am Nachmittag ohne Folgetermine. Denn diese Gespräche sind verschieden lang. Mit einem langjährigen, erfahrenen Mitarbeiter führen Sie vielleicht ein sehr kurzes Gespräch. Mit einem anderen brauchen Sie mehr als eine Stunde. Ich erinnere mich lebhaft an eines meiner besten Gespräche mit einem sehr kritischen Mitarbeiter, das mehr als vier Stunden gedauert hat. Während dieses Gespräches habe ich vielleicht in Summe fünf Minuten gesprochen. Und nach diesem Gespräch änderte sich alles. Die permanente Kritik verflog, er brachte sich intensiver ein, lieferte konstruktive Beiträge und wurde zu einem wirklich großartigen Mitarbeiter. Diese vier Stunden waren eine hoch rentable Investition, was ich aber vorher nicht ahnen konnte.

In ein Mitarbeitergespräch gehört keine Leistungsbeurteilung! Sie wollen im Mitarbeitergespräch etwas über Ihren Mitarbeiter erfahren. Dazu muss er sich öffnen. Kreist hingegen das Damoklesschwert der Leistungsbeurteilung über dem Gespräch, verhindert das jede Offenheit. Dabei ist es unerheblich, ob die Leistungsbeurteilung vor oder nach dem eigentlichen Gespräch stattfindet.

Sind in Ihrem Unternehmen Mitarbeitergespräch und Leistungsbeurteilung in einem Gespräch zusammengefasst, reduzieren Sie den Anteil Mitarbeitergespräch auf das absolute Minimum und führen Sie deutlich zeitversetzt ein echtes Mitarbeitergespräch. Damit zeigen Sie auch, dass es keine Pflichtübung und der Mitarbeiter Ihnen wirklich wichtig ist.

Im Mitarbeitergespräch (egal ob online oder offline) ist der Mitarbeiter der wichtigste Mensch auf diesem Planeten. Es geht ausschließlich um ihn. Alles andere interessiert jetzt nicht.

Seien Sie kongruent interessiert. Wenn Sie Interesse am Mitarbeiter heucheln, merkt das Ihr Mitarbeiter. Und dann können Sie das ganze Gespräch vergessen. Ihre Vorbereitung besteht also darin, dass Sie sich in einen Zustand bringen, in dem Sie wirklich, echt, echt interessiert sind.

Seien Sie empathisch! Was heißt das? In dem Gespräch interessiert die Sicht, die innere Landkarte des Mitarbeiters. Selbstverständlich haben Sie Ihre eigene. Legen Sie Ihre gedanklich an die Seite und schauen Sie gemeinsam auf die Landkarte Ihres Mitarbeiters. Ich finde es faszinierend, was und wie der andere denkt. Deshalb muss ich meine Landkarte nicht unbedingt ergänzen. Denn genauso wie es Landkarten von Bayern und Niedersachsen gibt, die sehr unterschiedlich sind, gibt es auch Ihre Karte und die Ihres Mitarbeiters. Und das ist gut so.

Eigentlich völlig überflüssig ist dieser Hinweis: Seien Sie präsent! - Während des Gesprächs geht es nur um das Gespräch. Sie tun nicht anderes, außer Zuhören und Fragen stellen. Sie schalten jede Ablenkung aus. Ist es in Ihrem Unternehmen üblich, die Gespräche online zu protokollieren, machen Sie das nach Abschluss des Gespräches. Während des Gesprächs machen Sie sich allenfalls handschriftliche Notizen, die Sie anschließend übertragen. Der Mitarbeiter erwartet von Ihnen volle Aufmerksamkeit. Bei einem Rendezvous werden Sie auch nicht etwas in die Notizen Ihres Smartphones tippen, damit Sie sich anschließend daran erinnern. Und bitte unterlassen Sie gerade bei telefonischen Gesprächen oder per Video nebenbei irgendetwas anderes zu tun. Kein eMail, kein Messenger oder whatsapp.

Wer lernen will, muss lehren

Ich wurde Personalleiter, da stand eine Mitarbeiterin in meinem Büro und sagte, dass sie alle (sie meinte die gesamte Personalabteilung) am nächsten Tag nachmittags nicht da wären. Es stellte sich heraus, dass der Arbeitgeberverband eine Fortbildung zum gerade erlassenen Arbeitnehmergleichstellungsgesetz (AGG) durchführen würde. Meine Nachfrage, ob denn alle da hingehen müssen, wurde mit einem einfach *Ja* beantwortet.

Im nächsten Abteilungs-Jour-Fixe sprach ich das noch einmal an und legte fest, dass zukünftig Weiterbildung eine wichtige Rolle spielen wird. Dass aber nicht immer zehn Mitarbeiter gleichermaßen in diese Weiterbildung gehen, sondern immer nur zwei. Diese beiden sind dann die thematischen Experten, arbeiten das Gelernte auf und schulen in einem kurzen Zeitrahmen alle anderen Mitarbeiter. Für das gesamte Team werden diese beiden Mitarbeiter zu thematischen Experten, die in schwierigeren Fällen ansprechbar sind. So hatte ich für betriebliche

Altersversorgung, für Recruiting oder für Abrechnungsfragen Experten in meinem Team. Diese Experten waren in ihrem Thema wichtig, wir vertrauten ihnen und wir banden sie an den entscheidenden Stellen ein. Ich nahm sie gerne mit zur Geschäftsführung, wenn es um thematische Expertise ging. Dort konnten sie sich beweisen und ihre Reputation ausbauen. Später gingen die Geschäftsführer oder anderen Führungskräfte und Mitarbeiter bei speziellen Fragen direkt zu den Experten.

Am Ende meiner ersten professionellen Dirigentenausbildung sagte mir meine Lehrer (heute Professor an der Folkwanghochschule in Essen und Leiter des weltbekannten Knabenchor Hannover), dass es für die weitere Entwicklung gut ist, zu lehren. Ich wurde Dozent für Chorleitung und Stimmbildung bei einer Musikakademie. Noch heute lerne ich dazu, sammle neue Erfahrungen und entwickle mich von Kurs zu Kurs weiter.

Meine Empfehlung:

Lassen Sie Ihre Mitarbeiter Expertisen entwickeln, mit denen sie im Team und darüber hinaus brillieren.

Gönnen Sie Ihren Mitarbeitern diesen Auftritt. Das macht Sie nicht schlechter, Ihre Mitarbeiter aber stärker und hoch motiviert. Bringen Sie Ihre Mitarbeiter zum Leuchten. Gerade auf Distanz verbindet das Ihre Mitarbeiter miteinander.

8. NACHWORT

Man muss Menschen mögen.

Führung gelingt Ihnen gut, sobald Sie Menschen mögen. Ich meine nicht Methoden, Techniken und Tricks, um den Mitarbeiter über den Tisch zu ziehen. Ich meine durchdringendes Interesse.

Sie können das nicht? Einspruch! Es ist Ihre Entscheidung. Treffen Sie eine gute Entscheidung. Nehmen Sie sich im Zweifel einen guten Coach.

Sobald Ihnen Ihre Mitarbeiter wichtig und nicht eine humane Ressource oder Human Capital sind, machen Sie kaum etwas falsch. Und falls doch, entschuldigen das Ihre Mitarbeiter großzügig.

Gerade auf Distanz kommt es auf die emotionale Bindung an. Ist das Verhältnis zu Ihrer Mitarbeiterin und zu Ihrem Mitarbeiter belastbar? Geht jeder für den anderen durch's Feuer? Dann schmälert Distanz nicht die Leistung. Dann hält das Team zusammen.

Es geht nicht um Liebe oder Sympathie. Es geht um Interesse. Es geht darum, Menschen zu mögen. Das ist wenig und schwer genug. Dazu wünsche ich Ihnen viel Erfolg.

Wissen Sie eigentlich, wie großartig Sie sind?

MARCUS HEIN

Marcus Hein ist Experte für Neuro*logische* Führung. Nach fast dreißig Jahren Industrie- und Führungserfahrung hat er aus modernen Erkenntnissen der Führungsforschung, Psychologie, Neurobiologie und der Medizin sowie umfangreicher Führungserfahrung, eigener Studien und Erfahrung in der Führungskräfteentwicklung das Modell der Neuro*logischen* Führung entwickelt.

Marcus Hein vermittelt dieses Modell in Trainings, Coachings und Beratungen, als Autor und Speaker. Seine Vision ist eine Arbeitswelt voller Inspiration, in der Menschen aufblühen, über sich hinauswachsen und gemeinsam überdurchschnittliche Erfolge feiern. Dazu leistet er einen wesentlichen Beitrag. Er ist verheiratet und wohnt am Niederrhein.